中國學術思想研究輯刊

三三編

林慶彰主編

第9冊

漢代心性論研究（下）

張靜環著

花木蘭文化事業有限公司

國家圖書館出版品預行編目資料

漢代心性論研究（下）／張靜環　著 -- 初版 -- 新北市：花木蘭文化事業有限公司，2021〔民110〕

目 6+182 面；19×26 公分

（中國學術思想研究輯刊　三三編；第 9 冊）

ISBN 978-986-518-438-4（精裝）

1. 中國哲學　2. 漢代

030.8　　110000655

ISBN-978-986-518-438-4

中國學術思想研究輯刊

三三編　第九冊　　ISBN：978-986-518-438-4

漢代心性論研究（下）

作　　者　張靜環

主　　編　林慶彰

總 編 輯　杜潔祥

副總編輯　楊嘉樂

編　　輯　許郁翎、張雅淋　美術編輯　陳逸婷

出　　版　花木蘭文化事業有限公司

發 行 人　高小娟

聯絡地址　235 新北市中和區中安街七二號十三樓

　　　　　電話：02-2923-1455／傳真：02-2923-1452

網　　址　http://www.huamulan.tw 信箱 service@huamulans.com

印　　刷　普羅文化出版廣告事業

封面設計　劉開工作室

初　　版　2021 年 3 月

全書字數　289433 字

定　　價　三三編 18 冊（精裝）新台幣 48,000 元

漢代心性論研究（下）

張靜環 著

目次

上冊

下　冊

第五章　東漢前期之心性論

東漢前期的心性論，包括光武中興到東漢和帝的一段時間，以《白虎通義》與王充為主要代表。此二家，在東漢前期的政治、社會背景之下，正代表兩個不同的思想體系。

西漢末期由於政治黑暗，統治集團驕奢淫逸，人民承受繁重的賦稅和徭役，還要忍受官吏和豪強土地兼併的惡行，因而促使學者沿襲了歷史上讖緯的思想內容和表達形式，〔註 1〕並繼承發揮董仲舒的「天人感應」思想，希望藉以災異譴告警戒統治者，達到約束抑制的作用。〔註 2〕於是讖緯之學，繼天人感應說興起。延至東漢，讖緯成為改朝換代，〔註 3〕朝廷宣佈上帝詔命的神秘預言與憑藉。讖緯之學在統治者的肯定，與經學分立於東漢時期的重大思潮。

在西漢古文經學，本流傳於民間，至哀帝建平時劉歆提議把《左氏春秋》、《逸禮》、《尚書》、《毛詩》等古文經列為學官，引起與太常博士的論爭，造成今、古文經的第一次公開化爭論。從此也開啟了東漢時期今古文經的爭議。《白虎通義》是章帝建初四年（西元 79 年）召集大夫、博士、議郎、郎官和諸生於白虎觀講議五經異同之會議後，由章帝命古文經學家班固將會議討論

〔註 1〕讖緯之起源有人認為可以推至古代河圖、洛書的傳說。讖緯本為陰陽家與方士巫師的創作與信仰，其學說屬於方士的範疇，基本的內容是以推演陰陽五行，及預言祥禎災異為主。

〔註 2〕參考呂凱《鄭玄之讖緯學》（臺北：台灣商務印書館，1982.5）頁 1～20 之內容。

〔註 3〕王莽以白石丹書「告安漢公莽為皇帝」而篡漢；「劉秀發兵捕不道，卯金修德為天子。」（《讖記》）的圖讖舉事興漢。

的結果纂輯完成的。〔註 4〕若《白虎通義》是正統官方思想的代表，則王充反對讖緯之學，代表著非官方的一派，也代表在充滿讖緯迷信思想的社會環境中的一種反省。

《白虎通義》與王充的心性論，還是繼承發展前人以氣說心性的特色，但二家所說的氣有所不同。

第一節　《白虎通義》之心性論

一、《白虎通義》之成書經過與性質

《白虎通義》是漢章帝建初四年（西元 79）召集大夫、博士、議郎、郎官和諸生在白虎觀討論後，由班固等人整理編撰成的。其內容龐雜，涉及了漢代社會、政治、制度、文化、倫理與道德等議題。也可以說是西漢以來儒家思想發展的一次總結，成為東漢王朝二百年來儒學思想的代表作。

關於《白虎通義》之題名，見於史書中的還有《白虎通》、《白虎通德論》，以及《白虎議奏》等名稱，因此，《白虎通義》之題名成為後代學者關注的問題。如唐李賢以為《白虎議奏》與《白虎通》是為同為一部；〔註 5〕劉師培認為《白虎通義》是在《白虎議奏》的基礎上撰集而成的；〔註 6〕鍾肇鵬則指出《白虎通義》才是正式名稱，《白虎通》是簡稱；〔註 7〕章權才則主張《白虎

〔註 4〕此次會議的參加者，除了有劉羨、樓望、桓郁、丁鴻、楊終等今文經學家外，尚有賈逵、班固等古文經學家。且會議雖由治《魯詩》的今文經學家的魏應承章帝制問，然代表奏答者既非今文經學家，亦非古文經學家，而是治《老子》的淳于恭。今文經學與古文經學的矛盾在這次會議後趨於緩和，古文經的地位進一步的提升。在此階段，表面上看來，今文經學尚處於鼎盛階段，然古文經的地位提升，即預示著今文經學的衰微。

〔註 5〕《後漢書．章帝紀》：「中元元年詔書，《五經》章句煩多，議欲減省。至永平元年，長水校尉儵奏言，先帝大業，當以時施行。欲使諸儒共正經義，頗令學者得以自助。……於是下太常，將、大夫、博士、議郎、及諸生、諸儒會白虎觀，講議《五經》同異，使五官中郎將魏應承制問，侍中淳於恭奏，帝親稱制臨決，如孝宣甘露石渠故事，作白虎議奏。」，李賢注曰：「今《白虎通》。」

〔註 6〕見劉師培〈白虎通義源流考〉收入於陳立撰，吳則虞點校《白虎通疏證》（北京：中華書局，1994.8）頁 785。

〔註 7〕見鍾肇鵬〈《白虎通義》的哲學和神學思想〉（《中國史研究》，第四期，1990）中，舉應劭的《風俗通義》又稱《風俗通》為證。又認為《白虎通德論》可能是《白虎功德論》之誤，《功德論》也是班固所寫的讚頌白虎觀會議的一篇頌詞，古代「論」、「贊」可以通稱，所以《白虎功德論》就是《白虎功德贊》。

通》是由皇帝欽定、闡發聖人之道的書。〔註8〕今《白虎議奏》已佚，其內容無從考證。而《白虎通義》當在《白虎議奏》之基礎上形成的，是當時白虎觀會議「稱制臨決」的著作，應其作為正式名稱。而《白虎通》是《白虎通義》之省稱。至於《白虎通德論》或為斷句之誤，或為脫一「功」字。現在所說的《白虎通德論》即指《白虎通義》。

要明瞭《白虎通義》之撰寫目的或性質，也當瞭解從白虎觀會議召開之用意開始。從漢代經學紛爭的角度來看，金春峰認為白虎觀會議的召開是因今文經學、古文經學與讖緯之學，三者互相排斥，又互相妥協，需要形成合一的統一新經學。故認為《白虎通義》具有官方經學和權威法典的性質。〔註9〕祝瑞開認為會議的背景，是由於儒學獨尊後日益僵化，「章句之徒，破壞大體」，統治集團日益感到所謂經義已支離破碎「議欲減省」。因此，白虎觀會議對今古經學趨向融合，發生了積極的影響。且認為《白虎通義》把「師弟子之道」歸納為朋友、父子、君臣之道，是強化師徒之關係，並對東漢「天地君親師」思想的形成起了推動作用。〔註10〕林麗雪則以為「白虎觀會議表面上看來是為經說的統一而召開，實際上禮制人倫的制定才是最主要的目的。」〔註11〕

侯外廬認為「他們（與會儒生）不是在講哲學，而是為統治階級安排宗教」，所以，《白虎通義》是以迷信讖緯為依據，並「利用經義為漢制法」，「為皇帝制出空前極無恥之能事的國家法來」，認為《白虎通義》的性質是屬於「封建法典」。〔註12〕任繼愈認為白虎觀會議是「把緯書提到合法地位，利用政治力量與法定程式來肯定緯書的法典化。」它的內容規定了國家制度和社會制度的基本源則，起著法典的作用。〔註13〕

就理論體系來看，侯外廬認為《白虎通義》之宇宙根源、宇宙生成多出緯書，並把「陰陽五行說」神秘化，並認為它的歷史觀也是神學的，是屬於宗教神學的範疇。王勤樹也曾概括《白虎通義》的理論體系，具有宣揚王權神

〔註8〕章權才《兩漢經學史》（臺北：萬卷樓圖書有限公司，1995.5）頁215，從《白虎通》、《白虎通義》、《白虎通德論》三者都以「通」字相標榜，認為「聖人者何？聖者，通也，道也。」則所謂「通義」或「通德」是言這部書可以用之經緯社會之作用，故《白虎通》是由皇帝欽定，作為長遠的指導著作。

〔註9〕金春峰《漢代思想史》（北京：中國社會科學出版社，1997.12）頁455～464。

〔註10〕祝瑞開《兩漢思想史》（上海：上海古籍出版社，1989.6）頁276～283。

〔註11〕林麗雪〈白虎通「三綱」說與儒法之辨〉（《書目季刊》第十七卷第三期，1983.12）

〔註12〕侯外廬《中國思想通史．第2卷》（北京：人民出版社，1957.4）頁225～236。

〔註13〕任繼愈《中國哲學史．第2冊》（北京：人民出版社，1963.7）頁98～99。

授論，與宣揚天人感應和讖緯迷信。〔註 14〕于首奎則直接地把它定為神學，並加以批判。〔註 15〕

張國華說：「如果說董學是漢代儒學神學化的開始的話，《白虎通》則標誌著儒學神學化的最後完成。」〔註 16〕于首奎認為白虎觀會議「是秦漢以來神學與讖緯迷信思想大發展的一次總結，正是由於這次會議東漢官方哲學才有了定型，我國古代神學理論才臻於完備。」〔註 17〕。任繼愈也指出白虎觀會議是漢章帝主持的一次總結性的經學會議和總結性的神學會議，它統一規定了祭儀和神理，從此，封建社會的國教才形成為一個完整的體系。〔註 18〕《白虎通義》在後人的眼裡，有其歷史意義與地位。

二、心性論之根源——陰陽與五行

《白虎通義》曰：

> 始起先有太初，然後有太始，形兆既成，名曰太素。……精者為三光，號者為五行。五行生情性，情性生汁（鬥）中，汁（鬥）中生神明，神明生道德，道德生文章。（〈天地〉）

人之情性由「五行」而生。又曰：

> 性情者，何謂也？性者陽之施，情者陰之化也，人稟陰陽氣而生，故內懷五性六情。情者靜也，性者生也，此人所稟六氣以生者也。（〈性情〉）

人之情性也是由陰陽所化施而成，故陰陽與五行是人之情（心）性的根源。

（一）陰陽

《白虎通義》曰：

> 始起先有太初，然後有太始，形兆既成，名曰太素。混沌相連，視之不見，聽之不聞，然後判清濁。既分精曜出布，庶物施生。精者為三光，號者為五行。五行生情性，情性生汁（鬥）中，汁中生神明，神明生道德，道德生文章。故〈乾鑿度〉雲：「太初者，氣之始

〔註 14〕王勤樹〈從白虎觀會議和白虎通看儒學的反動本質〉（《天津師院學報》，第二期，1974）

〔註 15〕于首奎〈白虎通神學宇宙觀批判〉（《江漢論壇》，第二期，1981）

〔註 16〕張國華《中國秦漢思想史》（北京：人民出版社，1994.1）頁 191。

〔註 17〕于首奎《兩漢哲學新探》（成都：四川人民出版社，1988）頁 179～188。

〔註 18〕任繼愈《中國哲學發展史．秦漢卷》（北京：人民出版社，1985.2）頁 494。

也；太始者，形之始也；太素者，質之始也。陽唱陰和，男行女隨也。」(〈天地〉)

此段話是對宇宙化成的描述。《白虎通義》以氣作為宇宙之始，宇宙的生成就在氣化的過程中，逐步形成。在整個宇宙萬物的生成過程中，大體可以分為二階段。第一階段，是從太初至太素的過程，此階段是宇宙尚未有形，處「視之不見，聽之不聞」之混沌狀態。而氣有清濁，即陰陽之別。第二階段，是陰陽「既分，精曜出布，庶物施生。精者為三光，號者為五行」〔註 19〕，天地萬物生成階段。當陰陽二氣交互作用，更進一步化成「五行」，構成天地萬物之元素，天地萬物因此而生。五行生萬物，也是萬物形體與內在質性的要素。而五行是陰陽二氣交互作用而成，故五行是陰陽二氣交相運動，所形成的不同狀態或特質。因此，天地萬物最根本的質素是陰陽二氣。〔註 20〕

陰陽二氣之別，乃因清濁之分，陰者濁之氣，陽者清之氣。《白虎通義》又賦陰陽於上下之質，〈京師〉曰：「火者，陽也，尊，故上；水者，陰也，卑，故下。」陽為尊，陰為卑，且「陽唱陰和，男行女隨也」陽居於主導地位，陰是附和隨行的角色。宇宙萬事萬物就在陰陽二氣的交互作中形成與定位。除了人之情性生於陰陽外，亦有：

所以必有晝夜何？備陰陽也。日照晝，月照夜。日所以有長短何？陰陽更相用事也。故夏節晝長，冬節夜長，夏日宿在東井，出寅入戌。冬日宿在牽牛，出辰入申。(〈日月〉)

月有小大何？天左旋，日月右行。日日行一度，月日行十三度。月及日為一月，至二十九日，未及七度，即三十日者，過行七度，日不可分，故月乍大乍小，明有陰陽也。(〈日月〉)

歲時何謂？春夏秋冬也。時者，期也，陰陽消息之期也。(〈四時〉)

晝夜之更替、日月之數、四時之運行，皆是陰陽交互變化的結果。

陰陽之變化本來是生化的作用與過程，然天地萬事萬物皆無不在其作用而生成，因此，「陰陽相成」成為天經地義之道，人事也無不合「陰陽相成」之道，如：

〔註 19〕《史記．天官書》：「三光者，陰陽之精。」

〔註 20〕陰陽二氣是氣。然此處言「天地萬物最根本的質素是陰陽二氣」，而不說「氣」使然，因為當氣為分判陰（濁）陽（清）之前，接近於混沌不明的原始狀態，只有判分陰陽之後，始有作用化成萬物。

> 庶人稱匹夫者，匹，偶也，與其妻為偶，陰陽相成之義也。(〈爵〉)
> 人承天地施陰陽，故設嫁娶之禮者，重人倫廣繼嗣也。(〈嫁娶〉)
> 君臣、父子、夫婦，六人也，所以稱三綱何？一陰一陽謂之道，陽得陰而成，陰得陽而序，剛柔相配，故六人為三綱。(〈三綱六紀〉)
> 天子所以有靈臺者何？所以考天人之心，察陰陽之會，揆星辰之證，驗為萬物，獲福無方之元。(〈辟雍〉)

夫妻相配、人倫之禮、三綱之序、王者執政，皆參驗「陰陽相成」之道。

陰陽實質是氣之清濁的分別，二者是對立，卻不能獨立存在，乃一體之兩面。《白虎通義》也將陰陽作為相對性概念的指稱，如日月、男女、君臣等，其關係如陰陽二氣，是相反相成的。而陰陽交會之變化成為天道。當陰陽交互作用出天地萬物，及表現出千差萬別之面相，更進一步具體表現，則有賴「五行」。

（二）五行

所謂「五行」，《白虎通義》曰：

> 五行者，何謂也？謂金、木、水、火、土也。言行者，欲言為天行氣之義也。地之承天，猶妻之事夫，臣之事君也，其位卑，卑者親視事，故自同於一行尊於天也。《尚書》曰：「一曰水，二曰火，三曰木，四曰金，五曰土。」水位在北方，北方者陰氣，在黃泉之下，任養萬物。水之為言准也，養物平均，有准則也。木在東方，東方者，陽氣始動，萬物始生。木之為言觸也，陽氣動躍，觸地而出也。火在南方，南方者，陽在上，萬物垂枝。火之為言委隨也，言萬物佈施。火之為言化也，陽氣用事，萬物變化也。金在西方，西方者，陰始起，萬物禁止。金之為言禁也。土在中央，中央者土，土主吐含萬物。土之為言吐也。何以知東方生？〈樂記〉曰：「春生，夏長，秋收，冬藏。」土所以不名者，地，土之別名也，比於五行最尊，故不自居部職也。〈元命苞〉曰：「土無位而道在，故大一不與化，人主不任部職。」(〈京師〉)

「五行」，是指金、木、水、火、土，是陰陽二氣運行的產物。而天地萬物無不是陰陽二氣相互作用產生的，然萬物不可勝計，故以五行來統括萬事萬物的代表，除有東、南、西、北、中央之「五方」外，尚可表徵為「四時」、「五聲」、「五味」、「五臭」、「五祀」、「五色」、「五帝」、「五神」、「五精」、

「五嶽」、「五端」、「五性」、「五臟」、「五官」、「五星宿」、「五刑」、「五經」……等。〔註 21〕

有關五行之性，《白虎通義》曰：

> 五行之性，或上或下何？火者，陽也尊，故上；水者，（陰）也卑，故下；木者少陽；金者少陰，有中和之性，故可曲直從革；土者最大，苞含物，將生者出，將歸者入，不嫌清濁為萬物。《尚書》曰：「水曰潤下，火曰炎上，木曰曲直，金曰從革，土爰稼穡。」五行所以二陽三陰何？尊者配天，金、木、水、火，陰陽自偶。（〈京師〉）

五行是藉陰陽兩氣之運行而存在，又各自有陰陽兩氣。火屬陽，為尊，居上；水屬陰，為卑，居下；木為少陽，居中；金為少陰，居中；土則「所以不名時者，地，土之別名也，比於五行最尊，故不自居職也。」（〈京師〉）五行之屬性，即為五行分判各類事物的依據。

五行之間並非是靜態的平列關係，或獨立的存在，它們之間有著動態式之連鎖關聯性，《白虎通義》曰：

> 五行所以更王何？以其轉相生，故有終始也。木生火，火生土，土生金，金生水，水生木。是以木王，火相，土死，金囚，水休，王所勝老死、囚，故王者休。（〈京師〉）

即循環流轉而相生的關係，與矛盾對立的相勝關係。五行相生、相勝之理，蘊含著不同質性間之生害原理。《白虎通義》從各種相生與相勝之萬事萬物中，尋出各種物質間之變化法則，進而歸納出其變化之原理，及所謂的相生、相勝之理，反之，成為萬事萬物變化的理論依據。

《白虎通義》以陰陽、五行來概括宇宙之抽象形式、概念與具體事物，成為天地萬物皆可以在陰陽、五行的運行中得出宇宙一切變化。因此，陰陽、五行既是萬物之本源，也是各種自然現象變化發展之根源，與天地萬物與千變萬化之自然現象。任繼愈論《白虎通義》之陰陽五行說有三層含義：第一是自然之涵義；第二是神學之涵義；第三是社會倫理之涵義。〔註 22〕

〔註 21〕以上《白虎通義》以五行分判各種事物之敘述，見〈五刑〉、〈五祀〉、〈瑞贄〉、〈五刑〉、〈五經〉、〈性情〉等篇。

〔註 22〕任繼愈主編《中國哲學發展史．秦漢》（北京：北京人民出版社，1982.2）頁 500～501。

三、性論

（一）以陰陽分性情

《白虎通義》言性，曰：

> 「謂之燧人何？」「鑽木燧取火，教民熟食，養人利性，避臭去毒，謂之燧人也。」（〈號〉）

此性作「生理之性」說。又曰：

> 故《禮》曰：「十年曰幼，學。」《論語》曰：「吾十有五而志於學，三十而立。」又曰：「生而知之者，上也；學而知之者，次也。」是以雖有自然之性，必立師傅焉。（〈辟雍〉）

引孔子的話，認為人天生具有不同之「智性」。然《白虎通義》對「生理之性」與「智性」多不論，其強調的是具道德意義之性。

《白虎通義．性情》曰：

> 性情者，何謂也？性者，陽之施；情者，陰之化也。人稟陰陽氣而生，故內懷五性六情。情者，靜也，性者，生也，此人所稟六氣以生者也。故《鉤命決》曰：「情生於陰，欲以時念也；性生於陽，以就理也。陽氣者仁，陰氣者貪，故情有利慾，性有仁也。」

人稟陰陽二氣而生，故生而有陰陽二氣，並內具成為人之質性。陽氣主生而構成人之「性」，「性」有五性；陰氣主靜而構成為人之「情」，「情」有六情。並引《鉤命決》認為陽氣者仁，性屬陽，故仁；陰氣者貪，情屬陰，故有利慾。《白虎通義》不直接言情為貪而惡，〔註 23〕因情為陰，亦為靜，雖有貪的因子，然其不動，靜的狀態，無法判其善或惡。又曰：

> 五性者何？謂仁、義、禮、智、信也。仁者，不忍也，施生愛人也；義者，宜也，斷決得中也；禮者，履也，履道成文也；智者，知也，獨見前聞，不惑於事，見微者也；信者，誠也，專一不移也。……

〔註 23〕不似董仲舒直接曰：「身之名取諸天，天兩，有陰陽之施，身亦兩，有貪仁之性。」（《春秋繁露．深察名號》）以陽為性為善，陰為情為惡。而《白虎通義》雖以陰陽分性情與善惡，但在以善惡論性情時，曰：「陰氣者貪，情屬陰，故有利慾。」不直指情為惡，以情有「利慾」言。《白虎通義．號》曰：「鑽木燧取火，教民熟食，養人利性，避臭去毒，謂之燧人也。」主張應養生理之利性，故《白虎通義》沒有將「利慾」與惡畫上等號，故不言「陰氣者貪，情屬陰，故有貪」。在《白虎通義》之情還存在著動與靜問題，如「情動得序」（〈性情〉），故情之動才是最後決定善或惡的關鍵。

六情者，何謂也？喜、怒、哀、樂、愛、惡謂六情，所以扶成五性。（〈性情〉）

「五性」即仁、義、禮、智、信。「六情」指喜、怒、哀、樂、愛、惡。性是善，是內在的潛質，人與外物相接而有喜、怒、哀、樂、愛、惡之情，而惡是因情之作用，因此，善性的發揮，有賴情動的適度作用，故言情「所以扶成五性」之義。〔註24〕

《白虎通義》進一步說明，何以性五、情六？曰：

性所以五，情所以六者何？人本含六律五行氣而生，故內有五藏六府，此情性之所由出入也。《樂動聲儀》曰：「官有六府，人有五藏。」（〈性情〉）

因人本於六律五行之氣而生，故人身有五藏六府，而性情是藉由五藏六府出入表現，故性五，情六。

《白虎通義》曰：

五藏者何也？謂肝、心、肺、腎、脾也。肝之為言幹也；肺之為言費也，情動得序；心之為言任也，任於恩也；腎之為言寫也，以竅寫也；脾之為言辨也，所以積精稟氣也。五藏，肝仁，肺義，心禮，腎智，脾信也。（〈性情〉）

〔註24〕李沈陽《漢代人性論研究》（華中師範大學，博士論文，2008.8）頁70，將「六情扶成五性」的意義，試圖用五藏六府的關係來說明，曰：「《白虎通》試圖用五藏六府的關係來說明五性六情的『扶成』關係，『人本含六律五行之氣而生，故內懷五藏六府，此情性之所由出入也』，然而其中的邏輯並不清晰。五藏與六府的『扶成』關係很好理解，通俗一點，即是說六府是五藏的『宮府』，『六府者，何謂也謂大腸、小腸、胃、膀朧、三焦、膽也。府者，謂五藏宮府也』。五性與五藏相聯繫在《白虎通》中體現得很明確，五藏分主五性，『五藏者，何謂也？謂肝、心、肺、腎、脾』，『五藏，肝仁，肺義，心禮，腎智，脾信』。情如何與六府聯繫在一起在則未作具體的論證。只是提到六情與與六個方位相配，『喜在西方，怒在東方，好在北方，惡在南方，哀在下，樂在上何？以西方萬物之成，故喜。東方萬物之生，故怒。北方陽氣始施，故好。南方陰氣始起，故惡。上多樂，下多哀也』。這反映出《白虎通》人性論在融合漢代醫學知識、讖緯時遇到的矛盾。」將情扶成性釋為五藏與六府的身體上生理作用的關係，這樣只說明了性與情之間相互作用，沒有解決他認為「性善情惡」（頁68）的善惡關係問題。因《白虎通義》之情有動與靜的不同狀態，若情動得序，則能循（扶）著善性的發展，而為善；若情動不得序，受利慾的牽引，則為惡。故李沈陽忽略了「情者，靜也」、「情動得序」與引《鉤命決》曰「陽氣者仁，陰氣者貪，故情有利慾，性有仁也。」之間，而不直言「情有貪」的微妙關係。

> 六府者，何謂也？謂大腸、小腸、胃、膀胱、三焦、膽也。府者，謂五藏宮府也。故《禮運》記曰：「六情所以扶成五性也。」(〈性情〉)

五臟為肝、心、肺、腎、脾，分別為仁、義、禮、智、信的基礎。六府為大腸、小腸、胃、膀胱、三焦、膽，分別是喜、怒、哀、樂、愛、惡之六情的基礎。《白虎通義》言陰氣者貪，情屬陰，雖有利慾，尚肯定其地位，故不直言情為貪而惡，應是惡由情而來，情非惡。

（二）性化為三綱五常

《白虎通義》曰：

> 五性者何？謂仁、義、禮、智、信也。仁者，不忍也，施生愛人也；義者，宜也，斷決得中也；禮者，履也，履道成文也；智者，知也，獨見前聞，不惑於事，見微者也；信者，誠也，專一不移也。故人生而應八卦之體，得五氣以為常，仁、義、禮、智、信是也。(〈性情〉)

人稟陰陽氣而生，因陽氣之施，而有五性。「五性」是人內在的潛質，不具有行動性與強迫性或規範性，本來只是隱藏具有施生愛人、斷決得中、履道成文、不惑於事、專一不移等德性。而《白虎通義》當內在之德性，外化成為道德規範，成為人必須遵守的信條，則稱為「常」。常者，經常、綱常之義。五性化為五常，故五性亦可稱為五常之性，《白虎通義》曰：

> 樂以象天，禮以法地。人無不含天地之氣，有五常之性者。(〈禮樂〉)

因人有五常之性，體現於外，則有「五諫」的作為《白虎通義》曰：

> 人懷五常，故有五諫：謂諷諫。順諫，窺諫，指諫，伯諫。諷諫者，智也，患禍之萌，深睹其事，未彰而諷告，此智性也。順諫者，仁也，出詞遜順，不逆君心，仁之性也。窺諫者，禮也，視君顏色，不悅且卻，悅則復前，以禮進退，此禮之性也。(〈諫諍〉)

「五諫」乃因人稟五常之性，具體表現於外的行為。

《白虎通義》曰：

> 三綱者何謂也？謂君臣、父子、夫婦也。六紀者，謂諸父、兄弟、族人、諸舅、師長、朋友也。故君為臣綱，夫為妻綱。又曰：「敬諸父兄，六紀道行，諸舅有義，族人有序，昆弟有親，師長有尊，朋友有舊。」何謂綱紀？綱者，張也；紀者，理也。大者為綱，小者為紀，所以張理上下，整齊人道也。人皆懷五常之性，有親愛之心，是以綱紀為化，若羅綱之有紀綱而萬目張也。(〈三綱六紀〉)

五常具體化為社會生活中的倫理關係，就是「三綱」、「六紀」。而「君臣、父子、夫婦，六人也，所以稱三綱何？一陰一陽謂之道，陽得陰而成，陰得陽而序，剛柔相配，故六人為三綱。」(〈三綱六紀〉)君臣、父子、夫婦之「三綱」，乃配陰陽，剛柔相濟而來。《白虎通義》又曰：

> 三綱法天地人，六紀法六合。君臣法天，取象日月，屈信歸功天也；父子法地，取象五行，轉相生也；夫婦法人，取象人合陰陽，有施化端也。(〈三綱六紀〉)

在「三綱六紀」相應陰陽相配之義外，《白虎通義》又提出「天」的主宰作用。《白虎通義》曰：「天者何也？天之為言鎮也，居高理下，為人鎮也。地者，易也。言養萬物懷任，交易變化也。」(〈天地〉)以天作為宇宙萬物的創造者，是自然、人事、鬼神的主宰者。因此，陰陽的盛衰，五行之相生相害，皆是承天之意志而為。故「三綱五常」是體現天意，遵循陰陽五行的運行原則，具體實現「五性」，成為「張理上下，整齊人道」的綱紀。

（三）以學治性

《白虎通義》曰：

> 「學之為言覺也，悟所不知也。故學以治性，慮以變情故玉不琢，不成器；人不學，不知道。」(〈辟雍〉)
>
> 經所以有五何？經，常也。有五常之道，故曰《五經》。《樂》仁，《書》義，《禮》禮，《易》智，《詩》信也。人情有五性，懷五常不能自成，是以聖人象天五常之道而明之，以教人成其德也。(〈五經〉)

人雖稟五常之性，然無法自覺展現天生的質性，故待後天的教化與學習，以啟內在的善性而表現於外。《五經》是「五常」的記錄，是聖人體天示五性之意而作，成為人主動學習或被動教化的依據。

《白虎通義》曰：

> 以為天地之性，人為貴，人皆天所生也，托父母氣而生耳。王者以養長而教之，故父不得專也。(〈誅伐〉)

王是最大教化的責任者，因其有善惡的導向作用，並為大多數人的效法對象，《白虎通義》曰：

> 教者，何謂也？教者，效也。上為之，下效之，民有質樸，不教而成。(〈三教〉)

並曰：

天子立辟雍何？所以行禮樂、宣德化也。(〈辟雍〉)

主張設立辟雍以禮樂行教化，曰：

王者所以盛禮樂何？節文之喜怒。樂以象天，禮以法地。人無不含天地之氣，有五常之性者。故樂所以蕩滌，反其邪惡也。禮所以防淫泆，節其侈靡也。(〈禮樂〉)

禮可以防淫泆，節其侈靡；樂可以蕩滌性情，反其邪惡。又曰：

樂者，陽也，動作倡始，故言作；禮者，陰也，繫制於陽，故言制。樂象陽也，禮法陰也。(〈禮樂〉)

王者制禮作樂，乃效法陰陽五行而來，樂象陽，禮法陰。然《白虎通義》曰：

夷狄者，與中國絕域異俗，非中和氣所生，非禮義所能化，故不臣也。(〈王者不臣〉)

王者制夷狄樂，不制夷狄禮何？以為禮者，身當履而行之。夷狄之人，不能行禮。樂者，聖人作為以樂之耳。故有夷狄樂也。(〈禮樂〉)

認為夷狄非中和陰陽之氣所生，故禮無法教化他們，因此，王者無制夷狄之禮。《白虎通義》以「人稟陰陽氣而生，故內懷五性六情」，何獨遺漏夷狄之人，沒有得到陰陽調和之氣而生，實含有漢族之自大自尊的心理作用。由此可知，禮樂制度是根據人之五常之性所設，禮樂制度符合陰陽五行之理論，必然符合人性之需求；反之，若無五常之性，則不能被禮義所化，更無法知禮義、行禮儀。

《白虎通義》主張以刑罰輔禮樂之教化，曰：「故禮為有知制，刑為無知設也。」(〈五刑〉)又曰：

聖人治天下，必有刑罰何？所以佐德助治，順天之度也。故懸爵賞者，示有勸也；設刑罰者，明有所懼也。刑所以五何？法五行也。科條三千者，應天地人情也。(〈五刑〉)

刑罰乃應天地人情而存在，是聖人治理天下的手段，能使無知者有所懼而不敢為惡。

四、心論

《白虎通義》曰：

人皆懷五常之性，有親愛之心。(〈三綱六紀〉)

五藏，肝仁，肺義，心禮，腎智，脾信也。(〈性情〉)

心所以為禮何？心，火之精也。南方尊陽在上，卑陰在下，禮有尊卑，故心象火，色赤而銳也，人有道尊，天本在上，故心下銳也。(〈性情〉)

人因有五常之性，而有親愛之心；心為五臟之一，是居五性之禮的基礎；又情是心之所感。《白虎通義》說性時，言「性情者，何謂也？性者，陽之施；情者，陰之化也。人稟陰陽氣而生，故內懷五性六情。」將性情合稱，因此，《白虎通義》是從「性」上說「心」，不同孟子說人有四端而言性善，從心來說性。而與孟子相同的，是《白虎通義》亦承認心是具有親愛與禮之道德心。

《白虎通義》以心是親愛之道德心外，心也具有辨知作用，曰：

一人有善，其心好之；一人有惡，其心痛之。(〈三綱六紀〉)

心知善惡，進而有感，故其兼具理性與感性。而心能有認知與感受功能，有藉於目、口、耳、鼻的作用，《白虎通義》曰：

目為心視，口為心談，耳為心聽，鼻為心嗅，是其支體主也。(〈性情〉)

目、口、耳、鼻對於心，有如人之四肢，是心與外界的溝通的橋樑。《白虎通義》又曰：

故《元命苞》曰：「目者肝之使，肝者木之精，蒼龍之位也。鼻者肺之使，肺者金之精，制割立斷。耳者心之候，心者火之精，上為張星。陰者腎之寫，腎者水之精，上為虛危。口者脾之門戶，脾者土之精，上為北斗，主變化者也。」或曰：「口者心之候，耳者腎之候。」或曰：「肝繫於目，肺繫於鼻，心繫於口，脾繫於舌，腎繫於耳。」(〈性情〉)

心同肝、肺、腎、脾合為五臟，然以「肝繫於目，肺繫於鼻，心繫於口，脾繫於舌，腎繫於耳」的關係，則肝、肺、腎、脾無不繫於心之作用，故心具有統籌、主宰的角色，則五臟當以心為主。

心具有主宰作用，因此，心的操持，可以決定行為的結果，《白虎通義》曰：

夫射者，執弓堅固，心平體正，然後中也。(〈鄉射〉)

所以系心者何？防其淫佚也。(〈嫁娶〉)

就射來說，心平則體正，就能中；涵養心，則能防淫佚。然在心的主宰作用上，《白虎通義》不甚重視，反而將人的主體作用，決定於天的意志，曰：

> 三綱法天地人，六紀法六合。君臣法天，取象日月，屈信歸功天也；父子法地，取象五行，轉相生也；夫婦法人，取象人合陰陽，有施化端也。（〈三綱六紀〉）

人能依「三綱六紀」而為，即承天地，順陰陽，乃符合天之意。又曰：

> 王者改作，樂必得天應而後作何？重改制也。《春秋瑞應傳》曰：「敬受瑞應而王，改正朔，易服色。」（〈三正〉）

王者改制亦承天意。而王者在治理國家的過程中，若不合天意，則天會降下「災異」以示警告，曰：

> 天下太平，符瑞所以來至者，以為王者承天統理，調和陰陽，陰陽和，萬物序，休氣充塞，故符瑞並臻，皆應德而至。（〈封禪〉）

《白虎通義》將一切價值的根源，歸於外在的天意，或陰陽五行的運行，沒有進一步闡發心的主動作用，不似孔孟將價值的選擇，根源於人身的自覺。因此，《白虎通義》將人制服於天之下的關係，無法凸顯心主宰作用，與孟子曰：「盡其心者，知其性也。知其性，則知天矣。」（《孟子．盡心上》）強調人的能動性，將人置於與天同等地位不同。

五、繼承與轉發

（一）「陰陽分性情」說

以陰陽、五行論宇宙生成過程，與心性之根源，是漢代學者普遍現象，《白虎通義》即在前人的基礎上發展得更具體。《白虎通義》除了繼承董仲舒認為陰陽流行乃出於天意的說法，〔註25〕並直承董仲舒曰：「天地之所生，謂之性情，性情相與為一瞑，……身之有性情也，若天之有陰陽也，言人之質而無其情，猶言天之陽而無其陰也。」（《春秋繁露．深察名號》）以陰陽分性情，及「惡之屬盡為陰，善之屬盡為陽。陽為德，陰為刑。」（《春秋繁露．陽尊陰卑》）以陰陽說善惡，陽為善，陰為惡。然董仲舒直接曰：「身之名取諸天，天兩，有陰陽之施，身亦兩，有貪仁之性。」（《春秋繁露．深察名號》）

〔註25〕《春秋繁露．陰陽出入》曰：「天道大數，相反之物也，不得俱出，陰陽是也。春出陽而入陰，秋出陰而入陽，夏右陽而左陰，冬右陰而左陽：陰出則陽入，陽出則陰入，陰右則陽左，陰左則陽右，是故春俱南，秋俱北，而不同道；夏交於前，冬交於後，而不同理；並行而不相亂，澆滑而各持分，此之謂天之意。」

以陽為性為善，陰為情為惡。而《白虎通義》雖以陰陽分性情與善惡，但在以善惡論性情時，曰：「陰氣者貪，情屬陰，故有利慾。」不直指情為惡，以情有「利慾」言。《白虎通義・號》曰：「鑽木燧取火，教民熟食，養人利性，避臭去毒，謂之燧人也。」主張應養生理之利性，故《白虎通義》沒有將「利慾」與惡畫上等號，故不言「陰氣者貪，情屬陰，故有貪」。然《白虎通義》還是主張惡是由情產生的。

又《白虎通義》之情，較董仲舒多了動靜問題。且情之動或靜，是決定善性是否會落實的因素。若「情動得序」，則能循著善性的發展，而為善；若情動不得序，受利慾的牽引，則為惡。

（二）「以五行言五常之性」說

「五常」之名，最早見於《書經・泰誓下》：「今商王受，狎侮五常。」孔穎達〈正義〉將五常視為五典，曰：「五常即五典，謂父義、母慈、兄友、弟恭、子孝五者。」後《禮記・樂記》：「道五常之行，使之陽而不散、陰而不密。」五常之行與陰陽之更替有關，〔註 26〕又《漢書・董仲舒傳》：「夫仁誼禮知信五常之道，王者所當修飭也。」將五常分列為仁誼禮知信。

董仲舒曰：「五行者，乃孝子忠臣之行也。」（《春秋繁露・五行之義》）將五行道德倫理化。而把五行配仁、義、禮、智、信之五德亦見於揚雄。揚雄曰：

> 三八為木，為東方，為春，日甲乙，辰寅卯……性仁，情喜，事貌，用恭，撝肅……四九為金，為西方，為秋，……性誼，情怒，事言，用從，撝義……二七為火，為南方，為夏，……性禮，情樂，事視，用明，撝哲……一六為水，為北方，為冬，……性智，情悲，事聽，用聰，撝謀……五五為土，為中央，為四維，……性信，情恐懼，事思，用睿，撝聖。（《太玄經・玄數》）

揚雄繼承《尚書・洪範》之五行與五事的概念，〔註 27〕並將五行配於五事，且將仁配木、義配金、禮配火、智配水、信配土，然揚雄沒有將「仁、義、

〔註 26〕鄭玄注：「五常，五行也。」

〔註 27〕《尚書・周書・洪範》：「一、五行：一曰水，二曰火，三曰木，四曰金，五曰土。水曰潤下，火曰炎上，木曰曲直，金曰從革，土爰稼穡。潤下作鹹，炎上作苦，曲直作酸，從革作辛，稼穡作甘。二、五事：一曰貌，二曰言，三曰視，四曰聽，五曰思。貌曰恭，言曰從，視曰明，聽曰聰，思曰睿。恭作肅，從作乂，明作哲，聰作謀，睿作聖。」

禮、智、信」定名為「五常」。《白虎通義》沒有明確地將五行分別配稱於哪五常，然在漢儒的概念中多以仁配木、義配金、禮配火、智配水、信配土為中。〔註 28〕而《白虎通義》是以五行來統括萬事萬物的代表，其相互之間存有相生與相害作用。而揚雄是以「東西為緯，南北為經。」(《太玄經・玄瑩》)木金配東西為緯線，水火為配南北為經線，以土為中央，成為一個宇宙模式。所以《白虎通義》是以「五行」作為宇宙生成的一個過程。而揚雄是以「五行」織成一個宇宙圖式，並把人身體視為一個小宇宙，其中以心思居於土，故五行配於人身，則為視、聽、言、貌根於思，配於五德以信為主。因此，在揚雄所謂的五行與五德有主從關係。而《白虎通義》以「仁、義、禮、智、信」為內在人性本有，故言「五性」，與揚雄認為五德為性之所摀（發揚）的觀點相同。而董仲舒與《白虎通義》將五行配「五常」，以「仁、義、禮、智、信」定為天經之常規，深具政治教化之目的。

第二節　王充之心性論

一、王充生平

（一）生平與思想要略

1. 性格與思想影響

王充（西元 27～97），字仲任，東漢會稽上虞人（今浙江上虞縣），享年七十餘。根據王充《論衡・自紀》〔註 29〕載其「世祖勇任氣，卒咸不揆於人。歲兇，橫道傷殺，怨仇眾多。」「至蒙、誦滋甚。……勇勢凌人。」結果一次又一次的舉家逃難。家族任氣使氣的習性，至王充改變不少，但尚有孤僻冷漠、與人寡合的性格，如《論衡・自紀》載「為小兒，與儕倫遨戲，不好狎侮。儕倫好掩雀、捕蟬、戲錢、林熙，充獨不肯」；「口辯而不好談對，非其人，終日之語」；「眾會坐，不問不言，賜見君將，不及不對」作風不近人情。王充元和「三年徙家辟至詣揚州部丹陽、九江、廬江」，可知王充具有強烈反抗性格。

王充在《論衡・自紀》述其家世曰：

〔註 28〕參見唐君毅《中國哲學原論・原性篇》(臺北：臺灣學生書局，1984.2)頁 162：「漢宋儒者將五德與五行相連而論者，大皆以仁為木德、義為金德、禮為火德、智為水德、信為土德，蓋遠本騶衍五德之論，而初為漢儒所承。」

〔註 29〕漢・王充撰；劉盼遂集解《論衡集解・上下》(臺北：世界書局，1966.3)

充細族孤門。或啁之曰：「宗祖無淑懿之基，文墨無篇籍之遺，雖著鴻麗之論，無所稟階，終不為高。……母驪犢騂，無害犧牲；祖濁裔清，不榜奇人。鯀惡禹聖，叟頑舜神。伯牛寢疾，仲弓傑全；顏路庸固，回傑超倫；孔、墨祖愚，丘、翟聖賢；揚家不通，卓有子雲；桓氏稽可，譎出君山。更稟於元，故能著文。」

文中描寫家世不好，祖先無德。且以「母驪」、「祖濁」、「鯀惡」、「叟頑」來比喻其祖先，令人驚訝。又以歷史上父愚子賢的例子，來凸顯自己不受祖先的影響。王鳴盛《十七史商榷》以王充歷詆其祖父之惡，又直呼父名，不言諱，疑之。徐復觀以其無「孝」的觀念，〔註30〕其倫理觀念淡薄。

王充性格上的強烈反叛特徵，因此，造成看到不適意的事，都要懷疑、爭辯與攻擊。舉凡當時盛行的讖緯、災異、符瑞、陰陽五行、天人感應、神仙術、圖宅術、鬼神迷信、厚葬、禁忌、禳解、卜筮、星相、龍雷天日神話等現象，與章句之學，皆有相當程度的攻擊言論。甚至對孔子、孟子有不同的意見也要揚棄一番，而有〈問孔〉與〈刺孟〉二篇。其曰：「《論衡》篇以十數，亦一言也，曰：『疾虛妄』。」〔註31〕他認為虛妄的事，則要痛刺一下，其以「定其真偽，辨其實虛。……俗傳蔽惑，偽書放流。……是反為非，虛轉為實，安能不言？俗傳既過，俗書又偽。……世間書傳多若等類，浮妄虛偽，沒奪正是，心濆涌，筆手擾，安能不論」〔註32〕的心態來完成《論衡》這部書，是其反抗性格的投射。

王充曰：「夫天地合氣，人偶自生也。夫婦合氣，子則自生也，非當時欲得生子，情欲動而合，合而生矣。」（《論衡・物勢》）認為人的成就與所稟之元氣厚薄有關，與祖先沒有關係。又曰：「夫上世治者，聖人也；下世治者，亦聖人也。聖人之德，前後不殊，則其治世，古今不異。」（《論衡・齊世》）反對貴古賤今，認為古今不異的說法。這些反抗性強烈的思想，與其淡薄的倫理觀念無不關係。

2. 遭遇與思想影響

王充生於東漢光武帝三年（西元 27），「年漸七十，志力衰耗，……永元

〔註30〕徐復觀《兩漢思想史・王充論考》（臺北：學生書局，1989.9）頁 566：「把父母生子完全作一種事實的判斷，當然從這裏產生不出校的觀念。」

〔註31〕王充《論衡・佚文篇》

〔註32〕王充《論衡・對作篇》

中，病卒於家。」(《後漢書·王充傳》) 王充六歲始讀書，八歲入書館，「充書日進，又無過失。手書既成，辭師受《論語》、《尚書》，日諷千字。經明德就，謝師而專門，援筆而眾奇。」《論衡·自紀篇》王充小時的求學過程，不受漢時家法師學的影響。「後到京師，受業太學，師事扶風班彪。好博覽而不守章句。」〔註33〕(《後漢書·王充傳》)

王充一生中曾二次入仕。第一次，「在縣位至掾功曹，在都尉府位亦掾功曹，在太守為列掾五官功曹行事，入州為從事。」(《論衡·自紀篇》) 後因「以數諫爭不合去」(《後漢書·王充傳》)，此時王充已過五十。去職之後「廢退窮居，舊故叛去志。俗人之寡恩，故閒居作《譏俗》、《節義》十二篇。」(〈自紀篇〉) 從此也「閉門潛思，絕慶弔之禮，戶牖牆壁各置刀筆。著《論衡》八十五篇，二十餘萬言。」(《後漢書·王充傳》) 書中論及個人遭遇與命運之命定思想，無不他本身遭遇有關。

王充的二次出仕，是在他徙家避難與揚州時，「刺史董勤辟為從事，轉治中。」(《後漢書·王充傳》) 仍為文書小吏。王充擔任此職務前後三年，後「肅宗特詔公車徵，病不行。年漸七十，志力衰耗，乃造《養性書》十六篇，裁節嗜欲，頤神自守。」(《後漢書·王充傳》) 王充至晚年，人老體衰，又貧苦無依，懼怕生命終結，而走向道教的養生之術，以「養氣自守，適時則酒，閉明塞聰，愛精自保，適輔服藥引導，庶冀性命可延，斯須不老。」(《論衡·自紀》) 這有違其《論衡·道虛》攻擊道士之言論。難道其反抗的性格，在經歷坎坷的遭遇後，即將認清命定的無奈，做的最後抗爭嗎？

(二) 後人之評論

王充在以「天人感應」為正統主導的儒學發展背景下，能「離經叛道」，反而成為後代許多學者所推崇。雖然王充《論衡》一書，根據《後漢書·王充傳》注引袁山松書曰：

> 充作《論衡》，中土未有傳者。蔡邕入吳始得之，恒秘玩以為談助。其後王朗為會稽太守，又得其書，及還許下時人稱其才進。或曰：「不見異人，當得異書」。問之，果以《論衡》之益。又說：「王充所著《論衡》，北方未有得之者。蔡伯喈常到江東得之，嘆其文高，度越諸子。及還中國，諸儒覺其談論更遠，嫌得異書。或搜求至隱

〔註33〕黃國安《王充思想之形成及其論衡》(臺北：臺灣商務印書館，1975.7) 頁7，認為王充此師承關係是《後漢書》誤採謝承、袁崧之資料的錯誤。

處，果得《論衡》。」〔註 34〕

在東漢尚不被重視，然隨著研究哲學態度的轉變，則對《論衡》一書與王充有不同的看法與評論。

1. 正虛妄之功

漢代思思想充滿迷信之流弊，令王充感觸深刻，因此「盡思極心以譏世俗」，而作《論衡》一書，此正虛妄之舉，深得後人的贊賞，如馮友蘭曰：

> 《論衡》一書，對於當時迷信之空氣，有催陷廓清之功；但其書中所說，多攻擊破壞，而少建樹，故其書之價值，實不如近人所想像之大也。〔註 35〕

雖對《論衡》一書之價值有所批評，對其有催陷廓清之功，是予以肯定的。

而王充之挫折虛妄之風，主要是他「虛妄顯於真，實誠亂於偽，世人不悟，是非不定，紫朱雜廁，瓦玉集糅。以情言之，豈吾心所能忍哉！」求實誠，求真的態度與精神。對其執著求真的態度，黃國安說：

> 王充以為論事必求真，必有驗。這種實證的精神和懷疑的態度，直到現在還是做學問的人所必備的。而其不畏權威，不屈於傳統，勇於批評，勇於探求的自由開放的思想，是封建社會裡的鳳毛麟角。〔註 36〕

陳麗桂對王充正虛妄之方法，則說：

> 不提供思想，只指明人間的是非，教人怎樣去辨清真象，了解事實，讓人對自己所生存的環境，有一個更近真的認識。因此，在手法上，他是以破壞來建樹，以掃除代替美化，在思想裡，他是站著批判的席位，而不是引導的席位的。有人說，他是思想界的病理學家，實無不道理。〔註 37〕

2. 開放觀點之轉變

王充可以說是東漢時期的無神論者，他以「疾虛妄」的理性大旗，採道家之自然觀點，猛烈批評當時的神學思想。例如：王充以陰陽二氣未能調和而自然產生災變現象，打破天人感應的神學迷信；接受莊子以氣之聚散說

〔註 34〕《後漢書．王充傳》

〔註 35〕馮友蘭《中國哲學史》（上海：商務印書館，1933）頁 588。

〔註 36〕黃國安《王充評論》（臺北：三信出版社，1975.6）

〔註 37〕陳麗桂《中國歷代思想家．王充》（臺北：臺灣商務印書館，1987.8）

明人之生死自然的變化。金春峰說王充是「結束了董仲舒兩漢神學經學體系的統治」。〔註 38〕徐復觀則以王充提出天道自然觀對當時政治的改變，曰：「把感應災異之說打倒了，而一切歸於不可知，亦無可奈何的命運。這對於皇帝，對於朝廷，的確是精神上的大解放，同時也是在政治上他的一大貢獻。」〔註 39〕

朱亞宗：「王充在中國古代思想史上，也是遠遠超越時代的具備了完整科學精神與氣質的最早一個思想家。在王充身上，人們看到一種近代科學精神的超前覺醒。」〔註 40〕

3. 魏晉思想之啟導

胡適說：

> 王充哲學是中古思想的一大轉機，他不但在破壞的方面打倒迷信的儒教，掃除西漢的烏煙瘴氣，替東漢以後的史上打開一條大路，並且在建設的方面，提倡自然主義，恢復西漢初期的道家哲學，替後來魏晉的自然哲學打下一個偉大的基礎。〔註 41〕

錢穆也說：

> 王充力反時趨，獨尊黃老，正為黃老主天地自然，最不信鬼神上帝之說，王充捉緊這一點，遂開此下魏晉新思想之先河。〔註 42〕

王充援引道家自然主思想，以〈問孔〉、〈刺孟〉、〈非韓〉批判孔子、孟子與法家的權威性，開魏晉名教與自然之論辯。其強調偶然與自生的觀點，影響郭象的「獨化論」。

余英時則以王充之《論衡》是漢魏清談的最直接啟蒙的著作。〔註 43〕勞思光也說：「開出魏晉南北朝清談之風，王充即此一趨勢之代表人物。」〔註 44〕《論衡・定賢》中列舉「仕宦得高官」至「為弘麗人文」作各類人物之品鑑，啟導了後世個人才性的品藻之風，也衝擊了當時的道德倫理思想，所以，金

〔註 38〕金春峰《兩漢思想史》（北京：中國社會科學出版社，1997.12）頁 555。
〔註 39〕徐復觀《兩漢思想史・王充論考》（臺北：學生書局，1989.9）頁 623。
〔註 40〕朱亞宗〈王充：近代科學精神的超前覺醒〉（《求索》1990 年，第一期）
〔註 41〕胡適〈王充的論衡〉，轉引自黃暉《論衡校釋》附編四。
〔註 42〕錢穆《中國思想史》（臺北：學生書局，1988.10）頁 118。
〔註 43〕余英時《士與中國文化》（上海：上海人民出版社，1987.5）
〔註 44〕勞思光《新編中國哲學史・第二冊》（臺北：三民書局，1986.9）頁 139。

春峰說王充是轉折東漢到魏晉之價值觀念的人。〔註45〕

4. 思想理論之質疑

後人對有正面的評價外，亦有對其理論上的質疑，如勞思光曰：

> 然今觀其書，則態度雖明顯，理論卻浮淺脆弱，對先秦諸家之深切處均無瞭解，又不能自成一系統，僅可看作一堆批評意見及質疑之語。……至於近人以「革命性」一類詞語形容其人其說，則更失之遠矣。〔註46〕

勞思光以王充援引先秦思想作依據時，無法真實切入各家思想作論，而提出的質疑，如「王充雖以『自然篇』談『黃老』，但『黃老』非『真道家』之名，正漢世之謬說。王充自己深信『無為』，『自然』之說，自覺與黃老合，遂在論及此問題時，稱引『黃老』；其實論衡一書，皆是就常識立論，並非承老莊之道家觀點。」〔註47〕又如「王充反對『天人相應』之說，但所留意者只是浮面問題，對漢儒所持之哲學立場，則未加深究。……則根本不是由基本問題下手；故王充自身對『價值根源問題』可說全無立場。」〔註48〕王充反對「天人相應」思想，又依俗說在〈驗符篇〉、〈須頌篇〉大談漢之符瑞問題。因此，勞思光嚴厲的批評王充「大抵皆文人辯議之語，並無明確深切之理論或見解。」〔註49〕陳少峰《中國倫理學史》也評「充思想的批判精神與他實際上所批判的俗情俗志俗念的實際效果，常常有極大的出入。」〔註50〕

徐復觀在《兩漢思想史》卷二增訂再版的〈自序〉中說：「幾十年來，把王充的分量過份誇張了。本書中的〈王充論考〉一文，目的在使他回到自己應有的位置。在這種揭破的工作中，應當引起研究者乃至讀者自身對感情與理智的反省。就東漢思想而言，王充的代表性不大。」〔註51〕

二、心性論之根源——氣

王充曰：

〔註45〕金春峰《漢代思想史》（北京：中國社會科學出版社，1997.12）頁511。
〔註46〕勞思光《新編中國哲學史．第二冊》（臺北：三民書局，1986.9）頁125～126。
〔註47〕勞思光《新編中國哲學史．第二冊》（臺北：三民書局，1986.9）頁130。
〔註48〕勞思光《新編中國哲學史．第二冊》（臺北：三民書局，1986.9）頁131～132。
〔註49〕勞思光《新編中國哲學史．第二冊》（臺北：三民書局，1986.9）年增訂再版，頁124。
〔註50〕陳少峰《中國倫理學史．上冊》（北京：北京大學出版社，1996）頁196。
〔註51〕徐復觀《兩漢思想史．王充論考》（臺北：學生書局，1989.9）頁2。

> 至德純渥之人，稟天氣多，故能則天自然無為。稟氣薄少，不尊道德，不似天地，故曰不肖。不肖者不似也，不似天地，不類聖賢，故有為也。(《論衡．自然》)

人稟氣渥厚或薄少，而性有充實堅強或虛劣軟弱之分。又曰：

> 人，物也，萬物之中有智慧者也。其受命於天，稟氣於元，與物無異。(《論衡．辨崇》)

心亦稟受元氣而來；且「和氣不足，喜怒失時，計慮輕愚」，元氣之多寡影響心智計慮的不同，故氣是王充心性論的根源。

王充又認為「人，物也；物，亦物也。」(《論衡．論死》) 人是萬物之一，皆稟氣於天，曰：

> 天者，普施氣萬物之中。(《論衡．自然》)

所以在王充看來，人與萬物沒有區別。人與物雖由元氣所構成，然「氣性異殊，不能相感動也。」(《論衡．亂龍》)

人之所生是因「天地合氣，人偶自生也。猶夫婦合氣，子則自生也。」(《論衡．物勢》) 在偶然的形式中決定人的存在，人的出生不是天有意的安排，是由氣決定的，又曰：「人未生，在元氣之中；既死，復歸元氣。」(《論衡．論死》) 人的生死亦是氣的作用。又曰：

> 俱稟元氣，或獨為人，或獨禽獸，或貴或賤，或貧或富。富或累金，貧或乞食；貴至封侯，賤至奴隸，非天稟施有左右也，人物受性有厚薄也。(《論衡．幸偶》)

人之賢愚、貧富、貴賤、夭壽及人性無不受氣的影響。因此，王充不離漢儒言氣的特色，又曰：

> 一天一地，並生萬物。萬物之生，俱得一氣。氣之薄渥，萬世若一。(《論衡．齊世》)
>
> 因氣而生，種類相產，萬物生天地之間，皆一實也。(《論衡．物勢》)
>
> 夫天覆於上，地偃於下，下氣上，上氣降下，萬物自生其中間矣。(《論衡．自然》)

以「氣」作為其宇宙論的本體，萬物的生長或滅亡都以氣為根源，且氣不因萬物之生滅而生滅，其是永恆存在的。而氣是「天之動行也，施氣也，體動氣乃出，物乃生矣。」(《論衡．幸偶》) 施氣不同而有不同的質性，如本體之氣稱「元氣」〔註 52〕；氣在於天，稱為「天氣」〔註 53〕；氣在於人身上，則有「人氣」〔註 54〕、「血氣」〔註 55〕、「神氣」〔註 56〕、「精氣」〔註 57〕「災氣」〔註 58〕、「邪氣」〔註 59〕、「禍氣」〔註 60〕、「厲氣」〔註 61〕、「刑氣」、「賞氣」〔註 62〕之稱；氣在自然界則有「雨氣」〔註 63〕、「歲氣」〔註 64〕、「節氣」〔註 65〕、「寒溫之氣」〔註 66〕；就價值觀來說氣又可分「和氣」〔註 67〕、「正氣」〔註 68〕、「五常之氣」〔註 69〕、「妖氣」〔註 70〕等之別。

王充所謂的氣有幾點重要特質：第一，氣是自然的物質之氣。王充說：「天地，含氣之自然。」(《論衡・談天》) 又於《論衡・感類》中言：「陰陽不和，災變發起，或時先世遺咎，或時氣自然。」氣構成天地是自然狀態，氣本身也是自然。王充又以「血氣」、「寒溫之氣」、「血氣」等稱氣，故以氣為具體之自然物質，這與一般漢代思想家認為氣分陰陽有善惡之別，視氣為抽象的概念不同。第二，王充以氣分陰陽，就人來說：「夫人所以生者，陰陽氣也。陰氣主為骨肉，陽氣主為精神。人之生也，陰陽氣具，故骨肉堅、精氣盛。」(《論衡・訂鬼》) 陰氣滋生人之骨肉，陽氣為精神之主。又曰：「夫毒，太陽之熱氣也，中人人毒。」(《論衡・言毒》)「鬼者，太陽之妖也。」「小人皆懷毒氣，陽地小人毒尤酷烈。」(〈言毒〉) 陽氣是一種熱氣，也是構成鬼怪、小

〔註 52〕《論衡・論死》：「人未生，在元氣之中；既死，復歸元氣。」
〔註 53〕《論衡・治期》：「成敗系於天，吉凶制於時。人事未有，天氣已見，非時而何？」
〔註 54〕《論衡・論死》：「元氣荒忽，人氣在其中。」
〔註 55〕《論衡・狀留》：「且夫含血氣物之生也，行則背上，而腹在下。」
〔註 56〕《論衡・論死》：「人因神氣生，其死復歸神氣。」
〔註 57〕《論衡・幸偶》：「其不幸偶，猶可傷痛，況含精氣之徒乎！」
〔註 58〕《論衡・幸偶》：「災氣加人，亦此類也。」
〔註 59〕《論衡・治期》：「其病遇邪氣也，其病不愈。」
〔註 60〕《論衡・感虛》：「惑氣見於面，猶白紅、太白貫於天地也。」
〔註 61〕《論衡・偶會》：「故厲氣所中，必加命短之人。」
〔註 62〕《論衡・譴告》：「刑氣寒而天宜為溫；施賞違節，賞氣溫而天宜為寒。」
〔註 63〕《論衡・說日》：「雨氣陰暗，安得明？」
〔註 64〕《論衡・明雩》：「歲氣調和，災害不生。」
〔註 65〕《論衡・寒溫》：「寒溫天地節氣，非人所為，明矣。」
〔註 66〕《論衡・變動》：「寒溫之氣，繫於天地而統於陰陽。」
〔註 67〕《論衡・氣壽》：「聖人稟和氣，故年命得正數。」
〔註 68〕《論衡・無形》：「人受正氣，故體不變。」
〔註 69〕《論衡・本性》：「人稟天地之性，懷五常之氣，或仁或義，性術乖也。」
〔註 70〕《論衡・言毒》：「妖氣生美好，故美好之人多邪惡。」

人的主要因素。與董仲舒講陽善陰惡，崇陽抑陰的說法不同。

三、性論

（一）往說述評

王充總結前人的性論，歸結出幾種說法：

1. 性有善有惡說

「性有善有惡說」為周人世碩及密子賤、漆雕開、公孫尼子之徒所持，王充曰：

> 周人世碩，以為人性有善有惡，舉人之善性，養而致之則善長；性惡，養而致之則惡長。……故世子作《養書》一篇。密子賤、漆雕開、公孫尼子之徒，亦論情性，與世子相出入，皆言性有善有惡。（《論衡·本性》）

王充認為「自孟子以下，至劉子政，鴻儒博生，聞見多矣，然而論情性竟無定是。唯世碩、公孫尼子之徒，頗得其正。」（《論衡·本性》）為王充所認同，其性論亦從此說而發展。

2. 性善說

「性善說」為孟子所持。王充認為孟子的「性善說」是針對孩提之童的說法，曰：

> 孟子作性善之篇，以為人性皆善，及其不善，物亂之也。謂人生於天地，皆稟善性，長大與物交接者，放縱悖亂，不善日以生矣。若孟子之言，人幼之時，無有不善也。（《論衡·本性》）

且在歷史上有孩提之時，並非皆善，王充舉紂為例，曰：

> 紂為孩子時，微子睹其不善之性。……國人殺食我。羊舌氏由是滅矣。紂之惡在孩子之時，食我之亂見始生之聲。孩子始生，未與物接，誰令悖者？（《論衡·本性》）

所以「孟軻言人性善者，中人以上者也。」（《論衡·本性》）

3. 性無善惡說

「性無善惡說」是對告子認為性無定質而言。王充曰：

> 夫告子之言，謂人之性與水同也。以性若水，可以水喻性，猶金之為金，水之為水也。人善因善，惡亦因惡。初稟天然之姿，受純壹之質，故生而兆見，善惡可察。無分於善惡，可推移者，謂中人也，

> 不善不惡，須教成者也。(《論衡・本性》)

王充以告子「性無善惡說」只能就中人之性來說，所以雖教而能成善，然尚有不足之處，曰：

> 夫中人之性，在所習焉。習善而為善，習惡而為惡也。至於極善極惡，非復在習。故孔子曰：「惟上智與下愚不移。」性有善不善，聖化賢教，不能復移易也。(《論衡・本性》)

除了中人之性外，尚有如孔子所謂的上智者與下愚者，極善者或極惡者，非教而能，故不符實際狀況。

4. 性惡說

「性惡說」是荀子說法。王充曰：

> 孫卿有反孟子，作《性惡》之篇，以為人性惡，其善者偽也。性惡者，以為人生皆得惡性也。偽者，長大之後，勉使為善也。(《論衡・本性》)

荀子之說與孟子相反，然有相同的錯誤，曰：

> 若孫卿之言，人幼小無有善也。稷為兒，以種樹為戲；孔子能行，以俎豆為弄。石生而堅，蘭生而香。稟善氣，長大就成，故種樹之戲為唐司馬，俎豆之弄為周聖師。稟蘭石之性，故有堅香之驗。夫孫卿之言，未為得實。(《論衡・本性》)

若依荀子所說人性自幼為惡，何以有后稷與孔子之幼善，故「孫卿言人性惡者，中人以下者也。」(《論衡・本性》)

5. 禮義為性說

王充曰：

> 陸賈曰：「天地生人也，以禮義之性。人能察己所以受命則順，順之謂道。」夫陸賈知人禮義為性，人亦能察所以受命。性善者，不待察而自善；性惡者，雖能察之，猶背禮畔義，義挹於善不能為也。故貪者能言廉，亂者能言治。盜蹠非人之竊也，莊刺人之濫也，明能察己，口能論賢，性惡不為，何益於善？陸賈之言未能得實。(《論衡・本性》)

陸賈以人受禮義之性，能察所受之性，則順性而行。而王充認為實際上，善者不待察能自覺為善，而惡者雖知善而不為，故不合實情。

6. 性善情惡說

王充曰：

董仲舒覽孫、孟之書，作情性之說曰：「天之大經，一陰一陽。人之大經，一情一性。性生於陽，情生於陰。陰氣鄙，陽氣仁。曰性善者，是見其陽也。謂惡者，是見其陰者也。」若仲舒之言，謂孟子見其陽，孫卿見其陰也。處二家各有見，可也。不處人情性，情性有善有惡，未也。夫人情性同生於陰陽，其生於陰陽，有渥有泊。玉生於石，有純有駁，性情（生）於陰陽，安能純善？仲舒之言，未能得實。(《論衡・本性》)

董仲舒以性生於陽，情生於陰，而陰為惡，陽為善，故性善情惡。王充認為性情生於陰陽二氣，氣有厚薄，故不能純善或純惡，董仲舒之「性善情惡說」只能辨察孟子與荀子二家的性善與性惡的根據，但無法審度性何以為善而情何以為惡。

7. 性內情外說

王充曰：

劉子政曰：「性，生而然者也，在於身而不發。情，接於物而然者也，出形於外。形外則謂之陽，不發者則謂之陰。」

劉向以不發於內之陰為性，以形於外之陽為情。而王充認為劉向之說：

夫子政之言，謂性在身而不發。情接於物，形出於外，故謂之陽；性不發，不與物接，故謂之陰。夫如子政之言，乃謂情為陽、性為陰也；不據本所生起，苟以形出與不發見定陰陽也。必以形出為陽，性亦與物接，造此必於是，顛沛必於是。惻隱，不忍；不忍，仁之氣也。卑歉辭讓，性之發也。有與接會，故惻隱卑謙，形出於外。謂性在內不與物接，恐非其實。不論性之善惡，徒議外內陰陽，理難以知。且從子政之言，以性為陰，情為陽，夫人稟情，竟有善惡不也？（《論衡・本性》)

沒有解決善惡問題。

8. 善惡混說

王充曰：

揚雄言人性善惡混者，中人也。若反經合道，則可以為教；盡性之理，則未也。(《論衡・本性》)

揚雄言人性善惡混，也只是講到中人之性，未能涵蓋整體的人來說。

（二）本質義之性

1. 用氣為性

（1）性有善有惡

王充以人性有善有惡的前提下，將人性分為三品，曰：

> 實者，人性有善有惡，猶人才有高有下也；高不可下，下不可高。謂性無善惡，是謂人才無高下也。（《論衡．率性》）

人性如人之才，有高有下，而分三品，即有善者、有善惡相混者、有惡者等上、中、下三品，故人性有善有惡。王充並舉前人之性，曰：

> 余固以孟軻言人性善者，中人以上者也；孫卿言人性惡者，中人以下者也；揚雄言人性善惡混者，中人也。（《論衡．本性》）

有善者，如「孟子作性善之篇，以為人性皆善，及其不善，物亂之也。」（《論衡．本性》）有惡者，如「孫卿有反孟子，作性惡之篇，以為人性皆惡，其善者偽也。」（《論衡．本性》）而有善惡混者，如揚雄認為人性同時具有善與惡的因素。然而世上上、下之人難有，多為中民，故王充多論中民之性。

王充曰：

> 小人君子，稟性異類乎？譬諸五穀皆為用，實不異而效殊者，稟氣有厚泊，故性有善惡也。（《論衡．率性》）

認為性之有善有惡，乃因稟氣之厚薄有關。而決定性之善惡之氣，王充提出二種氣說：

甲、元氣的厚薄

王充說：「人之善惡，共一元氣。元氣有多少，故性有賢愚。」（《論衡．率性》）有多少元氣是決定人性的好壞的因素。而「元氣」其實是「天稟元氣，人受元精」（《論衡．超奇》），未分陰陽之整合之氣，〔註 71〕它是「天地之精微」（《論衡．四諱》），是純和之氣，王充曰：

> 上世之民，下世之民也，具稟元氣；元氣純和，古今不異，則稟以為形體者，何故不同？（《論衡．齊世》）

擁有純和之元氣多則性賢，純和之元氣少則性愚。王充又說：

> 至德純渥之人，稟天氣多，故能則天自然無為。稟氣薄少，不尊道

〔註 71〕林麗雪著《王充》（臺北：東大圖書股份有限公司，1991.9）頁 228：「他（王充）也是同意『元氣』的地位高於天，而『元氣』其實是「陰陽之氣」未剖分之前的整合之氣。」

德，不似天地，故曰不肖。不肖者不似也，不似天地，不類聖賢，故有為也。(《論衡・自然》)

稟氣渥厚者，能體天之自然無為之道，性充實堅強，能行道德。稟氣薄少者，性虛劣軟弱，不能行道德，是不肖之人。故稟元氣之渥薄，影響性之善惡。

乙、五常之氣的厚薄

王充認為除了元氣能左右人性之善惡外，五常之氣也能影響人性之善惡，他說：

人稟天地之性，懷五常之氣，或仁或義，性術乖也；動作趨翔，或重或輕，性識詭也。面色或白或黑，身形或長或短，至老極死，不可變易，天性然也。(《論衡・本性》)

性亦與物接，造次必於是，顛沛必於是。惻隱不忍，仁之氣也；卑謙辭讓，性之發也。有與接會，故惻隱卑謙形出於外，謂性在內，不與物接，恐非其實。(《論衡・本性》)

五常為仁、義、禮、智、信〔註72〕，「人稟五常之性，好道樂學，故辨於物」(《論衡・別通》)，人有五常之氣，能好道樂學，如稟仁之氣者，則有惻隱不忍之心，接物有仁之行為；稟義之氣，則有義之性，接物有義之行為；具禮之氣，則有禮之性，接物有謙卑辭讓之行為。

然人稟五常之氣有厚薄的不同，即人性善惡之分別，王充說：

殘則授（當作受）不（衍文）仁之氣泊，而怒則稟勇渥也。仁泊則戾而少愈（當作慈），勇渥則猛而無義。而又和氣不足，喜怒失時，計慮輕愚；妄行之人，罪（當作非）故為惡。人受五常，含五臟，皆具於身。稟之泊少，故其操行不及善人，猶（酒）或厚或泊也，非厚與泊殊其釀也，麴蘖多少使之然也。(《論衡・率性》)

人稟五常之氣薄者，其操行不及善人。若稟五常之仁氣薄者，則戾而少慈；勇氣渥者，則猛而無義；而和氣不足，則喜怒失時，計慮輕率不周。

王充以厚薄多寡來量化氣，故其氣為物質之氣。他又以含氣之厚薄來衡量性之善惡，卻沒有說明是多少才算厚，或是多少才算薄，此則有落於抽象之義。

〔註72〕《論衡・集解》：「五常之道，仁、義、禮、智、信也。五者各別，不相需而成。」

2. 性成命定—「正性」定「正命」

王充曰：「人生受性，則受命矣。性命俱稟，同時並得，非先稟性，後乃受命也。」(《論衡・初稟》) 性既成則命已定。王充又於性、命的成定關係中分有三性與三命，曰：

> 今言隨操行而至，此命在末，不在本也；則富貴貧賤皆在初稟之時，不在長大之後，隨操行而至也。正命者至百而死；隨命者五十而死；遭命者初稟氣時遭凶惡也，謂妊娠之時遭得惡也，或遭雷雨之變，長大夭死：此謂三命。亦有三性：有正，有隨，有遭。正者，稟五常之性也；隨者，隨父母之性；遭者，遭得惡物象之故也。故妊婦食兔，子生缺唇。(《論衡・命義》)

一個人同時稟有正性、隨性、遭性於一身，因而同時具有正、隨、遭之命。正性是五常之性，即稟氣之厚薄而有善惡之性。〔註 73〕

正性所得之命，成為正命，此命因氣之厚薄，而得壽命之短長。王充曰：

> 死生者，無象在天，以性為主，稟得堅彊之性，則氣渥厚而體堅彊；堅彊則壽命長，壽命長則不夭死。稟性軟弱者，氣少泊而性羸窳；羸窳則壽命短，短則蚤死；故言有命，命則性也。(《論衡・命義》)
>
> 人之稟氣，或充實而堅強，或虛劣而軟弱，充實堅強，其年壽，虛劣軟弱，失棄其身。……稟壽夭之命，以氣多少為主性也。(《論衡・氣壽》)

人稟氣之渥薄而有堅弱之性。稟氣之渥厚者，則性充實堅強，可得長壽之命。稟氣之薄少者，則性虛劣軟弱，不得長壽早死之命。而命亦稟「元氣」而來，王充曰：

> 人稟元氣於天，各受壽夭之命，以立長短之形，猶陶者用土為簋廉，冶者用銅為矣。器形已成，不可小大；人體已定，不可減增。用氣為性，性成命定。體氣與形骸相抱，生死與期節相須。形不可變化，命不可減加。(《論衡・無形》)

元氣之強弱影響壽命長短。

王充在「用氣為性，性成命定」的說法中，稱此性為「氣性」，曰：

> 形、氣、性，天也。形為春，氣為夏。人以氣為壽，形隨氣而動。氣性不均，則於體不同。(《論衡・無形》)

〔註 73〕稟隨性、遭性而有隨命、遭命，此二性是落於「現實義知性」，於下文闡述。

人因氣性而受命，形亦隨氣而不同，「氣性異殊，不能相感動也。」(《論衡．亂龍》) 王充將性與命合稱之「性命」〔註 74〕，即以氣性而受正命來說。

（三）現實義之性

1. 性成定命—「隨性」定「隨命」與「遭性」定「遭命」

「隨命」即隨父母之性，是出生時遺傳父母之性，若父母之性好，則隨性好，若遺傳不好，則性不善，形體醜惡。遭性是遭得惡物之性，母親懷孕時「氣遭胎傷，故受性狂悖」(《論衡．命義》)，而得「遭命者初稟氣時遭凶惡也，謂妊娠之時遭得惡也。」所以，一個人在母胎的時候有可能遭受不幸，甚至會依客觀環境的變化，而決定命運。此種性、命關係，即王充曰：

> 夫性與命異，或性善而命凶，或性惡而命吉。操行善惡者，性也；禍福吉凶者，命也。或行善而得禍，是性善而命凶；或行惡而得福，是性惡而命吉也。性自有善惡，命自有吉凶。(《論衡．命義》)
>
> 故夫臨事知愚，操行清濁，性與才也；仕宦貴賤，治產貧富，命與時也。命則不可勉，時則不可力，知者歸之於天，故坦蕩恬忽。(《論衡．命祿》)
>
> 貴賤貧富，命也。操行清濁，性也。(《論衡．骨相》)
>
> 命有貴賤，性有善惡。(《論衡．本性》)

將性與命劃分開來，貧富貴賤屬於命的範疇，操性清濁為性的範疇，二者不會互相作用，可能性惡而命吉，或性善而命兇。此命觀點是在「性成命定」論外另一命運觀，不同於「用氣為性」，「正性」定「正命」之命觀。

2. 性行的變因

人性因稟氣之厚薄，本質上有善惡之別，然王充認為落於現實上，則「善亦漸惡，惡亦化善，成而為性行。」(《論衡．率性》) 善惡可以依其他因素而改變。

（1）才

王充曰：

> 行有常賢，仕宦無常遇。賢不賢，才也，遇不遇，時也。」(《論衡．逢遇》)

〔註 74〕《論衡．自然》:「天道無為，聽恣其性，故放魚於川，縱獸於山，從其性命之欲也。」

才能亦是操行賢與不賢的原因，又說：

> 夫不肖者皆懷五常，才劣不逮，不成純賢，非狂妄頑嚚，身中無一知也。（《論衡．藝增》）

不肖之人亦稟五常之性，但無法表現純賢之行，是因才能駑劣之故。有才者可以「臨事知愚」〔註 75〕，成就善之性行。

（2）情欲

王充認為情欲亦是改變性行的原因，他說：

> 知力耕可以得穀，勉貿可以得貨。然而必盜竊，情欲不能禁者也。以禮進退也，人莫不貴；然而違禮者眾，尊義者希。心情貪欲，志慮亂溺也。（《論衡．答佞》）

情欲會造成志慮亂溺，以致違背禮義，阻礙善性的發揮。

（3）穀足

王充又說：

> 讓，生於有餘；爭，生於不足。穀足食多，禮讓之心生。……為善惡之行，不在人質性，在於歲之饑穰。由此言之，禮義之行，在穀足也。（《論衡．治期》）

爭奪起於民用之不足，無關乎質性之善惡。若穀足，則盜賊無有，禮義行。因此，歲成的好壞亦影響人的德行。

孔子曾經也對民食與道德之間有所看法，《論語．顏淵》：「子貢問政。子曰：『足食，足兵，民信之矣。』子貢曰：『必不得已而去，於斯三者何先？』曰：『去兵。』子貢曰：『必不得已而去，於斯二者何先？』曰：『去食。自古皆有死，民無信不立。』」看來王充比孔子更重視人的生理層面；肯定物質對人的重要性。

（4）教化

王充曰：

> 是故楊子哭歧道，墨子哭練絲也。蓋傷離本不復變也。人之性，善可變為惡，惡可變為善，猶此類也。蓬生麻中，不扶自直；白紗入緇，不染自黑。彼蓬之性不直，紗之質不黑；麻扶緇染，使之直黑。夫人之性，猶蓬紗也，在所漸染而善惡變矣。（《論衡．率性》）

〔註 75〕《論衡．命祿》：「故夫臨事知愚，操行清濁，性與才也。」

王充舉荀子說的「蓬生麻中，不扶自直；白紗入緇，不染自黑」的例子，說明後天的習染可使善變惡，或惡變善，故講求教化的重要性，又說：

> 夫人之質猶鄰由，道教猶漳水也；患不能化，不患人性之難率也。（《論衡・率性》）
>
> 變易性也，不患性惡，患不服聖教，自遇而以生禍也。（《論衡・率性》）
>
> 使人之性有善有惡，猶地有高有下，勉致其教令之善，則將與善者同之矣。善以化渥，釀其教令，變更為善，善則且更宜反過於性善。（《論衡・率性》）

教化可以改變人的質性，若教之以善，則可反過於性善。在教化的過程中，王充特別提出人君與父的教化者身分，曰：

> 論人之性，定有善有惡，其善者固自善也，其惡者因可教告率勉，而使之為善，為人君父者，審觀臣子，善者則養育勸率，毋使近於惡，近惡則輔保近防，使漸於善，善亦漸惡，惡亦化善，成而為性行。（《論衡・率性》）

臣與子若性已善，君與父者當教以率性而行，並避免受惡習的影響。若性已近惡，君與父者當幫助及保護使勿近於惡習，並教之漸為善。

王充又提出以禮樂作為教化的主要內容，曰：

> 情性者，人治之本，禮樂所由生也。故原情性之極，禮為之防，樂為之節。性有謙卑辭讓，故制禮以適其宜，情有好惡喜怒哀樂，故作樂以通其敬。禮所以制，樂所為作者，情與性也。（《論衡・本性》）

教以禮使其知謙卑辭讓，行為合宜。教以樂使節其情，以通其敬。故通過後天的禮樂教化，也是改變性行的方法。

四、心論

（一）認知心

王充的心說，基本上是繼承荀子的認知心的思想。王充曰：

> 道德仁義，天之道也；戰栗之道，天之心也。……人，物也，萬物之中有智慧者也。（《論衡・辨崇》）

心是智慧的承載主體，人是萬物中有智慧，能體察天心與天道者，又曰：

夫大人之德，則天德也；賢者之言，則天言也。……。《六經》之文，聖人之語，動言天者，欲化無道、懼愚者。之言非獨吾心，亦天意也。及其言天猶以人心，非謂上天蒼蒼之體也。(《論衡・譴告》)

王充反對「譴告」說，但認為道德仁義來自於天，聖賢之德乃配天德，人心是可以體天意。而心如何體天意？因心承載智慧的功能，故王充強調心的認知作用，又曰：

曾又不知人生稟五常之性，好道樂學，故辨於物。……裸蟲三百，人為之長，天地之性，人為貴，貴其識知也。(《論衡・別通》)

人之所以貴，乃因人有辨認事物的識知之心。

（二）心有智有愚

王充曰：

人，物也，萬物之中有智慧者也。其受命於天，稟氣於元，與物無異。(《論衡・辨崇》)

心與性一樣，皆稟受元氣而來；且「和氣不足，喜怒失時，計慮輕愚」，元氣之多寡影響智慧的高低，當稟受元氣（和氣）〔註 76〕薄時，則心智蒙昧，計慮輕愚。物與人皆稟受元氣，只是物受元氣太薄而無智慧。

心除了稟元氣而有智慧外，五常之氣也是決定心之智愚，王充說：

人之所以聰明智慧者，以含五常之氣也。(《論衡・論死》)

所以當人稟受元氣或五常之氣厚時，同時兼具性善與智慧，而稟受元氣或五常之氣薄時，則性惡與心智不明。

因此，王充的心與性的關係，在「受氣」的基礎上，發展出另一種的心性同質的「心性合一」說，並將認知心又稱「善心」，曰：

何以觀心？必以言。有善心，則有善言。以言而察行，有善言，則有善行矣。……故心善，無不善也；心不善，無能善。心善則能辨然否；然否之義定，心善之效明。(《論衡・定賢》)

表面看來王充說「善心」，以為此心如孟子所謂的具有四端的道德心相同。其實在王充所謂的心是認知心，當稟受元氣厚時，則心智明，連帶的性也善；稟受元氣薄時，則心智愚，連帶的性也惡。心之智愚與性之善惡，皆因氣的

〔註 76〕《論衡・氣壽》：「聖人稟和氣，故年命得正數。」「和氣」是「元氣」在價值觀上來稱。

厚薄，有等同的優或劣，所以王充稱「善心」是表示著在稟氣的立論上，心智明時，性也善的涵義，此說法與以「性智開敏」(《論衡・實知》)相同，將心與性同稱，故善心、善言、善行是統一的，無因果前後之別，如程顥曰：「性即氣，氣即性。」(《宋元學案・明道學案》)性、氣不須臾離。然於實踐上，王充主要強調透過心的認知作用，達到性的改造。

(三)知物由學

王充將認知心化為具體的臨事知愚的作為稱為「才」，曰：

> 故夫臨事知愚，操行清濁，性與才也。(《論衡・命祿》)

而且才有高下，才高者能成賢，曰：

> 夫不肖者皆懷五常，才劣不逮，不成純賢，非狂妄頑，身中無一知也。德有大小，材有高下，(《論衡・藝增》)

依照王充氣稟的一貫說法，才高乃稟純厚的五常之氣而來，「命貴之人，才智自高。」(《論衡・命祿》)故才之高下是先天已注定的，才高者方可造就好的德性。

王充又曰：

> 人才有高下，知物由學，學之乃知，不問不識。子貢曰：「夫子焉不學，而亦何常師之有？」孔子曰：「吾十有五而志乎學。」五帝、三王，皆有所師。曰：是欲為人法也。曰：精思亦可為人法。(何)必以學者，事難空知，賢聖之才能立也。所謂神者，不學而知。所謂聖者，須學以聖。以聖人學，知其非聖。天地之間，含血之類，無性(生)知者。(《論衡・實知》)

任何人只能經過學習而認識事物，所以不主張有「生而知之」的人。凡「獨思無所據，不睹兆象，不見類驗」(《論衡・實知》)之事，王充認為是臆測，無稽之談，故學習在於「事莫明於有效，論莫定於有證。空言虛語，雖得道心，人猶不信。」(《論衡・薄葬》)而整個「知物由學」的過程，王充還是強調心知的作用，曰：

> 夫以耳目論，則以虛象為言；虛象效，則以實事為非，是故是非者不徒耳目，必開心意。(《論衡・薄葬》)

認識事理只憑感官經驗是不夠的，必須透過心的作用，加以分析、辨別、取捨，方可能真知。所以從王充的認識論回歸到認識主體，要「善心」與「性智開敏」(《論衡・實知》)，才高以成純賢。

五、繼承與轉發

(一)「用氣為性」說

「用氣為性」說，是漢代常見的人性說，王充是其中之一。在漢代之前，《左傳》已有明確「以氣說性」的看法。《左傳》所言之氣為「六氣」，曰：

> 民有好惡、喜怒、哀樂，生於六氣，是故審則宜類，以制六志。哀有哭泣，樂有歌舞，喜有施舍，怒有戰鬥；喜生於好，怒生於惡。(〈昭公二五年〉)

人有好惡、喜怒、哀樂之情性，乃由「六氣」所生。而「六氣」者，於〈昭公元年〉曰：「天有六氣，降生五味，發為五色，徵為五聲。淫生六疾。六氣曰陰、陽、風、雨、晦、明也，分為四時，序為五節，過則為菑。」為陰、陽、風、雨、晦、明等六氣，六氣的運行產生四時、五節的變化，在人則表現為五味、五色、五聲，與好惡喜怒哀樂之情。

「六氣」相摩相盪產生寒冷循環的變化，也產生了人的五味、五色、五聲，與感情之自然性質，即人之本性。

在漢代王充之前，有董仲舒曰：

> 惡之屬盡為陰，善之屬盡為陽。陽為德，陰為刑。(《春秋繁露・陽尊陰卑》)〔註77〕

以陽氣為善，陰氣為惡。因「身之名取諸天，天兩，有陰陽之施，身亦兩，有貪仁之性。」(《春秋繁露・深察名號》)人得陰陽之氣而有貪仁之性。又以人性分性與情，認為「天地之所生，謂之性情，性情相與為一瞑，……身之有性情也，若天之有陰陽也，言人之質而無其情，猶言天之陽而無其陰也。」(《春秋繁露・深察名號》)人有性情如天之有陰陽，而性屬陽為善，陰屬情為惡。王充所謂「夫人所以生者，陰陽氣也。陰氣主為骨肉，陽氣主為精神。人之生也，陰陽氣具，故骨肉堅、精氣盛。」(《論衡・訂鬼》)陰陽二氣，是分別構成人之骨肉與精神的來源，沒有善惡之別。王充說性之氣，是「元氣」，稟元氣之厚薄，而性有善惡。而董仲舒認所謂的「元氣」只是宇宙萬物和人類生成的本源物質，〔註78〕元氣判分後的陰陽二氣，才是構成性的元素。

揚雄也有「以氣言性」說，曰：

〔註77〕董仲舒撰；凌曙注《春秋繁露》(臺北：臺灣商務印書館，1976.1)

〔註78〕《春秋繁露・王道》:「元者，始也，言本正也；道，王道也；王者，人之始也。王正，則元氣和順。」

立天之經曰陰曰陽，形地之緯曰縱曰橫，表人之行曰晦曰明。陰陽曰合其判。從橫曰緯其經，晦明曰別其材。陰陽，該極也。經緯，所遇也。晦明，質性也。(《太玄經．玄瑩》)

也是以「陰陽二氣」來說性，然揚雄所謂「陰陽二氣」是天的陰陽二氣，其表現於人身上，稱為晦與明，即人之質性。並且以陰為惡，陽為善，而言「善惡混」。〔註 79〕

王充雖繼承前人的氣與性的關係，並架構性的善惡說，然王充另有創發，以成就不同於他人內涵的「以氣言性」說。

（二）「性命」說

「性命」的觀點，早在王充以前即是重要的論題。最早將性、命作明確的畫分，見於《孟子．盡心》：

口之於味也，目之於色也，耳之於聲也，鼻之於臭也，四肢之於安佚也；性也，有命焉，君子不謂性也。仁之於父子也，義之於君臣也，禮之於賓主也，知之於賢者也，聖人之於天道也；命也，有性焉，君子不謂命也。

孟子認為生理之需求是人之本能，雖滿足欲求受限於經驗性，然其決定性是人可以掌握的。孟子將「性」字作具價值判斷的主體能力，而「命」字是指經驗中的一切限制。

《莊子》首將性、命合為一詞：

彼正正者，不失其性命之情。(〈駢拇〉)

任其性命之情而已矣。(〈駢拇〉)

軒冕在身，非性命也。(〈繕性〉)

莫得安其性命之情者，而猶自以為聖人。(〈天運〉)

性與命意義相同，皆指人所受於天的自然之性。

漢時《淮南子》也稱「性命」：

吾所謂得者，性命之情處其所安也。夫性命者，與形俱出其宗。形

〔註 79〕揚雄以陰陽之氣來言性，但沒有明確說明性之善惡的根由，只說：「人之性也，善惡混；……氣也者，可以適善惡之馬也與？」氣是性之善惡的決定因素。然從揚雄曰：「休則逢陽……咎則逢陰。」(《太玄經．玄數》)「陽道吐，陰靜翕，陽道常饒，陰道常乏。」(《太玄經．玄告》)崇陽抑陰的價值判斷，則可知有陰為惡，陽為善的觀念。

> 備而性命成，性命成而好憎生矣。(〈原道訓〉)
>
> 夫世之所以喪性命，有衰漸以然，所由來者久矣！(〈俶真訓〉)

《淮南子》以性命合稱。又將性與命對舉時，說：

> 古之聖人，其和愉寧靜，性也；其志得道行，命也。是故性遭命而後能行，命得性而後能明。(〈俶真訓〉)
>
> 性者，所受於天也；命者，所遭於時也。(〈繆稱訓〉)

則性與命意義有別，性是指人先天之固有本質，命為後天環境之可變結果。

董仲舒以性命合稱時，則取「性」之義：

> 正也者，正於天之為人性命也，天之為人性命，使行仁義而羞可恥，非若鳥獸然，苟為生，苟為利而已。(《春秋繁露．竹林第三》)
>
> 陰陽之氣在上天亦在人，在人者為好惡喜怒，……夫喜怒哀樂之止動也，此天之所為人性命者，臨其時而欲發，其應亦天應也。(《春秋繁露．如天之為第八十》)

乃指受陰陽之氣的本性。

關於「命」，漢代思想家常說「三命」，如王充。而董仲舒曰：

> 人始生有大命，是其體也，有變命存其間者，其政也，政不齊，則人有忿怒之志，若將施危難之中，而時有隨遭者，神明之所接，絕屬之符也，亦有變其間，使之不齊如此，不可不省之，省之則重政之本矣。(《春秋繁露．重政第十三》)

「大命」相當於王充所謂的「隨命」,「變命」相當於王充所謂的「遭命」。又《白虎通德論》曰：

> 命有三科以記驗：有壽命以保度，有遭命以遇暴，有隨命以應行。(〈壽命〉)

亦有壽命、遭命、隨命三命說。

而王充主張「性成命定」的觀點，早在《左傳》中就有類似的說法，曰：

> 民受天地之中以生，所謂命也。是以有動作禮義威儀之則，以定命也。(〈成公十三年曰〉)

《左傳》認為人受天之禮義威儀之法則，也就是以「禮」為人的內在本性，而「命定」。「是故審行信令，禍福賞罰，以制死生。生，好物也；死，惡物也。好物，樂也；惡物，哀也。哀樂不失，乃能協于天地之性，是以長久。」

(〈昭公二五年〉)如果要祈命,當以盡性為工夫。所以《左傳》之「性成命定」是著重性與命的經驗關係上說,講求不因物欲與感情的過度放縱而導致失了善良之本性,而損害了生命。

然「性成命定」發展到了王充則較複雜了,他以性有正性、隨性、遭性,分別成就正命、隨命、遭命之三命。正性得正命,乃就本質「用氣為性」而命定來說,稟氣之厚薄決定性之善惡,且完成命之禍福。而隨性、遭性所得之隨命、遭命,是就現實義來說,其性與氣稟無關,所得之命與個人本性也沒有關係。

(三)認知之「氣心」

王充的心論,主要承繼荀子的認知心,融合了揚雄尚智的觀點,及董仲舒的氣稟說,而轉發為具有認知作用的「氣心」。

王充秉承荀子所謂心的認知作用,但沒有接收荀子認為心為「虛壹而靜」的「大清明」。王充因心稟元氣之厚薄而有智愚,在認知能力上有相對之意義。並且主張以「智」之具體表現「才」(臨事知愚),通過學習而認識萬事萬物。王充強調以「才」來知物的意義上,可說是承襲揚雄以心作為思慮的主體,而「尚智」。〔註 80〕

王充與董仲舒都認為心是稟受「氣」而來。其不同的是,王充所說的心,稟受的是「元氣」,因所稟之元氣厚薄不同,有智愚之別。而董仲舒所說的心,是稟受「陰陽二氣」而來,在其「天人相副」基本的觀點上,心有喜、怒、哀、樂之發,如天之陰陽二氣的替變形成春、夏、秋、冬之四時。〔註 81〕董仲舒又曰:

> 吾以心之名得人之誠,人之誠有貪有仁,仁貪之氣兩在於身。(《春秋繁露.深察名號第卅五》)
>
> 惡之屬盡為陰,善之屬盡為陽。陽為德,陰為刑。」(《春秋繁露.陽尊陰卑第四十三》)

〔註 80〕《太玄經.玄告》:「天以不見為玄,地以不見為玄,人以心腹為玄。天奧西北,鬱化精也;地奧黃泉,隱魄榮也;人奧思慮,含至精也。」心含至精之氣,是思慮之主體。《法言.問明》:「或問:『人何尚?』曰:『尚智。』」

〔註 81〕《春秋繁露.陰陽義第四十九》:「天亦有喜怒氣,哀樂之心,與人相副,以類合之,天人一也」《春秋繁露.王道通三第四十四》:「是故春喜夏樂,秋憂冬悲,悲死而樂生。」

故心具有仁（陽）貪（陰）之氣，即同時具備善惡之性。董仲舒並強調心的主宰作用，以其有「心，氣之君也」（《春秋繁露・循天之道第七十七》）能主宰氣之動向，及「心有計慮」（《春秋繁露・人副天數第五十六》）；「心之為名栚也」（《春秋繁露・深察名號第卅五》）心有計慮與明善的作用，能理智辨別善惡而栣惡。因董仲舒強調心的主宰作用，故主張以「以義養心」〔註 82〕保持心不偏倚的主宰作用。而揚雄、王充則強調心的計慮能力，故主張盡「心」以用智。〔註 83〕

（四）「教化成性」說

王充提倡「教化成性」的觀點，即儒家一向所秉持後天的化成工夫。然在傳統儒家以「故凡言議期命、是非，以聖王為師」（《荀子・正論》）與「是故王者上謹於天意，以順命也；下務明教化民，以成性也。」（《漢書・董仲舒傳・天人三策》）強調聖王是主要的教化者外，王充則以「為人君父者，審觀臣子，善者則養育勸率，毋使近於惡，近惡則輔保近防，使漸於善，善亦漸惡，惡亦化善，成而為性行。」（《論衡・率性》）多了「父」者，即在政治責任上，多加了一份倫理責任在。

又王充提出以「才」作為人君的內涵條件，改變了傳統儒家者以道德作為聖王的人格標準，他說：

> 天能譴告人君則亦能故命聖君。擇才若堯、舜以王命，委以王事，勿復與知。今則不然，生庸庸之君，失道廢德，隨之譴告，何天不憚勞也？（《論衡・自然》）

「臨事知愚」是「才」的表現，有才則具「聰明智慧」，故「才」是屬於認知心的範疇。「夫聖賢者，道德智能之號。」（《論衡・知實》）王充的理想人格是道德與智能兼具。

〔註 82〕《春秋繁露・身之養重於義第卅一》：「天之生人也，使人生義與利。利以養其體，義以養其心。心不得義不能樂，體不得利不能安。義者心之養也，利者體之養也。體莫貴於心，故養莫重於義，義之養生人大於利。」

〔註 83〕揚雄《法言・寡見》：「好盡其心於聖人之道者，君子也。人亦有好盡其心矣，未必聖人之道也。」又曰：「或問：『焉用智？』曰：『用智於未奔沉。大寒而後索衣裘，不亦晚乎？』」

小　結

《白虎通義》、王充之心性論為東漢前期的代表，與漢代其他大多的心性論相同，多有以氣來作為心性的根源，及說明善惡的依據。然二者所說的氣之性質不同。《白虎通義》說「五行生情性」，並以陰陽作為心性的根源。陰陽二氣是天地萬物最根本的質素。五行是陰陽二氣交互作用，所形成的不同狀態或特質，故五行必須藉陰陽兩氣之運行而存在。陰陽兩氣是五行的質素。因此，《白虎通義》說心性時，還是以陰陽二氣為主要根據。而王充所說的氣有元氣、五常之氣二種。

《白虎通義》以陰陽二氣分情性，性屬陽，有仁、義、禮、智、信之五性。情屬陰，有喜、怒、哀、樂、愛、惡之六情，有利欲。主張性善，惡出於情。而心為五臟之一，是居五性之禮的基礎，具親愛之道德心，故《白虎通義》是從「性」上說「心」具有道德心。心又是個統籌、主宰的角色，具有辨知作用。然《白虎通義》則繼承董仲舒，在心的主宰作用之上，還立一個權威的意志天，是人行為的指標。《白虎通義》又承受董仲舒以「王」為最大教化的責任者。西漢董仲舒的心性論，至東漢後，由《白虎通義》繼續發展下去。

王充以人稟元氣與五常之氣的厚薄，而有善與惡之性，並分三品。得元氣與五常之氣厚者，則為善，是上品者；得元氣與五常之氣較厚者，則為善惡相混，是中品者；得元氣與五常之氣薄者，則為惡，是下品者，故人性有善有惡。王充是漢代第一個真正主張出人性有善有惡之三品說的思想家。〔註 84〕王充的心，基本上是繼承荀子的認知心的思想。心與性一樣，皆稟受元氣與五常之氣而來。元氣與五常之氣之厚薄，決定心之智愚。因此，當人稟受元氣或五常之氣厚時，同時兼具性善與智慧，而稟受元氣或五常之氣薄時，則性惡與心智不明。王充又將心之臨事知愚的作用，稱為「才」，並認為「才」之高下是先天已注定，且「才」之高下，也是決定德性之善惡。在魏晉「才性說」的發展上，王充之「才」與「性三品說」的思想，可說是最具明確與具體的影響階段。

《白虎通義》繼承董仲舒的「天人合一」、「天人感應」的思想，因此，其心性論尚無法排除天的影響作用。而王充否定「天人感應」的思想，並排除

〔註 84〕董仲舒雖有提出「聖人之性、斗筲之性、中民之性」之三品的分類，然其對人性善惡的看法，是主張善惡相混說。

天的支配作用，而說：「夫天地合氣，人偶自生也。」(《論衡・物勢》)「天動不欲以生物，而物自生，此則自然也。施氣不欲為物，而物自為，此則無為也。」(《論衡・自然》)認為天生人，是自然之道、適偶之數。又曰：「人未生，在元氣之中；既死，復歸元氣。元氣荒忽，人氣在其中。」(《論衡・論死》)人的生命與心性在自然之中被安置，故稟氣之厚薄亦是在自然中被決定。蒙培元因此稱王充的心性論為「自然決定論」。〔註 85〕

〔註 85〕蒙培元《中國心性論》(臺北：台灣學生書局，1986.4)頁 161。

第六章　東漢後期之心性論

東漢後期是指從和帝到東漢滅亡的這段時間。在和帝至質帝年間，外戚當道，王室衰弱。桓帝時引宦官誅外戚之後，中央與地方權力均由宦官把持，選舉敗壞，賢愚易置，酷吏、貪吏、俗吏之輩，乘軒食祿，不可勝數。官場瀰漫著考課不公、監察不實之風氣，及勾結營私，排除異己之活動。由於政治的腐敗，也導致社會風氣的敗壞。〔註 1〕東漢政治腐化，社會風氣敗壞，激勵了儒士的憂患意識與對社會責任感，產生一股社會道德批判思潮。再加上天子權勢隕落，外戚、宦官鬥爭，選舉制度出現危機，士人發覺到「所謂賢人君子者，非必高位厚祿富貴榮華之謂也，此則君子之所宜有，而非其所以為君子者也。所謂小人者，非必貧賤凍餒辱阨窮之謂也，此則小人之所宜處，而非其所以為小人者也。」(《潛夫論．論榮》）明經修行與高官厚祿不一定是因果，賢與貴不能一致，儒士開始對理想重新確認，以適應當時的社會環境。他們逐漸淡化對外在事功的追求，而更加關注於個人的心性修養；不再看重外界對自己的肯定，而更專注自身的道德感與自我價值評價。道家

〔註 1〕如《潛夫論．務本》記載：「多務交游，以結黨助，偷勢竊名，以取濟渡，夸末之徒，從而尚之，此逹貞士之節，而衒世俗之心也。」染上朝廷的結黨營私；「學問之士，好語虛無之事，爭著雕麗之文，以求見異於世」(《潛夫論．務本》)、「賦頌之徒，苟為饒辯屈蹇之辭，競陳誣罔無然之事，以索見怪於世」(《潛夫論．務本》）充滿真偽相冒，名實相離的現象；「民奢衣服，侈飲食，事口舌。」(《潛夫論．浮侈》）奢華景象；婦女「多不修中饋，休其蠶織，而起學巫祝，鼓舞事神」、生病者「或棄醫藥，更往事神，故至於死亡，不自知為巫所欺誤，乃反恨事巫之晚」迷信鬼神；「居家不孝悌，出入不恭敬，輕薄慢傲，凶悍無辨，明以威侮侵利為行，以賊殘酷虐為賢」(《潛夫論．述赦》）道德淪喪。

所強調「貴生重己」的內在修養，正符合當時士人的需求。於是以「天人感應」為重要思想的官方儒家思想衰微，而非官方儒學流行，如：王符、趙岐、鄭玄、荀悅。《老子河上公注》是道家在這時期繼續發展的代表。《太平經》與《老子想爾注》是興起於東漢中後期的道教理論代表。

這時期的思想，多突破「天人感應」的藩籬，因此，此時期的心性論，雖在人性善惡的判斷上有些不同，然大多傾向以心志自覺作用決定行為善惡的主要因素。

第一節　王符之心性論

一、王符生平

王符（約西元 82～167），字節信，安定臨涇人。范曄《後漢書．王符傳》曰：

> 王符字節信，安定臨涇人也。少好學，有志操，與馬融、竇章、張衡、崔瑗等友善。安定俗鄙庶孽，而符無外家，為鄉人所賤。自和、安之後，世務游宦，當塗者更相薦引，而符獨耿介不同於俗，以此遂不得升進。志意蘊憤，乃隱居著書三十餘篇，以譏當時失得，不欲章顯其名，故號曰《潛夫論》。其指訐時短，討謫物情，足以觀見當時風政，著其五篇云爾。……後度遼將軍皇甫規解官歸安定，鄉人有以貨得鴈門太守者，亦去職還家，書刺謁規。規臥不迎，既入而問：「卿前在郡食鴈美乎？」有頃，又白王符在門。規素聞符名，乃驚遽而起，衣不及帶，屣履出迎，援符手而還，與同坐，極歡。時人為之語曰：「徒見二千石，不如一縫掖。」言書生道義之為貴也。符竟不仕，終於家。

未載王符生卒年代，及《潛夫論》的撰寫時間。根據後人考證，王符一生經歷了章帝、和帝、安帝、順帝、桓帝幾個朝代，〔註 2〕值東漢中後期，正是政治

〔註 2〕根據劉文英〈關於王符生平的幾個問題〉（《蘭州學刊》，1990 年第 4 期）一文中，從王符的名字考索出他的生年，應是西元 82 年。至於卒年，根據本傳記載，皇甫規解官歸安定時為桓帝延熹五年，而後王符還生活了五年，即西元 167 年，王符大約享年 85 上下。而關於《潛夫論》的寫作年代，根據《四庫全書總目提要．子部．儒家類》認為王符著書「在桓帝之世」，傳統上也多依此看法。

衰敗，社會動盪，王符不與世俗同流，隱居山林，以「潛夫」身份抨擊現實，並探索解決社會問題根源，而完成約十萬餘言的《潛夫論》。

後代對王符的研究不斷增加，並確定了王符在中國思想史上的坐標位置。《後漢書》以其與王充、仲長統同傳，即肯定王符在學術上的地位。唐杜甫〈偶題〉中寫到：「漫作《潛夫論》，虛傳幼婦碑。」將王符與蔡邕並提，在「前輩飛騰入，餘波綺麗為。後賢兼舊列，歷代各清規」的基礎上，確定其於歷史上地位。韓愈於〈後漢三賢贊〉中，將王符與王充、仲長統合稱為三賢。清劉熙載《藝概．文概》中稱：「王充、王符、仲長統三家文，東京之矯矯者。」〔註 3〕

清汪繼培曰：「王氏精習經術，而達於當世之務。其言用人行政諸大端，皆按切時勢，令今可行，不為卓絕詭激之論。其學折中孔子，而復涉獵於申、商刑名，韓子雜說，未為醇儒。」〔註 4〕王符思想受各家影響，卻能破舊立新，以應當時之方。

侯外廬《中國思想通史》認為王符是王充的繼承者，「明清之際有唐鑄萬的《潛書》繼其統，清末有宋恕的《卑議》揚其緒，影響於後世者頗深。」又認為其「人道曰為」的命題，強調了人的能動精神，是「從實踐出發的知識積習的觀點，在漢代是輝煌的命題。」〔註 5〕

任繼愈《中國哲學發展史》認為「王符是社會批判思潮的最早的代表人物。在他身上宇宙生成論的思維模式也表現得最為明顯。」〔註 6〕並分析王符宇宙生成論的特點，曰：

> 王符宇宙生成論直接從「太素之時」的元氣講起，避免了《淮南子》和張衡追問宇宙開端的理論缺陷，同時具體論述了天、地、人的產生過程，強調人的主觀能動作用，比王充的說法更為完備，避免了王充的命定論的理論缺陷。〔註 7〕

肯定王符的宇宙生成論較《淮南子》、張衡、王充完備。劉文英《王符評傳》

〔註 3〕清劉熙載；王氣中箋注《藝概》（貴州：人民出版社，1986.6）

〔註 4〕漢王符著；清汪繼培箋；彭鐸校正《潛夫論箋校正》（北京：中華書局，1985.7）頁 487。

〔註 5〕侯外廬、趙紀彬、杜國庠、邱漢生等著《中國思想通史．第二卷》（北京：人民出版社，1957.4）頁 424。

〔註 6〕任繼愈《中國哲學發展史．秦漢》（北京：人民出版社，1985.2）頁 735。

〔註 7〕任繼愈《中國哲學發展史．秦漢》（北京：人民出版社，1985.2）頁 736。

也就王符之思想理論上有所評述，曰：

> 《潛夫論》的出現，標誌著東漢社會批判思潮的開端；王符對本末、名實、才性問題的分析，則是兩漢經學到魏晉玄學的一個重要環節；王符的元氣論，也是宋明元氣本體論與氣一元論的一個重要的思想來源。〔註 8〕

則從三個方面來定位王符的歷史地位。馮契則認為王符提出「名實」問題為批判明教、審核名實、辨析名理開了風氣。〔註 9〕蒙培元則對王符提出「本末」問題，認為是整個批判思潮中最有理論意味的命題，也標誌著心性或心靈論題將成為中國哲學發展的主體。〔註 10〕

二、心性論之根源——氣

王符曰：「心氣精微不可養哉？」(《潛夫論・德化》) 以氣心言心，並且說：「是以為仁義之心，廉恥之志，骨著脈通，與體俱生，而無麤穢之氣，無邪淫之欲。」(《潛夫論・德化》) 從氣來論仁義之心。又曰：「人天情通，氣感相和，善惡相徵，異端變化。」(《潛夫論・敘錄》) 及「是故道德之用，莫大於氣。」(《潛夫論・本訓》) 以氣為基礎，言天人相通、天人合一與踐行道德的觀點。故「氣」是王符心性理論的基礎。

王符所謂的氣具有幾項特質：第一，是宇宙的本源。王符曰：

> 天之以動，地之以靜，日之以光，月之以明，四時五行，鬼神人民，億兆醜類，變異吉凶，何非氣然？(《潛夫論・本訓》)

氣是構成天地與萬物品類的元素，也是吉凶變異的因素，是宇宙萬物的根源。又曰：

> 上古之世，太素之時，元氣窈冥，未有形兆，萬精合併，混而為一，莫制莫禦。若斯久之，翻然自化，清濁分別，變成陰陽。陰陽有體，實生兩儀，天地壹鬱，萬物化淳，和氣生人，以統理之。(《潛夫論・本訓》)

王符稱此宇宙本源之氣，為「元氣」。元氣剖判為陰陽，而衍生萬物與「和氣」。

〔註 8〕劉文英《王符評傳》(南京：南京大學出版社，1993.9)

〔註 9〕馮契《中國古代哲學的邏輯發展・中》(上海：華東師範大學出版社，1997) 頁 106。

〔註 10〕蒙培元〈漢末批判思潮與人文主義哲學的重建〉(《北京社會科學院》，1994，第 1 期)

而「和氣」生人，並能調和治理，總體亨通。王符以人歸於陰陽之「和氣」所生，不同於其他萬物，即其「天地之所貴者人也。」(《潛夫論・贊學》)的凸顯。

王符又曰：

> 道者，氣之根也。氣者，道之使也。必有其根，其氣乃生；必有其使，變化乃成。(《潛夫論・本訓》)

認為道為氣的根本，氣是道之用。氣是宇宙萬物之根源，在氣之先又有一個道，所以，後人對王符之宇宙生成論，則有「元氣一元論」〔註11〕、「道體氣用論」〔註12〕與「道氣二元論」〔註13〕不同看法。王符曰：

> 上古之世，太素之時，元氣窈冥……若斯久之，翻然自化，清濁分別，變成陰陽……是故天本諸陽，地本諸陰，人本中和。三才異務，相待而成，各循其道，和氣乃臻，機衡乃平。天道曰施，地道曰化，人道曰為。(《潛夫論・本訓》)

道是氣生成萬物過程中所依循的規律與方法。當（元）氣未判陰陽，變化之前，(元)氣已存在，而氣翻然自化，有了道(規律)的產生，才創生了萬物，故氣是宇宙萬物之本源。

第二，氣是無限的客觀存在。王符曰:「上古之世，太素之時，元氣窈冥，未有形兆，萬精合併，混而為一，莫制莫禦。若斯久之，翻然自化，清濁分別，變成陰陽。」元氣於天地之始既已存在。王符言宇宙生成，不似《淮南子》言「太始」，或《白虎通義》講宇宙生成有「太初」、「太始」、「太素」之階段，在氣之前還存在著另一個開端。〔註14〕王符直指「上古之世，太素之時」不講「太素之始」，強調宇宙之生成與元氣同時存在。元氣無始無終，不

〔註11〕主張「元氣一元論」者，如：王步貴、周桂鈿、任繼愈、葛榮晉《儒學精蘊新釋・王符哲學思想研究》(濟南：齊魯書社，2002.3）頁251；陳啟文〈試論王符《潛夫論》宇宙論上的一個問題〉(《孔孟月刊》，第38卷，第9期，2000.5)

〔註12〕主張「道體氣用論」者，如：賀凌虛〈王符的生平、著作及其基本觀念〉(《書目季刊》1966.9)；黃盛雄《王符思想研究》(臺北：文史哲出版社，1982.4)頁72。

〔註13〕主張「道氣二元論」者，如劉師文起〈荀子「天生人成」與王符「天道曰施，地道曰化，人道曰為」之比較〉(《第二屆先秦學術研討會論文集》，高雄，國立高雄師範大學國文所系主編，1994）頁180。

〔註14〕《白虎通義・天地篇》:「始起先有太初，然後有太始，形兆既成，名為太素。混沌相逢，視之不見，聽之不聞，然後剖判，清卓既分，精曜出布，庶務施生，……故《易乾鑿度》曰:『太初者，氣之始也，太始者，形之始也，太素者，質之始也。』」

生不滅，表明了在時間上的無限客觀存在。

第三，氣是無意識的自化作用。（元）氣是宇宙的本源，在元氣之外，沒有得以超越元氣的主宰。其剖判陰陽，創生萬物，變異吉凶，都在「莫制莫禦」與「翻然自化」之中，沒有外在的推動，一切都是自身的變化。也就是說，一切變化的規律與動力，都是元氣的自化作用。

三、性論

王符對人性之宗論，見於《潛夫論．贊學》曰：

> 人之情性，未能相百，而其明智有相萬也。此非其真性之材也，必有假以致之也。君子之性，未必盡照，及學也，聰明無蔽，心智無滯，前紀帝王，顧定百世。此則道之明也，而君子能假之以自彰爾。

認為人之情性相近，因明智功能，而使人之情性有不同的差異，即善惡的分別。而善惡之別，是後天的影響，即使君子成就其性，也是藉由後天學習的成果。此段話，涵蓋了王符之性論的主要觀點：提出自然之質性與後天之性的問題；點出修養工夫的重要性；強調心智對學習的作用。〔註 15〕

（一）性相近習相遠

王符以「人之情性，未能相百」，也將人之自然之質性，分為三等，曰：

> 上智與下愚之民少，而中庸之民多。中民之生世也，猶鑠金之在爐也，從篤變化，惟冶所為，方圓薄厚，隨熔制爾。（《潛夫論．德化》）

有上智、下愚與中民三品。而中民之性接受外在影響而改變的程度較大，有如鑠金，可成方、圓、薄、厚，各種不同的樣式。

王符曰：

> 今夫性惡之人，居家不孝悌，出入不恭敬，輕薄慢傲，兇悍無辨，明以威侮侵利為行，以賊殘酷虐為賢，故數陷王法者，此乃民之賊，下愚極惡之人也。（《潛夫論．述赦》）

以「輕薄慢傲，兇悍無辨」或「賊殘酷虐」之道德惡者，為下愚者，故善惡之道德是王符品類人性的一項標準。王符又曰：

> 孔子曰：「聽訟，吾猶人也。」從此觀之，中材以上，皆議曲直之辨，

〔註 15〕智是屬於心的功能，且王符頗重視心的議題，故有關心智問題於下單元「心論」中探討。

刑法之理可。(《潛夫論・愛日》

以能辨議曲直者，屬中等以上之人。而明辨是非曲直，是心智活動。故王符分別品性的條件中，除了道德之善惡與否，也強調心之認知作用的重要性，如其曰：

昔樂毅以慱慱之小燕，破滅強齊，威震天下，真可謂良將矣。然即墨大夫以孤城獨守，六年不下，竟完其民。田單帥窮卒五千，擊走騎劫，復齊七十餘城，可謂善用兵矣。圍聊、莒連年，終不能拔。此皆以至強攻至弱，以上智圖下愚，而猶不能克者何也？(《潛夫論・救邊》)

以樂毅為上智之良將。而王符所謂良將之條件，曰：

孫子曰：「將者，智也，仁也，敬也，信也，勇也，嚴也。」是故智以折敵，仁以附眾，敬以招賢，信以必賞，勇以益氣，嚴以一令。故折敵則能合變，眾附愛則思力戰，賢智集則英謀得，賞罰必則士盡力，勇氣益則兵勢自倍，威令一則惟將所使。(《潛夫論・勸將》)

須是道德與聰明才智兼備，方為上智者的條件。因此，王符論性時，部分是以心來說性。

而上智、下愚與中民之三等天生之質者，是氣為之，當稟和氣以生，則有仁義之心，廉恥之志，即為上智之人，王符曰：

聖深知之，皆務正己以為表，明禮義以為教，和德氣於未生之前，正表儀於咳笑之後。民之胎也，合中和以成；其生也，立方正以長。是以為仁義之心，廉恥之志，骨著脈通，與體俱生，而無麤穢之氣，無邪淫之欲。(《潛夫論・德化》)

上智者稟和氣，無麤穢之氣，而下愚者則當乖戾之氣使然。〔註16〕

王符將人之天生質性雖分三品，而後天成就萬種人，「其明智有相萬也」，乃因聰明睿智使學習造就不同德性，例如，可能是「賢人君子秉心方直，精神堅固者也。」(《潛夫論・卜列》) 或是「今夫性惡之人，……下愚極惡之人也。」皆是後天使然。而後天的改造，主要是因為能假託於學習的關係。因此，人天生可分三品相近之性者，而後天的學習造就了君子與小人的分別。

〔註16〕王符有「戾氣」與「和氣」之相對用語，見《潛夫論・班祿》：「咸氣加而化上風，患害切而迫飢寒，此臧紇所以不能詰其盜者也。」清汪繼培箋：「咸當作『戾』，『戾氣』與下『和氣』相對。』」

（二）假之以成君子

王符分人性三品，然「此非其真性之材也」，它們只是潛質之性，後天學習才是真正造就人性的差異，可為善，或為惡，如王符曰：

> 且夫邪之與正，猶水與火不同原，不得並盛。正性勝，則遂重己不忍虧也，故伯夷餓死而不恨。邪性勝，則怚忕而不忍舍也，故王莽竊位而不慚。積惡習之所致也。夫積惡習非久，致死亡非一也。（《潛夫論．慎微》）

王莽因積惡習，產生邪心，留下竊位之惡行。即使「君子之性，未必盡照」，要「能假之以自彰爾」。王符強調真性不是在那潛藏之質，而是在現實具體的表現。

王符言「雖有至聖，不生而知；雖有至材，不生而能。……猶待學問，其智乃博，其德乃碩。」（《潛夫論．贊學》）強調須要後天修養才能成為君子。其修養方法可分為主動內養與外在教化的工夫。

1. 內養工夫

王符曰：

> 是故君子戰戰慄慄，日慎一日，克己三省，不見是圖。孔子曰：「善不積不足以成名，惡不積不足以滅身。小人以小善謂無益而不為也，以小惡謂無傷而不去也，是以惡積而不可掩，罪大而不可解也。」（《潛夫論．慎微》）

要日慎反省自身，不因小惡而勿去，或小善而不為，敬小慎微，時常觀照省思，能「知己曰明，自勝曰強。夫有不善未嘗不知，知之未嘗復行」（《潛夫論．慎微》）發揮己心，實踐於行，即有所「為」，王符曰：

> 天道曰施，地道曰化，人道曰為。（《潛夫論．本訓》）
>
> 天地之所貴者人也，聖人之所尚者義也，德義之所成者智也，明智之所求者學問也。（《潛夫論．贊學》）

人之所以可貴，在於有所作為，而所為者，行德義之事，而成德義，有待於智之索求，而智之索求者何？乃學問。因「君子之性，未必盡照，及學也，聰明無蔽，心智無滯。……假學以自彰爾」；至聖者「猶待學問，其智乃博，其德乃碩。」

而學問藏於經典之中，又「夫道成於學而藏於典」（《潛夫論．贊學》），故學問主要來於經典之道。因此，學是要學道，王符曰：

> 夫是故道之於心也，猶火之於人目也。中阱深室，幽黑無見，及設盛燭，則百物彰矣。此則火之耀也，非目之光也，而目假之，則為己明矣。天地之道，神明之為，不可見也。學問聖典，心思道術，則皆來睹矣。此則道之材也，非心之明也，而人假之，則為己知矣。（《潛夫論・贊學》）

道在於人心，有如火之於目，無火，目無以見。王符所謂的道，是宇宙的規律法則，主要是「學問聖典，心思道術」，儒家之先典中所蘊涵之道。道可以作為人一切行事的指引與準則，無道，則人心無所依歸。又王符曰：

> 故索物於夜室者，莫良於火；索道於當世者，莫良於典。典者，經也。先聖之所制；先聖得道之精者以行其身，欲賢人自勉以入於道。（《潛夫論・贊學》）

道藏於經典當中，乃「聖人以其心來造經典，後人以經典往合聖心也，故修經之賢，德近於聖矣。」（《潛夫論・贊學》）是聖人體悟道，並身體力行後，而得「道之精者」，制定出來的。故只要勤以治經，也能結心於先聖，有所作為，王符曰：

> 夫道成於學而藏於書，學進於振而廢於窮。是故董仲舒終身不問家事，景君明經年不出戶庭，得銳精其學而顯昭其業者，家富也；富佚若彼，而能勤精若此者，材子也。倪寬賣力於都巷，匡衡自鬻於保徒者，身貧也；貧阨若彼，而能進學若此者，秀士也。（《潛夫論・贊學》）

如董仲舒、景君明、倪寬、匡衡雖無負笈擔簦之行，也能銳精其學，因治經進學之故。

而王符所謂的經典，是以儒家經典為主，曰：

> 文之以《禮》、《樂》，導之以《詩》、《書》，贊之以《周易》，明之以《春秋》，其不有濟乎？（《潛夫論・贊學》）
>
> 先聖之智，心達神明，性直道德，又造經典以遺後人。試使賢人君子，釋於學問，抱質而行，必弗具也；及使從師就學，按經而行，聰達之明，德義之理，亦庶矣。是故聖人以其心來造經典，後人以經典往合聖心也，故修經之賢，德近於聖矣。（《潛夫論・贊學》）

《禮》、《樂》、《詩》、《書》、《周易》、《春秋》「六經」是凝結先聖賢的智慧與道德，與對宇宙天地的體認，所留下寶貴的財富。「君子以多志前言往行以畜

其德」(《潛夫論·贊學》),體會先聖的言行,明瞭善惡,成為有德之人,如董、景、倪、匡四人,王符曰:

是故無董、景之才,倪、匡之志,而欲強捐家出身,曠日師門者,必無幾矣。夫此四子者,耳目聰明,忠信廉勇,未必無儔也,而及其成名立績,德音令問不已,而有所以然,夫何故哉?徒以其能自托於先聖之典經,結心於夫子之遺訓也。(《潛夫論·贊學》)

董仲舒、景君明、倪寬、匡衡能成名立績,即結心於夫子之遺訓的原故。

然治經過程中,師友之引導,是不可或缺的,王符曰:

故志曰:「黃帝師風后,顓頊師老彭,帝嚳師祝融,堯師務成,舜師紀后,禹師墨怡,湯師伊尹,文、武師姜尚,周公師虢叔,孔子師老聃。」若此言之而信,則人不可以不就師矣。(《潛夫論·贊學》)

先聖之德成,無不有師友之引導。

2. 外化工夫

「假之以成君子之性」,除了主動內養工夫外,王符也注重外在的教化作用,曰:

人君之治,莫大於道,莫盛於德,莫美於教,莫神於化。道者所以持之也,德者所以苞之也,教者所以知之也,化者所以致之也。(《潛夫論·德化》)

君王為教化之責任者,王符又曰:

中民之生世也,猶鑠金之在爐也,從篤變化,惟冶所為,方圓薄厚,隨鎔制爾。是故世之善否,俗之薄厚,皆在於君。(《潛夫論·德化》)

故民有心也,猶為種之有園也。遭和氣則秀茂而成實,遇水旱則枯槁而生孽。民蒙善化,則人有士君子之心;被惡政,則人有懷奸亂之慮。(《潛夫論·德化》)

尤其世風之厚薄,君王居有重大之義務。而化民成俗,主要以正人心為主,王符曰:

夫人之所以為人者,非以此八尺之身也,乃以其有精神也。……移風易俗之本,乃在開其心而正其精。今民生不見正道,而長於邪淫誑惑之中,其信之也,難卒解也。惟王者能變之。(《潛夫論·卜列》)

民有性,有情,有化,有俗。情性者,心也,本也。化俗者,行也,末也。末生於本,行起於心。是以上君撫世,先其本而後其末,順

其心而理其行。心精（情）苟正，則奸慝無所生，邪意無所載矣。（《潛夫論．德化》）

民有情性，心情苟正，則不生奸慝，不存邪意，故行起於心，心為化俗之本。正心與移風易俗皆是君王教化的重點，而二者有本末關係，即以正心為本，行為俗化為末。

而「道者所以持之也，德者所以苞之也，教者所以知之也，化者所以致之也。」道、德為教化之內容。而道德的實質依據，即仁、義、禮、智之「四行」，與恕、平、恭、守之「四本」，王符曰：

世有大難者四，而人莫之能行也，一曰恕，二曰平，三曰恭，四曰守。夫恕者仁之本也，平者義之本也，恭者禮之本也，守者信之本也。四者並立，四行乃具，四行具存，是謂真賢。四本不立，四行不成，四行無一，是謂小人。（《潛夫論．交際》）

把握恕、平、恭、守之「四本」的要求與實際內容，〔註 17〕就能成就仁、義、禮、智之「四行」。

然對於「性惡之人，居家不孝悌，出入不恭敬，輕薄慢傲，兇悍無辨，明以威侮侵利為行，以賊殘酷虐為賢，故數陷王法者，此乃民之賊，下愚極惡之人」，道德無法正其心，王符不排除以法來防其奸亂，曰：

是故先王之制刑法也，非好傷人肌膚，斷人壽命者也，乃以威奸懲惡除民害也。（《潛夫論．述赦》）

王符認為「義者君之政也，法者君之命也。」（《潛夫論．衰制》）在外化的工夫上，王符賦予君王絕對的義務。

〔註 17〕王符另有對恕、平、恭、守「四本」之內容的說明，曰：「所謂恕者，君子之人，論彼恕於我，動作消息於心；己之所無，不以責下，我之所有，不以譏彼；感己之好敬也，故接士以禮，感己之好愛也，故遇人有恩；己欲立而立人，己欲達而達人；善人之憂我也，故先勞，惡人之忘我也，故常念人。……所謂平者，內懷鳲鳩之恩，外執砥矢之心；論士必定於志行，毀譽必參於效驗；不隨俗而雷同，不逐聲而寄論；苟善所在，不譏貧賤，苟惡所錯，不忌富貴；不諂上而慢下，不厭故而敬新。……所謂恭者，內不敢傲於室家，外不敢慢於士大夫；見賤如貴，視少如長；其禮先入，其言後出；恩意無不答，禮敬無不報；睹賢不居其上，與人推讓；事處其勞，居從其陋，位安其卑，養甘其薄。……所謂守者，心也。有度之士，情意精專，心思獨睹，不驅於險墟之俗，不惑於眾多之口；聰明懸絕，秉心塞淵，獨立不懼，遯世無悶，心堅金石，志輕四海，故守其心而成其信。」（《潛夫論．交際》）

四、心論

（一）知心以求實

王符以心說性時，曰：「人之情性，未能相百，而其明智有相萬也。……君子之性，未必盡照，及學也，聰明無蔽，心智無滯，……而君子能假之以自彰爾。」（《潛夫論．贊學》）此心聰明無滯的狀態，是就心之認知作用來說，故王符所謂的心，是認知之心，如：王符曰：

> 所謂守者，心也。有度之士，情意精專，心思獨睹，不驅於險墟之俗，不惑於眾多之口；聰明懸絕，秉心塞淵，獨立不懼，遯世無悶，心堅金石，志輕四海，故守其心而成其信。（《潛夫論．交際》）
>
> 非聰明慧智，用心精密，孰能以中？（《潛夫論．相列》）

心能精成專一，則能獨觀道理；能聰明睿智，則有所成，乃就心之認知作用言。

王符主張心之認知作用，乃「明智之所求者學問也」，「猶待學問，其智乃博，其德乃碩」，成就有德之士。而就認知的理性知識來源上，王符強調不能只是在文字的解釋，要認識真實的涵義，《潛夫論．釋難》曰：

> 庚子問於潛夫曰：「堯、舜道德，不可兩美，實若韓子戈伐之說邪？」潛夫曰：「是不知難而不知類。今夫伐者盾也，厥性利；戈者矛也，厥性害。是戈為賊，伐為禁也，其不俱盛，固其術也。夫堯、舜之相於，人也，非戈與伐也，其道同仁，不相害也。」……潛夫曰：「夫譬喻也者，生於直告之不明，故假物之然否以彰之。物之有然否也，非以其文也，必以其真也。」

王符強調名實之關係，以「必效於實」（《潛夫論．考績》）的判斷。真實的學問，才能真正彰顯君子之性，所以，王符特別強調「德義之所成者智也」，因明智之心方能有效認知有益的學問，求得真實之道。

（二）德心以感通

王符所謂的心，除了是理性認知心，也是道德之心，曰：

> 夫惻隱人皆有之，是故耳聞啼號之音，無不為之慘淒悲懷而傷心者；目見危殆之事，無不為之灼怛驚而赴救之者。（《潛夫論．明忠》）

人生而具有惻隱之心。又曰：

> 聖深知之，皆務正己以為表，明禮義以為教，和德氣於未生之前，

> 正表儀於咳笑之後。民之胎也，合中和以成；其生也，立方正以長。是以為仁義之心，廉恥之志，骨著脈通，與體俱生，而無蠶穢之氣，無邪淫之欲。(《潛夫論．德化》)

當和氣生人，無蠶穢之氣，無邪淫之欲，亦有仁義之心，廉恥之志，王符以「和氣生人」出發，說明心性合一，及「咸懷方厚之情，而無淺薄之惡，各奉公正之心，而無奸險之慮。」(《潛夫論．德化》) 性情合一說。

道德心是善的價值內涵，是能與先聖直接相結之心，即感通於道，也就是道的體現。而道德心的發用，是屬於感性知覺，若作為外在感情活動的倫理原則，王符提出「願鑒於道，勿鑒於水」(《潛夫論．遏利》) 的指引。道德心是道的呈現，即道心，它不只純粹感性的發用，也可以外在的處事的標準，如鏡子般照鑒事物，作為一切行事的標準，成為客觀的存在。

(三) 智成志行

「德義之所成者智也」，因「智者揆象，不其宜乎！」(《潛夫論．邊議》) 王符認為聰明才智是成德的重要條件，然它只是具備的必要之質，須要實際的作為，才能發揮它的作用。王符在此提出「志」的行動力，曰：

> 鴻鵠高飛，雙別乖離，通千達萬，志在陂池。(《潛夫論．交際》)

鴻鵠雖有健壯之軀，丰丰之翼，最重要是有四海之志，方可一舉千里。王符引《易》曰:「君子以多志前言往行以畜其德。」(《潛夫論．贊學》) 因此，「論士必定於志行，毀譽必參於效驗。」(《潛夫論．交際》) 如：

> 夫桀、紂者，夏殷之君王也，崇侯、惡來，天子之三公也，而猶不免於小人者，以其心行惡也。伯夷、叔齊，餓夫也，傅說胥靡，而井伯虞虜也，然世猶以為君子者，以為志節美也。(《潛夫論．論榮》)

桀、紂、崇侯、惡來雖高官位尊，乃為小人，以其心行惡之故。伯夷、叔齊、傅說、井伯雖貧賤位卑，是為君子，以其志節美之故。「有仁義者，謂之君子。」(《潛夫論．釋難》) 德是君子的標誌，也要君子立志而行，方為君子，故「行善不多，申道不明，節志不立，德義不彰，君子恥焉。」(《潛夫論．遏利》) 王符又曰：

> 是以心性志意，耳目精欲，無不貞廉絜懷履行者。(《潛夫論．本訓》)

從志意實踐作用上，強調心性合一的關係。所以，王符言「人道曰為」，展現人的主體能動性，即凸顯人之心志的行動力，也是他現實精神的表現。

五、繼承與轉發

（一）「性相近習相遠」說

王符引孔子言「性相近習相遠」的話，出現於《潛夫論・本政》中曰：

否泰消息，陰陽不並，觀其所聚，而興衰之端可見也。稷、契、皋陶聚而致雍熙，皇父、蹶、踽聚而致災異。夫善惡之象，千里合符，百世累跡，性相近而習相遠。是故賢愚在心，不在貴賤；信欺在性，不在親疏。二世所以共亡天下者，丞相、禦史也。高祖所以共取天下者，繒肆、狗屠也；驪山之徒，鉅野之盜，皆為名將。由此觀之，苟得其人，不患貧賤；苟得其材，不嫌名跡。

乃就德性相近者，會物與類聚，而德性不同者，會漸行愈遠，與孔子說人性生來沒有多大差異的觀點不同。王符與孔子「性相近習相遠」觀點相近者，乃其言「人之情性，未能相百，而其明智有相萬也」的說法，即其「性論」中的重要觀點。

王符繼承孔子以「以智心說性」與「以志說學」的觀點，主張智心之差異分三等人，並強調「智成志行」的實踐精神。而王符較孔子更強調「智」的重要性，認為「志行」是決定成德的重要因素，但要輔以「明智」條件，才能假學問以知「道」，因此，「智成」與「志行」，在成德的過程，缺一不可，二者有同等重要性。而孔子則較著重向學的心意，人雖因智心的差別而有學習成效的不同，形成德性的差異，其中除了「困而不學」的下愚者，中智以上者假以時日，皆可從「士」達「仁」以至「聖人」的境界。王符強調智心的重要性，較接近揚雄曰：「由於獨智，入自聖門」之「尚智」觀點。

又孔子言「性相近」，主要是基於「以智說性而相近」，完全從（智）心來說性。而王符所說的相近之「性」，包含以「輕薄慢傲」或「賊殘酷虐」之善惡道德性，與明辨是非曲直的心智活動。故王符「性相近」是同時立於人性之善惡，與認知心的基點上說。這也是王符分別品性的條件，較王充說「才」與「性」更接近魏晉的「才性說」了。

（二）三品說

漢代思想家將人性之善惡，以品類分者，如董仲舒曰：

今按聖人言中本無性善名，而有善人吾不得見之矣，使萬民之性皆已能善，善人者何為不見也，觀孔子言此之意，以為善甚難當；而

> 孟子以為萬民性皆能當之，過矣。聖人之性，不可以名性，斗筲之性，又不可以名性，性者，中民之性。(《春秋繁露・實性》)

分「聖人之性」為純善無惡者；「斗筲之性」為純惡無善者；「中民之性」善惡混者。〔註 18〕王充《論衡・率性》:「人性有善有惡，猶人才有高有下也；高不可下，下不可高。謂性無善惡，是謂人才無高下也。」分有善者、有善惡相混者、有惡者等上、中、下三品。生於較王符晚一點的荀悅曰：

> 或曰:「善惡皆性也，則法教何施？」曰:「性雖善，待教而成，性雖惡，待法而消。唯上智下愚不移，其次善惡交爭，於是教扶其善，法抑其惡，得施之九品，從教者半，畏刑者四分之三，其不移大數，九分之一也。一分之中，又有微移者矣。然則法教之於化民也，幾盡之矣。及法教之失也，其為亂亦如之。」(《申鑒・雜言下》)

他們皆在善惡道德觀上論品性。〔註 19〕王符也以人天生質性分三品，然王符跳脫出漢代前人專以道德為論品性的標準外，認為明智之認知作用的重要性。王符在其現實實踐精神的趨動下，繼承揚雄「尚智」，結合孔子「以智心說性」，與董仲舒、王充等人善惡分品性，以道德與智能同時作為分品性上下的條件。

（三）感通之德心

王符所謂的心，除了是理性之認知心，也是具有惻隱之道德心，即孟子所謂四端之心。孟子主張人只要將與生既有之善心，擴而充之，則能保四海與事父母。而孟子是以「乍見孺子將入於井」來論證人有惻隱之心，乃為感性發用，是唯心的主觀知覺，缺乏一個客觀的理論，及普遍性的準則。而王符繼承孟子的道德心，且認為「是以為仁義之心，廉恥之志，骨著脈通，與體俱生，而無麤穢之氣，無邪淫之欲。」仁義之心是人稟無麤穢之和氣而生，為道德心賦予一個形上的根據，而具有客觀之意義。

〔註 18〕董仲舒雖將人性分三品，然其主張人性是屬善惡混的「中民之性」。詳細內容參見本論〈第肆章西漢後期之心性論〉之董仲舒心性論的部分。

〔註 19〕王充提出才能的「才」的概念，然非其人性品類的條件，所有，王充還是善惡的多寡來分品性。

第二節　鄭玄之心性論

一、鄭玄生平

鄭玄（西元 127～200）字康成，北海郡高密（今山東高密縣）人，《漢書‧張曹鄭列傳‧鄭玄傳》載其八世祖鄭崇，在哀帝時任尚書僕射。〔註 20〕鄭玄十八歲時為鄉嗇夫，〔註 21〕每得休假，就到郡國學校求教，其父「數怒之，不能禁」，後遷升為鄉佐。後經杜密召署郡職，「遂造太學受業，師事京兆第五元先，始通《京氏易》、《公羊春秋》、《三統歷》、《九章算術》，又從東郡張恭祖受《周官》、《禮記》、《左氏春秋》、《韓詩》、《古文尚書》。」後「以山東無足問者，乃西入關，因涿郡盧植，事扶風馬融」。馬融則「使高業弟子傳授於玄」，而鄭玄「日夜尋誦，未嘗怠倦」。七年後，正玄始辭別馬融，回歸故里，以供養雙親。〔註 22〕鄭玄回歸故里後，因家貧而「客耕東萊」，以種地為生，同時繼續研究學問，並教授生徒，「學徒相隨已數百千人」。鄭玄向馬融辭歸之時（西元 166），值第一次黨錮之禍，到第二年（西元 167），鄭玄回到故里時，已「悉除黨錮」，故尚未殃及鄭玄。時隔一年，靈帝建寧二年（西元 169），第二次黨禍又起，「乃與同郡孫嵩等四十餘人俱被禁錮」。靈帝中平元年（西元 184），黨禁解，鄭玄也被赦。此時，鄭玄之學問德行，聲名遠播，其後，朝廷屢次徵辟，除了被脅迫應何進之徵外，至去世，未應任何徵辟。

鄭玄在遭黨禁之後，「隱修經業，杜門不出」，先完成了《三禮》(《周禮》、《儀禮》、《禮記》)之注，〔註 23〕後陸續又注有《古文尚書》、《毛詩》、《論語》、

〔註 20〕《漢書‧蓋諸葛劉鄭孫毋將何傳‧鄭玄傳》載：「崇又以董賢貴寵過度諫，由是重得罪。數以職事見責，發疾頸癰，欲乞骸骨，不敢。尚書令趙昌佞縣，素害崇，知其見疏，因奏崇與宗族通，疑有姦，請治。上責崇曰：『君門如市人，何以欲禁切主上？』崇對曰：『臣門如市，臣心如水。願得考覆。』上怒，下崇獄，窮治，死獄中。」

〔註 21〕王利器《鄭康成年譜》（濟南：齊魯書社，1983.3）考證鄭玄為鄉嗇夫時，是年十八。

〔註 22〕依《漢書‧鄭玄傳》記載，鄭玄在馬融門下三年即辭歸。根據王利器《鄭康成年譜》頁 73，曰：「在門下三年，不得見而不去，則其不以融為第五元先、張恭祖輩可知。在門下三年始得見，決無一見便去之理；則玄在融門下，當以七年為允。」

〔註 23〕《世說新語‧文學篇》引《鄭玄別傳》曰：「後遇黨錮，隱居著述，凡百餘萬言。」《後漢書‧百官一‧太尉》之劉昭注曰：「康成淵博，自注《中候》，裁（才）及注《禮》。」龔向農《鄭君年譜》說：「案鄭君諸經注，《三禮》最先，

《周易》等。又鄭玄為批駁何休而作的《發墨守》、《針膏肓》、《起廢疾》三書，《漢書．鄭玄傳》曰：「時任城何休好公羊學，遂著《公羊墨守》、《左氏膏肓》、《谷梁廢疾》玄乃發《墨守》，針《膏肓》，起《廢疾》。休見而歎曰：『康成入吾室，操吾矛，以伐我乎！』」鄭玄一生著述頗多，〔註24〕但大多散佚，今惟有《三禮注》、《毛詩箋》完好保留，是今研究《三禮》、《毛詩》與考證古史的重要文獻。

漢代經學在發展過程中，家法紛紜，章句日繁，〔註25〕鄭玄以古文經學為主，兼采今文經學之長，廣博匯通各家，使今、古文經學在一定程度上趨於統一，如范曄《後漢書．張曹鄭列傳．鄭玄傳》曰：「鄭玄括囊大典，網羅紅家，刪裁繁誣，刊改漏失，自是學者略知所歸。」清皮錫瑞曰：「蓋以漢時經有數家，家有數說，學者莫知所從；鄭君兼通今古文，溝合為一；於是經生皆從鄭氏，不必更求各家。鄭學之盛在此，漢學之衰亦在此。」〔註26〕將漢代經學的衰落歸鄭玄，有其歷史地位。鄭玄對漢易學之「卦氣說」、「五行說」、「九宮說」等，也有拓展與完善之功。〔註27〕宋王應麟《周易鄭康成注》曰：「考玄，初從第五元先，受《京氏易》，又從馬融，受《費氏易》，故其學出入於兩家。」〔註28〕說明了鄭玄易學表現了融合今、古文易學的思想特徵，成就漢末經學與易學融合的完成者。

二、心性論之根源——易

鄭玄注《易緯．乾鑿度．卷上》之「易者以言其德也，通情無門，藏神無內也」之語，又曰：「俶易無為，故天下之性莫不自得也。」又曰：「此皆言易

如劉昭說，則《中候注》又先於《禮》，由是以推，則鄭君諸緯注，皆先諸經而成可知。鄭君注書先後，劉昭時必有明證也。」（引自楊天宇〈鄭玄生平事蹟考略〉，《河南大學學報．社會科學版》第41卷第5期，2001.9）

〔註24〕清人王鳴盛《蛾術篇》（臺北：信誼書局，1975.7）中曾列鄭氏群書表，總計著書64種282卷。

〔註25〕《後漢書．鄭玄傳》曰：「守文之徒，滯固所稟，異端紛紜，互相詭激，遂令經有數家，家有數說，章句多者或乃百餘萬言，學徒勞而少功，後生疑而莫正。」

〔註26〕皮錫瑞《經學歷史》（臺北：藝文印書館，1987.10）頁146。

〔註27〕以上鄭玄對漢易學說的貢獻，參考於高新民〈鄭玄易學思想探論〉（《隴東學院學報．社會科學版》第15卷第1期，2004.2）一文。

〔註28〕宋王應麟《周易鄭康成注》（嚴靈峰編《無求備齋易經集成》第175本，臺北：成文出版社，1976）

道無為，故天地萬物各得以自通也。」〔註 29〕鄭玄言天下萬物之性，是仿效「易」而有，且因「易」之道，萬物各得其性而相通感。鄭玄又曰：「人情變動，因設變動之爻以□之耳，大德之謂也。」〔註 30〕人之情是因以「易」之八卦的變動，而有不同表現。又曰：「萬物是八卦之象，定其位則不遷其性，淫其德矣，故各得自成者也。」〔註 31〕「易」有八卦，萬物存在，萬物之質性亦各自完成，故當「易」分際天地人，各有陰陽、剛柔、仁義三才之道，則「夫人者通之也，德之經也，故曰道德立者也。」〔註 32〕人與天、地各得其位，而具其性，則有仁義之性。因此，鄭玄是以「易」作為人之心性的最初之發源處。

「易」者，鄭玄曰：

> 易，太易也。太易變而為一，謂變為太初也。一變而為七，謂變為太始也。七變而為九，謂變為太素也。乃復變為一。一變誤耳，當為二，二變而為六，六變而為八，則與上七九意相協，不言如是者，謂足相推明耳。九言氣變之究也，二言形之始，亦足以發之耳。又言乃復之一，易之變一也，太易之變，不惟是而已，乃復變而為二，亦謂變而為太初，二變為六，亦謂變而為太始也。六變為八，亦謂變而為太素也。九，陽數也。言氣變之終，二，陰數也，言形變之始。則氣與形相隨此也。初太始之六，見其先後耳。繫辭：天一，地二，天三，地四，天五，地六，天七，地八，天九，地十。奇者為陽，偶者為陰，奇者得陽而合，偶者得陰而居，言數相偶乃為道也。孔子於易繫著此天地之數，下乃言，子曰：明天地之道本此者也，一變而為七，是今陽爻之象，七變而為九，是今陽爻之變。二變而為六，是今陰爻之變，六變而為八，是今陰爻之象。七在南方，象火。九在西方，象金。六在北方，象水。八在東方，象木。自太易至太素，氣也形也，既成四象，爻備於是。清輕上而為天，重濁下而為地，於是而開闔也。天地之與乾坤，氣形之與質，本同時如

〔註 29〕注「氣更相實」語。

〔註 30〕注「夫八卦之變，象感在人」語。

〔註 31〕注「君道倡始，臣道終正，是以乾位在亥，坤位在未，所以明陰陽之職，定君臣之位也」語。

〔註 32〕注「易有六位三才，天地人道之分際也。三才之道，天地人也。天有陰陽，地有剛柔，人有仁義，法此三者，故生六位」語。

表裏耳。以有形生於無形間，此時之言斯為之也。(《易緯·乾鑿度》注)

易及太易，太易生太初（一）、太始（七）、太素（九），太初是氣之始，太始是形之始，太素是質之始。太易是氣、形、質未分之「虛豁寂寞，不可以視聽尋」〔註33〕的狀態。太易、太初、太始、太素相生化的過程，即天地生成的過程。「易」是宇宙萬物的本源。

「易」具有三種含義？鄭玄曰：

易一名而含三義；簡易，一也；變易，二也；不易，三也。故繫辭云:「乾坤其易之蘊邪。」又云:「易之門戶邪。」又云:「夫乾確然示人易矣；夫坤隤然示人簡矣。易則易知；簡則易從。」此言易簡之法則也。又云:「為道也屢遷，變動不居，周流六虛，上下無常，剛柔相易，不可為典要，唯變所適。」此言順時變易，出入移動者也。又云:「天尊地卑，乾坤定矣；卑高以陳，貴賤位矣；動靜有常，剛柔斷矣。」此言其張設布列，不易者也。〔註34〕

天地生成與萬物化成之時，易簡之理存於其中。而陰陽相推，剛柔相易，宇宙生成後，無不在大化流行之變易中。而自然與社會雖處變化之中，但天位在上，地位在下，上尊下卑，動靜有常，而永恆不變。故「易」化生宇宙萬物的過程中，則有易簡、變易、不易的特性，並成為自然社會的法則。鄭玄又曰：

天地本無形，而得有形，則有形生於無形矣。故繫辭曰：形而上者謂之道。夫乾坤者，法天地之象，質然則有天地，則有乾坤矣。〔註35〕

以其寂然無物，故名之為太易。〔註36〕

易亦是寂寞虛無的「無」，具有寂然無為的特性。〔註37〕

〔註33〕鄭玄注「視之不見，聽之不聞，循之不得，故曰易也。易無形畔」句，曰：「此明太易無形之時，虛豁寂寞，不可以視聽尋。〈繫辭〉曰:『易無體，此之謂也。』」

〔註34〕《十三經注疏·周易正義·卷第一·論易之三名》(臺北:藝文印書館,1985.10)中「鄭玄依此義作〈易贊〉及〈易論〉」所云。

〔註35〕鄭玄注《易緯·乾鑿度》之「夫有形生於無形，乾坤安從生」語。

〔註36〕鄭玄注《易緯·乾鑿度》之「故曰：有太易，有太初，有太始，有太素也。太易者，未見氣也」語。

〔註37〕此觀點乃受老子「道」與「無」的影響。

三、心性論

（一）仁義之性

鄭玄以人與天、地並列三才，具仁義之性，又曰：

> 天之生眾民，其性有物象，謂五行仁、義、禮、智、信也。其情有所法，謂喜、怒、哀、樂、好、惡也。然而民所執持有常道，莫不好有美德之人。〔註38〕

人天生具有喜、怒、哀、樂、好、惡之情，與五行之質，即仁、義、禮、智、信，故人與生具有仁義之德。鄭玄又曰：

> 天命，謂天所命生人者也。是謂性命，木神則仁，金神則義，火神則禮，水神則信，土神則知。《孝經》說曰：「性者生之質。」命，人所察受度也。率，循也，循性行之是謂道。〔註39〕

人受命於天而具仁、義、禮、智、信之善性，故循性而行，即承天命，行天道。

鄭玄又曰：「性不見物則無欲。」〔註40〕但「知知，每物來，則又有知也，言見物多則欲益眾。」〔註41〕認為人只要與事物接觸，就容易心生欲望，尤其接觸愈多，則欲望就愈多。如「銚弋之性，始生正直，及其長大，則其枝猗儺而柔順，不妄尋蔓草木。興者，喻人少而端慤，則長大無情欲。」〔註42〕要保持自己的善性，就要不受外在事物的影響。因此，鄭玄認為欲望是使人本之善性成為惡的主要原因。

（二）以教善進

因為無欲才能保存仁義之心性，故鄭玄曰：「夫惟虛無也，故能感天下之動，惟清靜也，故能炤天下之明。」〔註43〕保持虛無、清靜之心才能與天相應和。並主張輔以教化，使善能進一步顯現出來，曰：

> 毋，禁辭。猱之性善登木，若教使其為之，必也。附，木桴也。塗之性善著，若似以登塗附，其著亦必也。以喻人之心皆有仁義，教之則進。〔註44〕

〔註38〕鄭玄箋《毛詩正義．大雅．蒸民》（臺北：藝文印書館，1985.10）

〔註39〕鄭玄注《禮記．中庸》之「天命之謂性，率性之謂道」語。

〔註40〕鄭玄注《禮記．樂記》之「人生而靜，天之性也，感於物而動，性之欲也」語。

〔註41〕鄭玄注《禮記．樂記》之「物至知知，然後好惡形焉」語。

〔註42〕鄭玄箋《毛詩正義．檜風．隰有萇楚》之「隰有萇楚猗儺其枝」語。

〔註43〕鄭玄注《易緯．乾鑿度》之「虛無感動，清淨炤哲」語。

〔註44〕鄭玄箋《毛詩正義．小雅．魚藻之什．角弓》之「毋教猱升木，如塗塗附」語。

又曰：

萬物失其性者，王政教衰，陰陽不和，群生不得其所也。〔註 45〕

鄭玄將教化的責任，付託給「王」者。而教化的內容為何？鄭玄注《禮記．王制》之「順先王詩書禮樂以造士」一語時，曰：「順此四術而教以成是士也。」因此，鄭玄主張的教化內容，不離儒家所提倡的詩、書、禮、樂，並言「教謂禮義」〔註 46〕，特別重視禮義的教化。

第三節　趙岐之心性論

一、趙岐生平

趙岐（約西元 108～201），字邠卿，京兆長陵人。初名嘉，字臺卿，因避禍逃避四方，乃改其名。《後漢書．吳延史盧趙列傳．趙岐》載：

岐少明經，有才藝，娶扶風馬融兄女。融外戚豪家，岐常鄙之，不與融相見。仕州郡，以廉直疾惡見憚。年三十餘，有重疾，臥蓐七年，自慮奄忽，乃為遺令敕兄子曰：「大丈夫生世，遯無箕山之操，仕無伊、呂之勳，天不我與，復何言哉！可立一員石於吾墓前，刻之曰：『漢有逸人，姓趙名嘉。有志無時，命也柰何！』」其後疾瘳。

永壽年間（西元 155～157），趙岐曾因京兆尹延篤之召，為功曹，因故得罪宦官唐衡之兄唐玹。「延熹元年（西元 158），玹為京兆尹，岐懼禍及，乃與從子戩逃避之。玹果收岐家屬宗親，陷以重法，盡殺之。岐遂逃難四方，江、淮、海、岱，靡所不歷。自匿姓名，賣餅北海市中。」幸得安邱孫嵩的收容，藏匿於複壁之中歷數年之久。延熹七年（165 年），唐衡死，趙岐被赦，擢拜并州刺史。靈帝初，復遭黨錮十餘歲。後又歷任議郎、太僕。「曹操時為司空，舉以自代。光祿勳桓典、少府孔融上書薦之，於是就拜岐為太常。年九十餘，建安六年卒。」趙岐多所述作，蓋《孟子章句》、《三輔決錄》傳於時。〔註 47〕

趙岐《孟子題辭》：「孝文皇帝欲廣遊學之路，《論語》、《孝經》、《孟子》皆置博士，後罷傳記博士，獨立五經而已矣。」〔註 48〕可知《孟子》在孝文

〔註 45〕鄭玄箋《毛詩正義．小雅．魚藻之什》之「刺幽王也，言萬物失其性」語。
〔註 46〕鄭玄注《禮記．王制》語。
〔註 47〕《後漢書．吳延史盧趙列傳．趙岐》
〔註 48〕《十三經注疏．孟子注疏．題辭》（臺北，藝文印書館，1985.10）頁 7。

帝時曾立為博士，於漢武帝之後，不在博士之列。漢代為《孟子》一書作注者，有程曾、鄭玄、劉熙、高誘、趙岐等，〔註 49〕除趙岐《孟子章句》完整留傳下來，其餘注本現都已亡佚。

趙岐的《孟子章句》成為現存最早的《孟子》注本。趙岐在《孟子題辭》中敘述了自己注《孟子》的體例，曰：「於是乃述己所聞，證以經傳，為之章句，具載本文，章別其指，分為上下，凡十四卷。」〔註 50〕趙岐把《孟子》各篇分章次，除分析每章與句的句讀與意義，又於每章之末加了「章指」，以概括全章大意。陸宗達在《訓詁簡論》中舉出《楚辭章句》和《孟子章句》為最能代表漢代章句學成就的兩部著作，並說：「歷代訓詁學家一向注意篇章結構的分析，漢人的章句，其弊是繁言碎辭，但在說明章旨、分析段落、指明線索、揭示大意等方面，對讀者是很有裨益的。」〔註 51〕《孟子章句》具有漢人注《經》的特色。《四庫全書總目提要》評價《孟子章句》曰：「漢儒注經，多明訓詁名物，惟此注箋釋文句，乃似後世之口義，與古學稍殊。」〔註 52〕說明了《孟子章句》的另一個特點。《孟子章句》闡釋《孟子》之「微言大義」，並表現了各人的政治、心性、修養的觀點。郜積意則曰：「如果從人情的角度來看，趙岐章句學的意義並不僅僅是研究方法的更新，更在於他在其中寄託了個人的特別感受，由於此種感受是以經書的精神作為基礎，這使得章句學擺脫了功名利祿的誘惑而轉向學術旨趣的追求。而如果從學術的角度看，趙岐通過經典的重新梳理，使得個人的身世遭際與思想情感通過學術活動而獲得更為普遍的意義，也符合『立言』的三不朽之說。」〔註 53〕也肯定趙岐《孟子章句》對《孟子》原意的引申與發揮的工夫。

二、心性論之根源——天

趙岐曰：「授人誠善之性者，天也，故曰天道。」（《孟子・離婁下》注）

〔註 49〕《後漢書・儒林列傳》載有程曾注《孟子》，曰：「程曾字秀升，……著書百餘篇，皆《五經》通難，又作《孟子章句》。」《隋書・經籍志》載有鄭玄、劉熙各注有《孟子》七卷。《呂氏春秋・序》曰：「（高）誘正《孟子章句》，作《淮南》、《孝經》。」

〔註 50〕《十三經注疏・孟子注疏・題辭》（臺北，藝文印書館，1985.10）頁 8。

〔註 51〕陸宗達《訓詁簡論》（北京：北京出版社，2002.1）

〔註 52〕《十三經注疏・孟子注疏・引言・四庫全書總目提要》（臺北，藝文印書館，1985.10）頁 1。

〔註 53〕郜積意〈趙岐《孟子注》章句學的運用與突破〉（《孔子研究》，2001，第 1 期）

〔註54〕又曰：「此乃天所與人情性，先立乎其大者，謂生而有善性也。」(《孟子．告子上》注）故「天」是人心性的根源。

趙岐有時以「天道」或「道」來代替天。趙岐稱「天」時，是強調天的主體作用，它是「天生萬物，各由一本而出」，或「非天獨與此人惡性」，或「君無道術可以揆度天意」，為生萬物，與賦予人之本性的生成者，並為人事原則的依歸者。而趙岐以「天道」代替天來說時，則強調天的屬性、特點，如：

> 天道蕩蕩乎大無私，生萬物而不知其所由來。(《孟子．滕文公上》注）

因天道「蕩蕩乎大無私」，故生萬物時，不知其所向來。〔註55〕又曰：

> 性有仁、義、禮、智之端，心以制之，惟心為正。人能盡極其心，以思行善，則可謂知其性矣。知其性，則知天道之貴善者也。(《孟子．盡心上》注）

因天道貴善，則以仁、義、禮、智賦予人之心性。〔註56〕又曰：

> 天道好生，仁人亦好生。天道無親，惟仁是與。行與天合，故曰所以事天也。(《孟子．盡心上》注）

天道因為好生與無親，所以與人有好生之仁，並能視天地萬物同仁，行大仁。因此，天道具有貴善、好生與蕩蕩無私的特性。

趙岐以「道」代替天來說時，則強調天的本體性，曰：

> 道謂陰陽，大道無形而生有形，舒之彌六合，卷之不盈握，包絡天地，稟授群生者也。言能養道氣而行義理，常以充滿五臟。若其無此，則腹腸饑虛，若人之餧餓也。〔註57〕

道有陰陽。以「言能養『道氣』而行義理，常以充滿五臟。」一段話中，將「道」與「氣」合稱來看，可知道的本質是氣。道氣充塞於天地之間，使萬物

〔註54〕本論文所引之趙岐語，皆出於《十三經注疏．孟子注疏．孟子章句》(臺北，藝文印書館，1985.10)。

〔註55〕趙岐當言「天生萬物，各由一本而出」語時，是強調「天」生萬物的作用，與言「天道蕩蕩乎大無私，生萬物而不知其所由來」時，強調天道「蕩蕩乎大無私」的屬性，有所不同。

〔註56〕趙岐有言「此乃天所與人情性」與「知其性，則知天道之貴善者也」之天（道）與人之心性的相似語，但在言「天道」賦與人之心性時，則是強調天道的「貴善」特性。

〔註57〕此段話，引自於清焦循《孟子正義．公孫丑上》(臺北：世界書局，1992.4)之趙歧注。

稟受而有生命，並行義理。道氣何以能行義理？趙岐曰：

> 言此至大至剛，正直之氣也。然而貫洞纖微，治於神明，故言之難也。養之以義，不以邪事幹害之，則可使滋蔓，塞滿天地之間，布施德教，無窮極也。(《孟子・公孫丑上》注)
>
> 重說是氣。言此氣與道義相配偶俱行。義謂仁義，可以立德之本也。(《孟子・公孫丑上》注)

道即氣，故趙岐還是與許多的漢代思想家一樣，多以氣構成宇宙萬物的要素，成就氣化的宇宙論。

三、心性論

（一）心性之本

1. 心性皆善

趙岐曰：「人之心性皆同也。」(《孟子・告子上》注) 人的心性都相同，乃同為善，又曰：

> 人性生而有善，猶水之欲下也。所以知人皆有善性，似水無有不下者也。躍，跳。顙，額也。人以手跳水，可使過顙，激之可令上山，皆迫於勢耳，非水之性也。人之可使為不善，非順其性也，亦妄為利欲之勢所誘迫耳，猶是水也。言其本性非不善也。(《孟子・告子上》注)

趙岐認同孟子以水往下流的特性，比喻人之性善的說法。又曰：「仁、義、禮、智，人皆有其端，懷之於內，非從外銷鑠我也。」〔註58〕仁、義、禮、智是人天生就具有的道德，非後天的學習而來的，故曰：「仁義生於內，由其中而行，非強力行仁義也。故道性善，言必稱於堯舜。但君子存之，庶民去之而不由爾。」(《孟子・離婁下》注) 人人皆仁義之行，可以為堯舜者。我與堯舜之性同。

趙岐認為人除了與堯舜同本性善外，「凡人皆有與賢人相近之心」(《孟子・告子上》注)，故「人皆有仁義之心」(《孟子・告子下》注)，「言人人皆有不忍加惡於人之心也」(《孟子・公孫丑上》注)。趙岐又曰：「仁心，性仁也。」(《孟子・離婁上》注) 因此，人生來同時具有仁心、仁性，心性皆

〔註58〕趙岐注《孟子・公孫丑》曰：「惻隱之心，仁之端也；羞惡之心，義之端也；辭讓之心，禮之端也；是非之心，智之端也。」之「端」字，釋為「首」，曰：「人皆有仁義禮智之首。」

善。趙岐又曰：

> 其所為萬事有梏亂之，使亡失其日夜之所息也。梏之反覆，利害於其心，其夜氣不能復存也。人見惡人禽獸之行，以為未嘗存善木性，此非人之情也。(《孟子・告子上》注)

趙岐將惡人置於與禽獸之列。而「所以惡乃至是者，不能自盡其才性也。故使有惡人，非天獨與此人惡性。其有下愚不移者也，譬若乎被疾不成之人，所謂童昏也。」(《孟子・告子上》注)會成為惡人，非天生惡性，乃不能盡其才性之故。趙岐將人之「善性」又稱為「才性」〔註 59〕，不包含生理之性。

2. 欲不謂性

趙岐以為人人皆有善性，亦承認人具有「人之甘食、悅色者，人之性也」(《孟子・告子上》注)之生理之欲性，曰：

> 四體謂之四肢，四肢懈倦，則思安佚不勞苦。此皆人性之所欲也，得居此樂者，有命祿，人不能皆如其願也。凡人則有情從欲而求可身，君子之道，則以仁義為先，禮節為制，不以性欲而苟求之也，故君子不謂之性也。(《孟子・盡心下》注)

四肢、耳目口心之欲，亦人之性，但「人之可使為不善，非順其性也，亦妄為利欲之勢所誘迫耳，猶是水也。言其本性非不善也。」(《孟子・告子上》注)人之欲常受外在的牽引，而為不善，且趙岐確切地說：「務口腹者為小人。」(《孟子・告子上》注)因此，君子不謂之性。趙岐將欲性排除在其所稱「善性」的範圍外。

3. 性情相表裏

趙岐曰：

〔註 59〕趙岐將《孟子・告子上》：「仁、義、禮、智，非由外鑠我也，我固有之也，弗思耳矣。故曰求則得之，舍則失之。或相倍蓰，而無算者，不能盡其才者也。」之「才」釋為「才性」。李沈陽《漢代人性論研究》(華中師範大學，博士論文，2008.8)頁 94：「把《孟子》的『才』注解為『才性』，反映出在趙岐的思想中，才與性一樣都是天賦予的，這是魏晉時期才性問題上四本論的主張之一，是魏晉人性論的一個重要問題。」李沈陽將趙岐所說的「才性」，解釋為「才」與「性」之合稱，並認為與魏晉時期所謂的「才性」相當。其實，趙岐所釋之「才性」，指具有仁義道德之「善性」，不似魏晉時期所謂可能包含「聰明秀出謂之英，膽力過人謂之雄」(《人物志・英雄》)之具有玄智能謀與勇力排難之材能。魏晉時期所謂的「才性」是受到漢代品類說性，及「尚智」思想的影響而繼續發展的結果。

> 所以言人皆有是心，凡人暫見小孺子將入井，賢愚皆有驚駭之情，情發於中，非為人也，非惡有不仁之聲名，故怵惕也。（《孟子‧公孫丑上》注）

人有惻隱之心，暫見小孺子將入井，則發驚駭之情，情發於心性，故曰：

> 性與情相為表裏，性善勝情，情則從之。《孝經》云「此哀戚之情」，情從性也。能順此情，使之善者，真所謂善也。若隨人而強作善者，非善者之善也。（《孟子‧告子上》注）

性與情相為表裏，因性為善，情從善性，而發「哀戚之情」。然人有不善之情，乃因不順心性而發，是受外物牽動的原故。又曰：

> 孟子曰：耆炙同等，情出於中。敬楚人之老，與敬己之老，亦同己情性敬之。雖非己炙，同美，故曰物則有然者也。（《孟子‧告子上》注）

能敬人之老，如敬己之老，乃性情相應，情能發於心性的表現。

（二）心性之變因

趙岐認為人之心性本為善，「人之可使為不善，非順其性也，亦妄為利欲之勢所誘迫耳，猶是水也。言其本性非不善也。」或「若為不善者，非所受天才之罪，物動之故也。」人為不善是因「利欲之勢所誘迫」或「物動之故」，皆受到外在環境的影響。趙岐強調凶歲使人之本善的心性，無法表現出來，曰：

> 非天降下才性與之異也，以饑寒之厄陷溺其心，使為惡者也。（《孟子‧告子上》注）
>
> 恒心，人常有善心也。惟有學士之心者，雖窮不失道，不求苟得耳。凡民迫於饑寒，則不能守其常善之心也。（《孟子‧梁惠王上》注）

飢寒之災難，會使人陷溺本有之心性，而為惡。

雖然外在環境是改變心性的重要原因，但最主要因素，是自己的主動把持力量，趙岐曰：

> 自謂不能為善，自賊害其性，使不為善也。（《孟子‧公孫丑上》注）
>
> 仁、義、禮、智，人皆有其端，懷之於內，非從外銷鑠我也。求存之，則可得而用之；舍縱之，則亡失之矣。（《孟子‧告子上》注）

人人皆有仁、義、禮、智之心性，若能「能存其心，養育其正性」（《孟子‧盡心上》注），即使「瞽瞍為父，不能化舜為惡。紂為君，又與微子、比干有兄弟之親，亦不能使其二子為不仁。」（《孟子・告子上》注）若自賊害心性，則為不善。

（三）修養工夫

1. 持其心志

趙岐以為使人之心性改變的主要關鍵，在於人的主動把持作用，因此，在心性的改善上，趙岐重視心的主動制治作用〔註60〕，曰：

> 性有仁、義、禮、智之端，心以制之，惟心為正。人能盡極其心，以思行善，則可謂知其性矣。（《孟子・盡心上》注）

發揮心的制治與思慮功能，知善行善。趙岐又曰：

> 志，心所念慮也。氣，所以充滿形體，為喜怒也。志帥氣而行之，度其可否也。（《孟子・公孫丑上》注）
>
> 志為至要之本，氣為其次焉。（《孟子・公孫丑上》注）
>
> 言志所向，氣隨之當正。持其志，無亂其氣，妄以喜怒加人也。（《孟子・公孫丑上》注）

志是心思的貫注，它能帶動人的精神，若能堅持其善之心志，則不會妄以喜怒加人。若「心官不思善，故失其道而陷為小人也。」（《孟子・告子上》注）故「天所與人情性，先立乎其大者，謂生而有善性也。小者，情欲也。善勝惡，則惡不能奪之而已矣。」（《孟子・告子上》注）先立心志之大，棄情欲、口腹之小，〔註61〕則惡不能入吾身。

而心是思慮的主體，亦須防其走作，故趙岐又曰：

> 匡正直其曲心，使自得其本善性，然後又從而振其羸窮，加德惠也。（《孟子・滕文公上》注）

心若有偏邪，則當使之正直，返本來善之心性。

2. 擴充心性

趙岐繼承孟子擴充心性的涵養工夫，曰：

> 凡有四端在於我者，知皆廓而充大之，若火、泉之始微小，廣大之則無所不至。以喻人之四端也，人誠能充大之，可保安四海之民，

〔註60〕趙岐《孟子・盡心上》注：「心者，人之北辰也。」

〔註61〕趙岐《孟子・告子上》注：「小，口腹也。大，心志也。」「大體，心思禮義。小體，縱恣情欲。」

誠不充大之，內不足以事父母，言無仁義禮智，何以事父母也。(《孟子・公孫丑上》注)

將存在於善之心性，擴大充實，近可事奉父母，遠可保安四海。故心性的充實發揮，可以實踐內聖外王的境地。

3. 依禮而行

趙岐曰：

凡人則有情從欲而求可身，君子之道，則以仁義為先，禮節為制，不以性欲而苟求之也。(《孟子・盡心下》注)

言人不可觸情從欲，須禮而行。(《孟子・滕文公下》注)

生理情欲亦是天生而有，然亦為外物所牽羈，而為不善，故須禮節為制，使其在合情合理的範圍內發展，作到「己之可欲，乃使人欲之，是為善人。己所不欲，勿施於人也。有之於己，乃謂人有之，是為信人。」〔註62〕(《孟子・盡心下》注)己欲而欲人，己所不欲，勿施於人的作為。

第四節　《老子想爾注》之心性論

一、《老子想爾注》作者

《老子想爾注》是早期道教的主要經典之一，以訓注《老子》來闡發道教的思想。其作者一說為張陵注〔註63〕，一說為張魯注〔註64〕，饒宗頤著《老子想爾注校證》採取折中說法，曰：「當是張陵之說而魯述之，或魯所作而托始於陵。」〔註65〕成書當於東漢末年，後散佚。清末在敦煌莫高窟發現六朝

〔註62〕趙岐《孟子・盡心下》又注：「充實善信，使之不虛，是為美人。美德之人也。充實善信而宣揚之，使有光輝，是為大人。大行其道，使天下化之，是為聖人。有聖知之明，其道不可得知，是為神人。人有是六等，樂正子能善能信，在二者之中，四者之下也。」趙岐將實踐心性的程度，共分為六等，乃漢代思想家常以品類說上下之例。

〔註63〕作唐玄宗御製《道德真經疏・外傳》引《道德經想爾注・二卷》曰：「三天法師張道陵所注。」與杜光庭《道德真經廣聖義序》亦曰：「三天法師張道陵所注。」

〔註64〕《道藏》(北京文物出版社、上海書店、天津古籍出版社三家本，1988.12)中《老君傳授經戒儀注訣・序次經法》稱《想爾訓》曰：「系師(張魯)得道，化道西蜀，蜀風淺末，未曉深言，托遘想爾，以訓初迴。」

〔註65〕饒宗頤著《老子想爾注校證・題解》(上海：古籍出版社，1991.11)

寫本殘卷。

饒宗頤認為《老子想爾注》「注語頗淺鄙，復多異解，輒與《老子》本旨乖違。」〔註 66〕《老子想爾注》多異文異解，尤以「改字」被視為特殊之處。〔註 67〕卿希泰《中國道教史》曰：「《想爾注》的長期埋沒，大概與其夾染房中術，易為世人詬病有一定關係。」〔註 68〕認為《老子想爾注》失傳的原因，與內容有關。就宗教的立場來看，《老子想爾注》是注釋《老子》思想，初轉化為宗教神學，以闡揚道教神仙長生之說為主。而其心性論則在道家的基礎上，結合儒家的忠孝仁義而發展，並將修身養性、向善去惡方法，演變成宗教性的「道誡」。

二、心性論之根源——道

《老子想爾注》的思想，是以「道」為中心，建立起以「道」為最高精神本體，與萬物生成的根本，其心性論也不離「道」展開。《老子想爾注》所謂的「道」具有以下的屬性：

（一）自然性

《老子想爾注》之道，一方面繼承《老子》之「先天地生」、「視之不見」、「聽之不聞」、「搏之不得」的虛無自然之道。《老子想爾注》之道在自然屬性的表現上，具有幾項重要涵義，第一，道是宇宙萬物之本源，《老子想爾注》曰：

> 道者天下萬事之本。（第 14 章注）
>
> 道雖微小，為天下母。（第 32 章注）

道微小，然天地萬物皆由道而生，因道而成。第二，道自然清靜，《老子想爾注》曰：

> 自然者，與道同號異體。（第 25 章注）
>
> 道常無欲樂清靜，故令天地常正。（第 37 章注）
>
> 自然，道也，樂清靜。希言，入清靜。合自然，可久也。（第 23 章注）

〔註 66〕饒宗頤著《老子想爾注校證》（上海：古籍出版社，1991.11）頁 5。

〔註 67〕饒宗頤《老子想爾注校證》頁 76～77，曰：「《想爾注》頗多異文異解，衡以河上諸本，似故為改字，以樹新義，雖未盡符《老子》之旨，而張陵立教，別有用心，亦足以存古說。」

〔註 68〕卿希泰主編《中國道教史》（四川：人民出版社，1996.12）頁 192。

道自然、無欲、清靜，故可久。〔註69〕第三，道即氣，《老子想爾注》曰：

> 道氣在間，清微不見，含血之類，莫不欽仰。（第6章注）
>
> 樸、道本氣也，人行道歸樸，與道合。（第28章注）

《老子想爾注》道氣連稱者，又如「道氣隱藏」（第15章注）、「道氣歸根」（第16章注）、「道氣微弱」（第78章注），強調道、氣合一，氣是道的表現形式，道即氣。第四，道是精，《老子想爾注》曰：

> 萬物含道精，並作，初生起時也。（第16章注）
>
> 有道精，分之與萬物，萬物精共一本。……所以精者，道之別氣也，入人身中為根本。（第21章注）

「道」與「精」是萬物存在的根本。而「精」為「道」之「別氣」，「精」也是氣。精與氣皆由「道」所從出，是構成「道」基本的屬性。故精是道的一種呈現。《老子想爾注》所謂「道」具有自然屬性上，是保留《老子》自然之「道」的部份。

（二）宗教性

《老子想爾注》並將「道」化為具有意志、喜怒好惡，及能賞善罰惡的主宰者，曰：

> 見惡人，誡為說善，其人聞義則服，可教改也。就申道誡示之，畏以天威，令自改也。（第19章注）
>
> 道設生以賞善，設死以威惡。死是人之所畏也，仙王士與俗人同知畏死樂生，但所行異耳。俗人莽莽，未央脫死也。俗人雖畏死，端不通道，好為惡事，奈何未央脫死乎。仙士畏死，通道守誡，故與生合也。（第20章注））
>
> 道性不為惡事，故能神，無所不作，道人當法之。（第37章注）

道是具有宗教人格神的宰制者，亦具有權威的特性，令人生畏，故要畏天，方能「尊道」。

《老子想爾注》之道具有宗教神學意義外，又是宇宙萬物的本源，而將二者統一起來的中介者，即「一」，曰：

> 一者道也，今在人身何許？守之云何？一不在人身也，諸附身者悉

〔註69〕《老子想爾注．第10章注》：「或言虛無，或言自然，或言無名，皆同一耳。」《老子想爾注．第23章注》：「不合清靜自然，故不久竟日也。」

世間常偽伎，非真道也；一在天地外，入在天地間，但往來人身中耳。……一散形為氣，聚形為太上老君，常治崑崙，或言虛無，或言自然，或言無名，皆同一耳。（第 10 章注）

「一」是道，散形為氣，聚形為太上老君，將宇宙自然本源與太上老君，分屬「一」的聚散之差別，道是表象的人格神，同時亦是宇宙本體，故「不可見，如無所有也。道至尊，微而隱，無狀貌形像也。」（第 14 章注）道是至尊且神、不可見知的本體。

道是人敬畏的對象，是人行為的依歸，《老子想爾注》曰：

人非道言惡，天輒奪算。今通道言惡，教授不邪，則無適也。（第 27 章注）

行道者生，失道者死。（第 24 章注）

是人應遵循的一切規則，人棄惡向善也源於「道」的規定。因此，道代表著善的價值。

三、心性論

（一）以「知心」分上下

《老子想爾注》曰：

知道，上知也。知也惡事，下知也。雖有上知，當具識惡事，改之不敢為也。（第 17 章注）

能認識「道」者，是屬於上知之人，而只知惡事者，是屬於下知之人。《老子想爾注》以心認知善（道）或惡，分別上下之資。然具有認知善的能力還不夠，還要了解惡事之起因，及可能造成的結果，而不敢為。《老子想爾注》分別上知與下知，是立在認知能力的基點上，不似孟子認為有良知即有良能，或莊子以為「至人用心若鏡，不將不迎，應而不藏，故能勝物而不傷。」（《莊子・應帝王》）至人能用心若鏡，則能成「無己」之行。孟子與莊子皆主張能知即能行，故有聖人之資者，即能行聖人之事。而《老子想爾注》將「知」與「行」劃分開來，上知者，雖能知善，但不一定就不會行惡事，所以，《老子想爾注》還要說「雖有上知，當具識惡事，改之不敢為也。」已思考到知與行的關係。

而《老子想爾注》稱能知善又能行者為「上士」，曰：

上士心通，自多所知，知惡而棄，知善能行，勿敢為惡事也。（第 10

章注)

《說文》曰:「士,事也。」乃指處事有才能者。「上士」是知善能行,又知惡而不為的人,與《老子‧第41章》曰:「上士聞道,勤而行之。」意義相同,皆能知「道」而力行的人。因此,《老子想爾注》認為「上知」有優秀的資質,並不一定會成為善人。惟「上士」才兼具知與行,能為善之人。

(二)以「性」為善

《老子想爾注》不說人性之善惡,而從認知心別上下之資,但言「腹者,道囊,氣常欲實。心為凶惡,道去囊空。空者耶入,便煞人。虛去心中凶惡,道來歸之,腹則實矣。」(第3章注)人之腹部,有如充滿「道」的囊袋,當心為凶惡,則腹中之「道」會散去,當心為吉善時,「道來歸之」。若本來就不具有,何言「來歸」?故《老子想爾注》應認為人內在本有「道」的存在,才會心為吉善時,「道」會回復。又曰:

> 情性不動,喜怒不發,五藏皆和同相生,與道同光塵也。(第4章注)

當人不與外物相接,喜怒不發之時,則不動之情性與「道」相同。也就說人之內在本質具有與道同質的特性,性即道,因此,《老子想爾注》乃持「性善」的看法。人之性本為善,與外物接觸後,才有善惡的分別。

(三)心能規善惡

而《老子想爾注》以「心」作為把持善惡處,曰:

> 心者,規也,中有吉凶善惡。腹者,道囊,氣常欲實。心為凶惡,道去囊空。空者耶入,便煞人。虛去心中凶惡,道來歸之,腹則實矣。(第3章注)

道存於腹中,故人內在具有善的為本質。心是規制萬事的主宰者,〔註70〕它可以是善或惡的呈現,故「中有吉凶善惡」,不是同時存有善惡之質。心與外接,若「精心鑿道意」(第10章注)則「信道行善,無惡跡也」(第27章注),若「心不念正」(第12章注),則「思欲損身,彼貪寵之人」(第13章注),為惡。所以,當心充實著凶與惡,則道去;心充實著吉與善,則道存。因此,心是善惡的根源,「心不專善,無堤封;水必去,行善不積;源不通,水必燥幹;決水溉野,渠如溪江。」(第21章注)心可善可惡,「心者,規也」,亦是

〔註70〕《老子想爾注‧第21章注》:「心應規制萬事,故號明堂。」

衡量善惡的主宰。而心存善惡的結果，當取決於認知能力的優劣，上知者心善，下知者心惡。

（四）志隨心有善惡

心可有善或惡，並能規制萬事，但要實現善，有賴於「志」的堅持，《老子想爾注》曰：

> 道在天下，譬如江海，人一心志道，當如谷水之欲歸海也。（第 32 章注）

志於道，有如谷水入海，則能依道而行。又「道誠甚難，仙士得之，但志耳，非有伎巧也。」（第 33 章注）想成為「仙士」沒有什麼技巧，只是立志而為而已。

而志者，為心之意向。因此，立志之前，還是端看心所存善或惡，《老子想爾注》曰：

> 志隨心有善惡，骨隨腹仰氣。強志為惡，氣去骨枯，弱其惡志，氣歸髓滿。（第 3 章注）

心有善惡，志隨心有善惡。因此，人性為善，但心與外物接觸，易趨於惡，而志是隨著心的善惡意向，實踐於行為上。

（五）還歸道素

《老子想爾注》曰：

> 故雖天地有失，為人為誠，輒能自反，還歸道素。（第 15 章注）

天地有失，人又易趨惡，因此，人應常反省自己，使能回復道的本質。《老子想爾注》在心性的修養上，主張「還歸道素」，並有以下具體的要點：

1. 為善至誠

《老子想爾注》教「人當法水，心常樂仁善」（第 8 章注），而行善必須至誠，曰：「為善至誠而已。」（第 30 章注）因至誠者，能專一向善，心不生邪志，曰：

> 中道為正，至誠能閉邪志者，雖無關鍵，永不可開。不至誠者，雖有關鍵，猶可開也。……至誠者為之，雖無繩約，永不可解。不至誠者，雖有繩約，猶可解也。（第 27 章注）

至誠者，不須外在的約束，可以主動遵守規則。又曰：

> 所以者，尊大其化，廣聞道心，人為仁義，自當至誠，天自賞之；

不至誠者，天自罰之。天察必審於人，皆知尊道畏天，仁義便至誠矣。（第 19 章注）

至誠為善者，天自賞之，不至誠者，天自罰之。而《老子想爾注》所謂的善，亦包括儒家所謂的仁義等道德，曰：

上古道用時，以人為名，皆行仁義，同相像類，仁義不別。……道用時，家家慈孝，皆同相類，慈孝不別。（第 18 章注）

仁義、孝慈皆是道的內容。道是善的代表，其實，《老子想爾注》把形而上的道，落實到形而下，成為「道誡」〔註 71〕，曰：「人欲舉事，先考之道誡，安思其義不犯道，乃徐施之。」（第 15 章注）又曰：「奉道誡，積善功，積精成神，神成仙壽。」（第 13 章注）奉道誡，至誠為善，最終目地的是得仙壽，成為仙士。

2. 清靜為務

《老子想爾注》曰：

道人當自重精神，清靜為本。（第 26 章注）

自然，道也。樂清靜，希言入清靜；合自然，可久也。……不合清靜自然，故不久竟日也。（第 23 章注）

勉人當重精神，以清靜為根本。道本清靜，故能合清靜自然，則可長久。因「求生之人，與不謝，奪不恨，不隨俗轉移，真思志道，學知清靜，意當時如癡濁也。」（第 15 章注）內心清靜，不隨俗轉，為得道成仙之基礎，故「常清靜為務」（第 15 章注）。

3. 節欲不爭

《老子想爾注》曰：

情欲思慮怒喜惡事，道所不欲，心欲規之，便即制止解散，令如冰

〔註 71〕《老子想爾注》以「道」為依據，來解釋道教的教義、教理，並把「道」具體化為向善去惡、修身養性、治理國家的準則，形成「道誡」，以制約或誘導教徒修行達到長生。而通觀《老子想爾注》之注文，並沒有「道誡」的具體教規，只是依據《老子》的內容，在注中強調「務從道誡」（第 27 章注）、「奉道誡」（第 13 章注）、「勿違道誡」（第 8 章注）。然在《道藏．第 18 冊》（北京文物出版社、上海書店、天津古籍出版社三家本，1988.12）中，有題名《太上老君經律》之戒律，列有九行二十七戒，其中「九行」之前，題為「道德尊經想爾戒」。「九行」即「九戒」，分上中下三品，共九條。上品戒文是行無為、行柔弱、行守雌勿先動。中品戒文是行無名、行清靜、行諸善。下品戒文是行無欲、行知止足、行推讓。

見日散沟。（第 15 章注）

情欲發動，易招惡事，也不符道的性質，故要透過心來加以規制，使欲不生。又《老子想爾注》認為不爭是節欲的最佳方法：

求長生者，不勞精思求財以養身，不以無功劊取祿以榮身，不食五味以悠，衣弊履穿，不與俗爭。（第 7 章注）

因為不與俗爭，故不求財以養身，不以無功以榮身，不食五味以悠，如「水善能柔弱，像道，去高就下，避實歸慮，常潤利萬物，終不爭，故令人法則之也。」（第 8 章注）水因不爭，故像道。如「聖人不與俗人爭，有爭，避之高逝，俗人如何能與之共爭乎？」（第 22 章注）聖人不爭，俗人反而不與其相爭。節欲與不爭，可以相互制約與影響。節欲是常為儒家所提的修養工夫，而不爭是老子重要的主張，《老子想爾注》此「節欲不爭」心性修養方法，再一次表現儒道融合的結果。

第五節　荀悅之心性論

一、荀悅生平

荀悅（西元 148～209），字仲豫，潁川潁陽人，荀子第十三世孫。《後漢書．荀悅傳》：「悅年十二，能說《春秋》。家貧無書，每之人閒，所見篇牘，一覽多能誦記。性沈靜，美姿容，尤好著述。」荀悅祖父荀淑升至儒世宗師，「當世名賢李固、李膺等皆師宗之。」（《後漢書．荀淑傳》）其有八子品高德重，被稱為「八龍」，與遠古傳說的高陽帝之八子相媲美。荀家住處也由西豪改為高陽。可見，在當時荀家的社會地位與威望相當高。因此荀悅家在「黨錮之禍」受到牽連，其叔叔荀爽「遭黨錮，隱於海上，又南遁漢濱，積十餘年。」（《後漢書．荀爽傳》荀悅也被迫「託疾隱居，時人莫之識。」後入仕獻帝朝，初辟鎮東將軍曹操府，遷黃門侍郎。獻帝頗好文學，悅與彧及少府孔融侍講禁中，旦夕談論。累遷祕書監、侍中。」六十一歲卒於官。

荀悅因「時政移曹氏，天子恭己而已。悅志在獻替，而謀無所用。」（《後漢書．荀悅傳》）故總結歷史經驗教訓，並以儒家之道，衡量先代與漢代政治之得失，而作《申鑒》五篇，以供君主借鏡之用。「其所論辯，通見政體」，獻帝覽而善之。《申鑒》一書反映了荀悅的哲學與政治思想。

獻帝以班固《漢書》難讀，命荀悅仿《左傳》之體，對《漢書》刪繁存要。經過三年的工夫，完成《漢紀》一書。《漢紀》共三十卷，上起秦二世元年（西元前 209），下迄王莽十五年（西元 23），凡十二世，十一帝，共二百四十二年。《漢紀》「辭約事詳，論辯多美」（《後漢書·荀悅傳》），開創我國編年斷代史之先河。

歷來對荀悅的研究，以近代較為廣泛，或論其哲學思想，或社會政治，或史學思想，或人性道德。而後人對荀悅思想的性質，一方以其思想主要根源於傳統儒學，故稱為「正統儒家學派說」，一方則側重於荀悅對漢末思想所作的批判與反省，而稱其為「漢末批判思潮」。如鄭師許與日人渡邊秀方將荀悅歸為儒家學派者。〔註 72〕而任繼愈、周舜南以荀悅是屬於漢末社會批判思潮代表人物。〔註 73〕周桂鈿《秦漢思想史》雖言荀悅之思想本質：「仍然以儒家思想仁義之道作為指導思想，說到底，仍然屬於經學範疇。」〔註 74〕然還是將其作為漢末社會批判思潮之代表人物。

有關荀悅之社會政治思想之看法，劉澤華主編《中國政治思想史·秦漢魏晉南北朝卷》探討荀悅之政治思想，並與仲常統比較，曰：

> 在以德刑治國的實施過程中，注重統治者的以身作則。與仲常統相比，荀悅再德刑並用的基礎上還進一步提出了一系列治國之術。〔註 75〕

夏增民則認為倫理思想是荀悅政治思想的方法論；荀悅之政治內涵，包括君臣、德刑之關係，與重民、明制思想，反映東漢末年儒法與儒道思想合流的傾向。〔註 76〕

有關荀悅在史學上的成就，鄭先興認為荀悅對史料編寫的原則，展現了史學發展中，史家主體意識的進一步覺醒。且將荀悅的史學稱為「政治史學」。〔註 77〕而張濤〈荀悅的經學思想與漢代經今古文學之爭的終結〉一文中，認

〔註 72〕鄭師許之說見於〈漢末年儒家學者荀悅的思想〉（《青年進步》，1931 年 141 期）。渡邊秀方之說見於其著，劉侃方譯《中國哲學史概念·漢代哲學》（臺北：台灣商務印書館，1976）之第十二章〈荀悅〉。

〔註 73〕任繼愈之說見於其主編《中國哲學發展史·秦漢卷》。周舜南之說見〈東漢後期的社會批判思潮〉（《船山學報》，1999 年 2 期）一文。

〔註 74〕周桂鈿《秦漢思想史》（石家莊：河北人民出版社，2000.1）頁 471。

〔註 75〕劉澤華主編《中國政治思想史·秦漢魏晉南北朝卷·第八章》（杭州：浙江人民出版社，1996.11）

〔註 76〕夏增民〈試論荀悅政治思想簡論〉（《華中理工大學學報·社會科學版》，2000 年 4 期）頁 11～15。

〔註 77〕鄭先興〈荀悅對史學理論的貢獻〉（《南都學運·哲學社會科學版》，1999 年 4 期）頁 6～9。

為荀悅將今古文經的內容分為文字與經說，「成為經學分類中最早的一種分法。」〔註 78〕

而對於荀悅雖繼承董仲舒「天人相應」說，卻強調人是應順天地的自然規律，將董仲舒之人格神之天的天人相應的理論軸心摧毀，陳啟雲曰：「荀悅的思想結束了漢代思潮的最後篇章，並開始了中古思想史的心段落。」〔註 79〕

二、心性論之根源——天與道

荀悅繼承董仲舒以來的天人相應說，以天為至上權威的主宰。曰：

> 人主承天命以養民者也。民存則社稷存，民亡則社稷亡，故重民者，所以重社稷而承天命也。(《申鑒．雜言上》)〔註 80〕
>
> 惟先哲王之政，一曰承天，二曰正身，三曰任賢，四曰恤民，五曰明制，六曰立業。承天惟允，正身惟常，任賢惟固，恤民惟勤，明制惟典，立業惟敦，是謂政體也。(《申鑒．政體》)

君主奉天而治理人民。其為政第一要受命於天，以身做作則，先端正己身，才能立人。又曰：

> 凡三光精氣變異，此皆陰陽之精也。其本在地。而上發於天也。政失於此。則變見於彼，由影之象形。響之應聲。是以明王見之而悟。敕身正己。省其咎。謝其過。則禍除而福生。自然之應也。(《漢紀．高皇後紀》)〔註 81〕

天也應襯著人事的變化與發展，人也要秉承天意而行。

荀悅以天主宰著政治與人事的變化，也主張人之心性是上天所賦予的，曰：

> 或問性命。曰：「生之謂性也，形神是也；所以立生終生者之謂命也，吉凶是也。夫生我之制，性命存焉爾。(《申鑒．雜言下》)

雖荀悅只言「生之謂性也」，沒有指明「天」對心性的主體作用性，然在以天

〔註 78〕張濤〈荀悅的經學思想與漢代經今古文學之爭的終結〉(《河南大學學報》，1995 年 1 期）頁 50。

〔註 79〕陳啟雲《中國古代思想文化的歷史論析》(北京：北京大學出版社，2001.2）頁 256。

〔註 80〕楊家駱主編《潛夫論．申鑒．中論》(臺北：世界書局，1975.11)

〔註 81〕荀悅此段話乃承班固《漢書．天文志》：「陰陽之精，其本在地，而上發於天者也。政失於此，則變見於彼，猶景之象形，鄉之應聲。」而來。

做為宇宙的本源與主宰中，天對人的規定性下，則心性脫離不了天的支配，故曰：

> 內不傷性，外不傷物，上不違天，下不違人，處正居中，形神以和。故咎徵不至而休嘉集之，壽之術也。（《申鑒・俗嫌》）
>
> 好寵者乘天命以驕，好惡者違天命以濫，故驕則奉之不成，濫則守之不終。（《申鑒・雜言下》）

稟中和而不傷性，乃不違於天的態度。而心之好惡的取向，則以遵循於天命為標準。人之性命受制於天，而天命於人為性。

而「天作道，皇作極。」（《申鑒・政體》）天主宰著萬事萬物，有其發展的規律，此規律為「道」。荀悅曰：

> 立天之道，曰陰與陽；立地之道，曰柔與剛；立人之道，曰仁與義，陰陽以統其精氣，剛柔以品其群形，仁義以經其事業，是為道也。（《申鑒・政體》）
>
> 經稱立天之道，曰陰與陽；立地之道，曰柔與剛；立人之道，曰仁與義，陰陽之節在於四時五行，仁義之大體在於三綱六紀，上下鹹序，五品有章。（《漢紀・高皇后紀》）

以陰陽、剛柔、仁義分別作為天、地、人之道的本質。道於天、地、人不同的範疇中，則以不同的形式呈現，它統攝萬事萬物，成為宇宙的本體與根源。荀悅又曰：

> 惟能用道，則性壽矣，苟非其性也，修之不至也。學必至聖，可以盡性，壽必用道，所以盡命。（《申鑒・俗嫌》）

道也蘊於人，成為人之心性。而仁與義是人道的本質，即為人之心性內涵。天主宰人之心性的形成，而道蘊於心性的內涵。因此，天與道在作為心性的根源上，天則是強調它的作用性，道則著重在它本體意義上。故人之心性是天所賦予，而道是在天的意志下體現於人的心性中，並且衍化於人的現實活動過程裡。

荀悅肯定漢代「天人感應」的觀念，以天作為一切的主宰，並以「天作道」，立一個道作為「通於天人之理，達於變化之數」（《漢紀・孝元皇帝紀》），為宇宙變化發展的規律。而荀悅所謂的道，主要是繼承《周易》的思想而來，曰：

> 《易》曰：「有天道焉，有地道焉，有人道焉。」（《漢紀・高皇后紀》）
>
> 《易》稱有天道焉，有地道焉，有人道焉，各當其理而不相亂也。

(《漢紀・孝武皇帝紀》)

道是天地萬物的根源及發展規律，故要化育萬物，則當「達道於天下」，遵循道而行。荀悅曰：

> 惟修六則以立道經，一曰中，二曰和，三曰正，四曰公，五曰誠，六曰通。以天道作中，以地道作和，以仁德作正，以事物作公，以身極作誠，以變量作通，〈易傳〉曰：「通其變。」又曰：「變則通是謂道實。」(《申鑒・政體》)

道也是統治者政治原則。統治者當尊道，以中和公正、真誠變通的態度與方法來治理人民。

荀悅繼承發展《周易》推天道以明人事的思想，在「天人感應」的神祕、主宰天的概念中，有另一層面的自然觀，其曰：

> 人承天地，故動靜順焉。順其陰陽，順其日辰，順其度數。內有順實，外有順文。文實順，理也。休徵之符，自然應也。(《申鑒・俗嫌》)

強調人應順應天地，遵循天道顯示的事物發展規律。並認為人若有違於天道，則會有怪異現象出現：

> 《易》稱有天道焉，有地道焉，有人道焉。各當其理而不相亂，亂則有氣變而然。……故逆天之理，則神失其節，而妖神妄興；逆地之理，則形失其節，而妖人妄生；逆中和之理，則含氣失其，而妖物妄出。此其大旨也。若夫神君之類，精神之異也。(《漢紀・孝武皇帝紀》)

因此，荀悅在主張順應天道之自然規律的相應關係，融入了天人相應的思維方式。因此道的標準在於天，這在荀悅雖發展《易經》之道，卻又回歸漢代儒者一向以天作為標準的思維。〔註82〕

三、性論

（一）形神是性

荀悅曰：

〔註82〕羅光《中國哲學思想史・兩漢、南北朝篇》(臺北：臺灣學生書局，1985.8)頁346：「道的標準在於天，乃是《書經》、《詩經》的傳統，《易經》則以天地或乾坤作標準。漢代儒者尊重帝王，以人君代表上天，乃採墨家天志的主張，以人君代表上天而作道的標準。」以為荀悅以天作為道的標準，是出於《書經》、《詩經》的傳統。

> 或問性命。曰：「生之謂性也，形神是也，所認立生終生者之謂命也，吉凶是也。」（《申鑒・雜言下》）
>
> 凡言神者，莫近於氣，有氣斯有形，有神斯有好惡喜怒之情矣。故人有情，由氣之有形也。善有白黑，神有善惡，形與白黑偕，情與善惡偕。（《申鑒・雜言下》）

荀悅引告子之「生之謂性也」來說明性是天生而有，為人之自然稟賦，其中包含「形」與「神」。形是指人的形體與具體的生命，皆因氣而具有，而有形狀不同與壽命長短的問題；神是人的精神層面而言，則有善惡的問題。

1. 形

（1）相

荀悅曰：

> 或問人形有相。曰：「蓋有之焉。夫神氣形容之相包也，自然矣。貳之於行，參之於時，相成也，亦參相敗也。其數眾矣，其變多矣，亦有上中下品雲爾。」（《申鑒・俗嫌》）

形體是指人的形貌，而神氣（精神）藏於形相之中。氣有陰陽，以「陰陽以統其精氣，剛柔以品其群形」，而「善，陽也，惡，陰也」（《申鑒・雜言下》），故氣之陰陽、剛柔、黑白，故成人之形貌有不同的差異，荀悅將其分為上、中、下三品。然精神藏於形貌之中，也能決定形相的好壞狀態的不同。

（2）壽

荀悅以形為性的範疇，亦以性作人之具體生命來說：

> 或問：「凡壽者必有道，非習之功。」曰：「夫惟壽，則惟能用道，惟能用道，則性壽矣。苟非其性，修不至也。」（《申鑒・俗嫌》）
>
> 或問曰：「仁者壽，何謂也？曰：仁者內不傷性，外不傷物……壽之術也。」（《申鑒・俗嫌》）

以上，性是指人之具體生命，即人之壽命。而壽命之長短問題，乃非人力可改變的，荀悅又曰：

> 或問神僊之術。曰：「誕哉！未之也已矣。聖人弗學，非惡生也。終始，運也，短長，數也。運數非人力之為也。」曰：「亦有僊人乎？」曰：「僬僥桂莽，產於異俗，就有僊人，亦殊類矣。」（《申鑒・俗嫌》）

生命的生死、長短是屬於機遇與氣數的問題，它是由天所決定，「苟非其性，修不至也」，所以世上沒有神仙之術。然對世上是否有仙人的問題，荀悅不持肯定的態度，說即使有仙人，當異類。而異類，是對於人以外之異類，或是人中的異類，亦不明。

2. 神

作為人之精神層面的神來說，荀悅言「凡言神者，莫近於氣，有氣斯有形」，沒有如「形」相同，直指神是稟氣而存有。然依據荀悅認為人承天意，以道蘊於人之心性的說法，神應體現道成為人性之主要內涵。荀悅又曰：「有神斯有好惡喜怒之情矣。……神有善惡，……情與善惡偕。」所以，神與情關係密切，而有「性情相應」說，並涉及善惡的問題。

（1）性情相應

荀悅曰：

> 是言萬物各有性也。觀其所感，而天地萬物之情可見矣。是言情者，應感而動者也。(《申鑒・雜言下》)

荀悅認為萬物皆性，萬物本身接觸外界有所感，而產生情，故情是受外物刺激而動。又曰：

> 凡情意心志者，皆性動之別名也。情見乎辭，是稱情也；言不盡意，是稱意也；中心好之，是稱心也；以制其志，是稱志也，惟所宜，各稱其名而已，情何主惡之有？故曰：必也正名。(《申鑒・雜言下》)

情、意、心、志是性動的結果。所以，萬物感而動，是根本之性在動。情是體現內在性的作用，即「性體情用」，故「性情相應」。

情除了是好惡的表現，也包含了欲望之情，荀悅曰：

> 或曰：「法教得則治，法教失則亂，若無得無失，縱民之情，則治亂其中乎？」曰：「凡陽性升，陰性降，升難而降易。善，陽也，惡，陰也，故善難而惡易。縱民之情，使自由之，則降於下者多矣。」(《申鑒・雜言下》)

此情作欲望說，〔註 83〕是讓人容易向下沉淪的因素，故當施以法教，而治其

〔註 83〕荀悅無明言情作欲望，然依前人如：《荀子・正名》：「欲者，情之應也。」《禮記・禮運》：「何謂人情？喜怒哀懼愛惡欲七者，弗學而能。」董仲舒〈天人三策〉：「情者仁之欲也。」許慎《說文解字》：「情，人之陰氣有欲者。」多將欲望歸入情的一種，荀悅此處的情意義相同。

亂。而就情者性之動，及性情相應的觀點，情具有降易升難的欲望，當是荀悅認為性具有惡的本質所在。

（2）善惡皆是性

荀悅對性善惡的看法，則著重「性情相應」關係的發展。荀悅對歷代所謂性或情之善惡作一總結與批評，以彰顯其對人性之善惡的主張，曰：

> 孟子稱性善；荀卿稱性惡；公孫子曰：『性無善惡』；揚雄曰：『人之性善惡渾』；劉向曰：『性情相應，性不獨善，情不獨惡。』」曰：「問其理。」曰：「性善則無四凶；性惡則無三仁人；無善惡，文王之教一也，則無周公、管、蔡；性善情惡，是桀紂無性，而堯舜無情也；性善惡皆渾，是上智懷惠，而下愚挾善也。理也未究也，惟向言為然。」（《申鑒．雜言下》）

若以孟子言「性善」，則不當有驩兜、共工、三苗、鯀之四凶；若以荀子稱「性惡」，則不應有微子、箕子、比干之仁人；若說性無善惡，則周公、管叔、蔡叔同是文王的兒子，應不會有差別；若言性善情惡，則桀、紂當沒有性，堯、舜應無情；若說性是善惡混，則上智者懷有惡意，下愚者懷有善心。荀悅認為這些主張不合情理，只有劉向以性情相應為基礎，言性不獨善，情不獨惡的說法較合理。因此，荀悅曰：

> 是言情者，應感而動者也，昆蟲草木，皆有性焉，不盡善也；天地聖人，皆稱情焉，不主惡也。又曰：「《爻》、《彖》以情言」亦如之。凡情意心志者，皆性動之別名也。「情見乎辭」，是稱情也；「言不盡意」，是稱意也；「中心好之」，是稱心也：「以制其志」，是稱志也，惟所宜，各稱其名而已，情何主惡之有？故曰：「必也正名。」（《申鑒．雜言下》）

萬物皆有性，不全是善。而性感應而動，表現於外為情，不全為惡。故聖人並非有性無情。情是受外在刺激而生，沒有天生具有善惡之資。有善惡之資是性的內涵，但也不是善惡的表現，荀悅曰：

> 或曰：「仁義性也，好惡情也，仁義常善而好惡或有惡，故有情惡也。」曰：「不然，好惡者，性之取捨也，實見於外，故謂之情爾，必本乎性矣。仁義者，善之誠者也，何嫌其常善；好惡者，善惡未有所分也，何怪其有惡。（《申鑒．雜言下》）

性有善惡之資，體現於外是好惡之情，情以性為本，即為「性內情外」之「性體情用」說。而好惡是情之表現，不能作為善惡判斷。要將好惡之情實現於行為後才有善惡之別。〔註 84〕但「性體情用」情是性的發用，情之好惡的抉擇，還是賴於性之善惡的左右，荀悅曰：

> 或曰：「人之於利，見而好之，能以仁義為節者，是性割其情也。性少情多，性不能割其情，則情獨行為惡矣。」曰：「不然。是善惡有多少也，非情也。有人如此，嗜酒嗜肉，肉勝則食焉，酒勝則飲焉，此二者相與爭，勝者行矣。非情欲得酒，性得肉也。有人於此，好利好義，義勝則義取焉，利勝則利取焉，此二者相與爭，勝者行矣，非情欲得利，性欲得義也。其可兼者，則兼取之，其不可兼者，則只取重焉，若苟只好而已，雖可兼取矣，若二好均平，無分輕重，則一俯一仰，乍進乍退。」（《申鑒·雜言下》）

在此段話中，荀悅還是強調性情相應說，不可能有性欲得肉，而情欲得酒，或性欲得義，而情欲得利的情況。好惡的傾向，是情以性為根本的表現。當情好利或好義時，也只於內在情感的義利之辨，如宋明理學的天理與人欲之辨。當所「好利」（人欲）勝了，則「取」利，展現出趨利的作為，形成惡的現象。反之，若「好義」（天理）勝了，則「取」義，展現出趨義的作為，形成善的現象。當然，亦可兼取義與利，則俯仰、進退之間，善惡參半。故性情有著主體傾向，善惡的結果，是以性為主導情的好惡，非如一些學者以為荀悅對人性的善惡，是決定於外在的條件。〔註 85〕故荀悅又曰：

> 或曰：「孟軻稱人皆可以為堯舜，其信矣？」曰：「人非下愚，則皆可以為堯舜矣。寫堯舜之貌，同堯舜之姓則否；服堯之制，行堯之道則可矣。行之於前，則古之堯舜也；行之於後，則今之堯舜也。」

〔註 84〕與董仲舒言「善質不等於善」之義相同，皆重視現實意義層面，以行為實踐來評斷善惡的結果。

〔註 85〕大多學者如羅光《中國哲學思想史·秦漢篇、南北朝篇》（臺北：臺灣學生書局，1985.8）頁 343：「荀悅說人性好惡的選擇，在於外在的機會。」姜國柱《論人·人性》（北京：中國社會科學出版發行，1989.7）頁 78：「人性好惡的選擇，在於機會，善的機會多就選擇善，惡的機會多就選擇惡。」李沈陽《漢代人性論發展脈絡研究》（湖北：華中師範大學，2005 碩士論文）頁 51：「荀悅……性的取捨，實質上反映再被選擇對象之間的搖擺。」錢國盈〈荀悅人性論〉（《嘉南學報》，2003.12）頁 455，認為荀悅所言的性之善惡，是取決於外在善惡的多寡，可能是解讀荀悅之「好利好義，義勝則義取焉，利勝則利取焉」的意思時，可能忽略了「好利」與「好義」的過程，而專注於「義勝」與「利勝」的結果。

> 或曰：「人皆可以為桀紂乎？」曰，「行桀紂之事，是桀紂也。堯舜桀紂之事，常並存於世，唯人所用而已。楊朱哭歧路，所通逼者然也。夫歧路烏足悲哉？中反焉。若夫縣度之厄素，舉足而已矣。(《申鑒．雜言下》)

成為堯舜或桀紂類者，乃因行堯舜之道，或行桀紂之事的結果。堯舜與桀紂之事，常並存於世上，唯看人所用何事，而成堯舜或桀紂。亦如楊朱泣歧路，走哪一條路是自己決定，本身歧路何罪之有。故荀悅強調人有善惡之質，而為善或為惡是在於自我意識的決定作用。〔註 86〕

荀悅又主張自我意識的決定作用，可以透過教與法，使其決定成善，曰：

> 或曰：「善惡皆性也，則法教何施？」曰：「性雖善，待教而成，性雖惡，待法而消。唯上智下愚不移，其次善惡交爭，於是教扶其善，法抑其惡，得施之九品，從教者半，畏刑者四分之三，其不移大數，九分之一也。一分之中，又有微移者矣。然則法教之於化民也，幾盡之矣。及法教之失也，其為亂亦如之。」(《申鑒．雜言下》)

荀悅根據《論語》言「中人以上可以語上」;「唯上智下愚不移」而將人性分為「唯上智下愚不移，其次善惡交爭」之上中下三品，而中品者可以施於法教，有可分為九品，故荀悅總將人性分為十一品。〔註 87〕所以上智與下愚之不移的上、下品為少數者。而「得施之九品」者，可以在其好善與惡之間，教之以「取善」，或抑其「取惡」，而成善。荀悅對人性的善惡的界說，則著重在體現行為上來說，善惡之質不成為善惡。

（二）以法教成善

荀悅認為「性雖善，待教而成，性雖惡，待法而消。唯上智下愚不移，其次善惡交爭，於是教扶其善，法抑其惡，得施之九品，從教者半，畏刑者四分之三，其不移大數，九分之一也。一分之中，又有微移者矣。然則法教之於化民也，幾盡之矣。及法教之失也，其為亂亦如之。」(《申鑒．雜言下》) 性有善惡之質，待法教之施方能成善之行為。性之善質當面臨取善或取惡的決擇時，須引導教化而使其抑制私慾，能實現善的結果；而性之惡質，教化不成

〔註 86〕「自我意識的決定作用」是屬於「心」的作用部分，與下文「心論」之「心志定善惡」所討論內容相輝映。

〔註 87〕如姜國柱、錢國盈等認為荀悅指將人性分為三品或九品，是忽略了「得施之九品」之「得施」二字的涵義。

而有惡行，則施於法治以制惡，使之畏威而不再為惡，即荀悅曰：

> 君子以情用，小人以刑用，榮辱者，賞罰之精華也。故禮教榮辱以加君子，化其情也；桎梏鞭樸以加小人，治其刑也。君子不犯辱，況於刑乎？小人不忌刑，況於辱乎？若夫中人之倫，則刑禮兼焉。教化之廢，推中人而墜於小人之域；教化之行，引中人而納於君子之途，是謂章化。(《申鑒・政體》)

君子用情，會作理智自主思考，以禮教榮辱加以教化，則可引導成善，成為君子，若不施以教化，則有可能落於小人。而「小人之情，緩則驕，驕則恣，恣則急，急則怨，怨則畔，危則謀亂，安則思欲，非威強無以懲之。」(《申鑒・政體》) 小人縱其情欲，行為易於違背正理而觸法，當以刑罰制裁，使其不敢再為惡，無惡即善的表現。〔註 88〕故「教」是著重在好惡之情到表現於外之過程的引導作用；「法」則著重在惡行結果的制裁作用。

荀悅又曰：

> 凡政之大經，法教而已矣。教者，陽之化也；法者，陰之符也。(《申鑒・政體》)

法教也是國家之政治策略，所以，荀悅認為「性雖善，待教而成，性雖惡，待法而消。」法教之施，應為君王之責，為王之法教。荀悅並以「教者，陽之化也；法者，陰之符」，將法教之施溯源於「天之道，曰陰與陽」，賦予天經地義合理性的根據。

荀悅又提出王法教之施，有幾點原則：第一，先簡後密。荀悅曰：

> 問德刑並用，常典也，或先或後，時宜，刑教不行，勢極也。教初必簡，刑始必略，事漸也，教化之隆，莫不興行，然後責備；刑法之定，莫不避罪，然後求密。未可以備，謂之虛教，未可以密，謂之峻刑。虛教傷化，峻刑害民，君子弗由也。設必違之教，不量民力之未能，是招民於惡也，故謂之傷化；設必犯之法，不度民情之不堪，是陷民於罪也，故謂之害民。莫不興行，則一毫之善，可得而勸也，然後教備；莫不避罪，則纖介之惡，可得而禁也，然後刑密。(《申鑒・時事》)

法教之施的合理順序，是由簡與略漸至備與密，若教無法達到完備，則成為

〔註 88〕以《老子》曰：「有無相生，難易相成，長短相較，高下相傾。」現象界的相對存在現象來說，無惡就等於善的存在，何況荀悅強調的善惡是體現行為來論。

虛教，法無法達到密切實在，則為峻刑。虛教傷化，峻刑害民，則有違於化民為善之本義，並有陷民於罪之過。故王之法教應把持好其合適度。

第二，賞罰並進。「教扶其善，法抑其惡」，而「賞以勸善，罰以懲惡」（《申鑒．政體》），應「以嗣賞罰，以輔法教」（《申鑒．時事》）。荀悅曰：

> 賞罰，政之柄也。明賞必罰，審信慎令。賞以勸善，罰以懲惡。人主不妄賞，非徒愛其才也，賞妄行則善不勸矣；不妄罰，非徒慎其刑也，罰妄行則惡不懲矣。賞不勸，謂之止善；罰不懲，謂之縱惡。（《申鑒．政體》）

當賞罰並用時，也要注意做到「明賞必罰」，因為妄行賞則善不勸，妄行罰則惡不懲，「賞罰失實，以惡反之，人焉怖哉」（《申鑒．時事》）。荀悅又言「榮辱者，賞罰之精華也」；「而榮辱千載，善人勸焉」（《申鑒．時事》），以榮辱為賞罰的核心內容。通過榮辱觀調整轉化自我意識，而「化其情」，確立行為方向。

荀悅又提出環境影響民性的重要性，曰：

> 或曰：「三皇民至敦也，其治至清也，天性乎？」曰：「皇民敦，秦民弊，時也；山民朴，市民玩，處也；桀、紂不易民而亂，湯、武不易民而治，政也。皇民寡，寡斯敦，皇治純，純斯清，奚惟性？不求無益之物，不蓄難得之貨，節華麗之飾，退利進之路，則民俗清矣。（《申鑒．時事》）

時代、居處與政治環境的不同，是影響民性的要素，所以，王施法教的同時，也當塑造社會風氣，使人性受到良善的薰陶而向上提升。

為增進和諧的社會風氣，荀悅提出一項具體的方法，曰：

> 惟察九風以定國常。一曰治，二曰衰，三曰弱，四曰乖，五曰亂，六曰荒，七曰叛，八曰危，九曰亡。君臣親而有禮，百僚和而不同，讓而不爭，勤而不怨，無事惟職是司，此治國之風也。禮俗不一，位職不重，小臣讒嫉，庶人作議，此衰國之風也。君好讓，臣好逸，士好遊，民好流，此弱國之風也。君臣爭明，朝廷爭功，士大夫爭名，庶人爭利，此乖國之風也。上多欲，下多端，法不定，政多門，此亂國之風也。以侈為博，以伉為高，以濫為通，遵禮謂之劬，守法謂之固，此荒國之風也。以苛為密，以利為公，以割下為能，以附上為忠，此叛國之風也。上下相疏，內外相蒙，小臣爭寵，大臣

爭權，此危國之風也。上不訪，下不諫，婦言用，私政行，此亡國之風也。（《申鑒．政體》）

君王瞭解九種國風，讓國家處於正常合諧狀態以定國常。國常即讓治國之風表現於社會。而對治理國家以進治國之風，荀悅提出選賢之策，曰：

惟恤十難以任賢能。一曰不知，二曰不進，三曰不任，四曰不終，五曰以小怨棄大德，六曰以小過黜大功，七曰以小失掩大美，八曰以奸訐傷忠正，九曰以邪說亂正度，十曰以讒嫉廢賢能。是謂十難。十難不除，則賢臣不用；用臣不賢，則國非其國也。（《申鑒．政體》）

君、臣、民是組成國家之機體，而「天作道，皇作極，臣作輔，民作基」，臣賦有輔佐君化民的任務，故君應「任賢惟固」（《申鑒．政體》），才能排除國家的十大難事，以正國風，端正社會風氣，改進民性。

（三）盡性以至命

荀悅認為法教施性而成善，應以達聖人為目的，即其曰：「學必至聖，可以盡性。」（《申鑒．俗嫌》）聖人的踐行，即為盡性。荀悅此繼承儒家傳統認為學以聖人為最高境界。而盡性則以至於命，荀悅曰：

或問天命人事。曰：「有三品焉，上下不移，其中則人事存焉爾。命相近也，事相遠也，則吉凶殊也。故曰：窮理盡性以至於命。（《申鑒．雜言下》）

「盡性以至於命」之命，乃指天命，即徐復觀說：「天命與命運不同之點，在於天命有意志，有目的性；而命運的後面，並無明顯的意志，更無什麼目的，而只是一般為人自身所無可奈何的盲目性力量。」〔註 89〕人受命於天的稟有，非指「遇」與「數」的有限具體生命，也就是「人承天地，故動靜順焉。」（《申鑒．俗嫌》）也是「立天之道，曰陰與陽；立地之道，曰柔與剛；立人之道，曰仁與義，……仁義以經其事業，是為道也。（《申鑒．政體》）以仁義為一切行事的準則為天命。而天命於人為人之性，沒有不同。然人非僅具此天命之性，尚具欲望之性，故性有善有惡，而有三品之別。上品之性者可盡天命之性承天命而吉（榮）；中品之性者可施以人事之法教，或可盡天命之性而承天命，或不能盡天命之性而違天命，吉（榮）凶（辱）有殊；下品之性者是無能盡天命之性以承天命，故遭辱，如荀悅所說：

〔註 89〕徐復觀《中國人性論史．先秦篇》（臺北：臺灣商務印書館，1969.1）頁 39。

> 好寵者乘天命以驕，好惡者違天命以濫，故驕則奉之不成，濫則守之不終，好以取怠，惡以取甚，務以取福，惡以成禍，斯惑矣。（《申鑒・雜言下》）

好寵者與好惡者乃不能盡性以成守天命者。然荀悅還是主張人當盡人事以踐聖人之行而盡性以承天命。

另外，荀悅有「立生終生者之謂命也」之命說，此命乃指具體生命。關於此命言，荀悅則主張「性以輔其命」。

荀悅說：「神氣形容之相包。」形體與精神是互相依存，人的生命（形）必與性（神）相依附。命是人的存有的基礎，性是人存有的規定性，二者統一於人身，為人存在的形態，所以，「夫生我之制，性命存焉爾」，性與命是相互依存，如宋程顥曰：「性即氣，氣即性，生之謂也。」〔註90〕性不離氣而存在，性與命不須臾離。然命之運數非人力所為，而性可盡，故荀悅曰：

> 夫惟壽，則惟能用道，惟能用道，則性壽矣。苟非其性也，修之不至也。學必至聖，可以盡性，壽必用道，所以盡命。（《申鑒・俗嫌》）

求命壽，必須依賴承天命用道以盡性，故言「性壽」，即荀悅曰：「仁者內不傷性，外不傷物，上不違天，下不違人，處正居中，形神以和，故咎徵不至，而休嘉集之，壽之術也。」（《申鑒・俗嫌》）仁者上循天道而行，下不違仁義之道，處中正，形（命）神（性）相偕合。這也是仁者的求壽之術，即所謂的「性壽」。因此，盡性則可盡命。然唯有「君子循其性以輔其命，休斯承，否斯守，無務焉，無怨焉。」（《申鑒・雜言下》）因為只有君子才能成天命用道。所以，對於具體之命言，荀悅主張「性以輔其命」，與「窮理盡性以至於命」的目標相同，皆要以承天命為歸屬。

四、心論

（一）以心來說性

荀悅曰：「凡情意心志者，皆性動之別名也。情見乎辭，是稱情也；言不盡意，是稱意也；中心好之，是稱心也；以制其志，是稱志也，惟所宜，各稱其名而已。」認為心與情、意、志是性動的結果。荀悅明確將情、意、心、志與性定義，並表明它們的關係，應該是為其「性情相應」之主張的基礎，並以

〔註90〕程顥、程頤撰《二程集・遺書・卷第一》（臺北：漢京文化公司，1983.9）頁10。

發揮「善惡皆為性」說，有別於董仲舒之「心統性善情惡」的說法。〔註91〕

荀悅雖明確主張心是性的內在發揚，並以「性情相應」來闡發其性論的觀點，然情、意、志皆從心，其實，皆為心的不同表現狀態，且荀悅定義「中心好之，是稱心也」，則好惡之情，亦心的作用莫屬。故荀悅說性時還是不離以心為中心而論。

（二）以志定善惡

荀悅認為人性有善惡之資，但不能稱為善惡。當性的善惡本質，體現於外有好惡之情，然好惡是偏向，亦非善惡，要將好惡之情實現於行為後，才有善惡之別。此善惡行為最大決定因素，在於「好利」或「好義」的義利之辨的自我意識作用。此自我意識決定作用，即「以制其志，是稱志也」，心的制導作用。當「好利」與「好義」相爭，好利之心勝了，則「取」利而惡，若好義之心勝了，則「取」義而善，這取利或取義的心理活動及實現於行為的過程，是志的作用，因此「志」決定善惡的結果。

即使荀悅又主張「教扶其善，法抑其惡」，以法教施性而成善，並以賞罰輔於法教，其掌握的原則，是「榮辱者，賞罰之精華也」的榮辱觀。榮辱是人內心的一種意識判斷，它不具強迫性，是自我約束的品性，是確立善惡行為的方向。所以「榮辱千載，善人勸焉」的內在心理的引導，最後要在「志」的作用上實現善惡結果。所以，荀悅曰：

> 或曰：「恥者，其志者乎？」曰，「未也。夫志者，自然由人，何恥之有？赴谷必墜，失水必溺，人見之也；赴阱必陷，失道必沉，人不見之也，不察之。故君子慎乎所不察。不聞大論則志不宏，不聽至言則心不固。(《申鑒．雜言下》)

羞恥之心在孟子來說是善端，但不見得就能直接體現為善行，所以，要靠「志」才能實踐於現實之中。故荀悅曰：

> 故君子本神為貴，神和德平而道通，是為保真。人之所以立德者三：一曰貞，二曰達，三曰志。貞以為質，達以行之，志以成之，君子哉。……人之所以立檢者四：誠其心，正其志，實其事，定其分。心誠則神明應之，況於萬民乎？志正則天地順之，況於萬物

〔註91〕董仲舒之「心統性善情惡」說，見於本論文第肆章第一節〈董仲舒之心性論．心統性善情惡〉之內容。

乎？……（《申鑒·雜言下》）

君子貴於精神層面的涵養，而立德的過程中，是由志來完成最後的階段性。心志正則「人承天地，動靜順焉」，體現仁義之道。荀悅強調心志的能動性與實踐力，故小人、君子在於心志的不同。

（三）心誠志正而從義

作為為善或為惡，成君子或成小人的自主決定與實踐的作用力——心，荀悅認為此心當要有所把持與涵養的，其曰：

> 心誠則神明應之，況於萬民乎？志正則天地順之，況於萬物乎？……（《申鑒·雜言下》）

心要誠，志要正才能循道而行。荀悅又曰：

> 惟修六則以立道經。一曰中，二曰和，三曰正，四曰公，五曰誠，六曰通。以天道作中，以地道作和，以仁德作正，以事物作公，以身極作誠，以變數作通。是謂道實。（《申鑒·政體》）
>
> 必竭其誠，明其道，盡其義，斯已而已矣。（《申鑒·雜言上》）
>
> 君子所以動天地、應神明、正萬物，而成王治者，必本乎真實而已。（《申鑒·政體》）

荀悅論人君或人臣的修養要點，多在心的涵養上，以強調心應把持真實、竭誠、公正的要點。而「不任不愛謂之公，惟公是從謂之明」（《申鑒·雜言上》），心性明，性情以真，能感動天地。

而心誠志正把持心的作用，「不肆心」後，才能以善為主導，一切合乎道義，荀悅曰：

> 以道折中，不肆心，則不縱情焉，惟義而後已。（《漢紀·孝哀皇帝紀》）

所以，以竭誠、公正涵養心志，實踐於行，以義為依歸。「義也者，宜此者也。」（《申鑒·政體》）從自主的誠正心志落實為合適、正當的行事，即合於道。故荀悅將合於道的作為稱為「道義」。〔註92〕並且提出君主的行為當受到義的制約：

> 在上者以義申，以義屈。高祖雖能申威于秦、項，而屈于商山四公；光武能申於莽，而屈於強項令；明帝能申令於天下，而屈于鐘離尚

〔註92〕《漢紀·孝文皇帝紀》：「聖王之制，務在綱紀，明其道義。」

> 書。若秦二世之申欲，而非笑唐虞，若定陶傅太后之申意，而怨於鄭，是謂不屈；不然，則趙氏不亡，而秦無惡尤。故人主以義申，以義屈也。(《申鑒・雜言上》)

指出漢高祖、漢光武帝、漢明帝，及秦二世、傅太后作正反例證，說明為人主者當「義申」與「義屈」。

義是不能離於現實經驗的道德境界，是一事一行的道德歷練。當然在行義的先決條件，是要有道德的自主意識的發動，所以可能要有一番誠心正志的克己工夫，如荀悅曰：「克己恕躬，好問力行，動以從義，不以縱情，是謂治主。」(《漢紀・孝昭皇帝紀》) 通過自我克制能夠做到合義，不縱情。從荀悅對「心誠志正以從義」觀點，即認為善惡之質不成為善惡，人性的善惡的界說，則著重在體現行為上來看，荀悅可說是一位實踐主義者。

荀悅提出義「申」與義「屈」的說法，在西漢董仲舒就曾提出「屈民而伸君，屈君而伸天」(《春秋繁露・玉杯》) 之申與屈的概念。荀悅與董仲舒皆主張「天人相應」說，然從二人申、屈的對象，就不然看出荀悅較董仲舒更注重人自我主動的制約力量。

五、繼承與轉發

(一) 窮理盡性至於命

荀悅曰：「窮理盡性以至於命。」此段文字出於《周易・說卦傳》：「和順於道德而理於義，窮理盡性以至於命。」言通過窮理盡性以達天命。然此種說法可追溯到孟子曰：「盡其心者，知其性也。知其性，則知天矣。」(《孟子・盡心上》) 二者意義相同。只是孟子所謂的「命」是指命運、命限之具體生命來說，孟子曰：

> 口之於味也，目之於色也，耳之於聲也，鼻之於臭也，四肢之於安佚也；性也，有命焉，君子不謂性也。仁之於父子也，義之於君臣也，禮之於賓主也，知之於賢者也，聖人之於天道也；命也，有性焉，君子不謂命也。(《孟子・盡心下》)

命運是在道德修養中的限制，故「殀壽不貳，修身以俟之，所以立命也。」(《孟子・盡心上》) 君子不視壽命之長短，一心一意修身養性，以安身立命。而荀悅言「仁義以經其事業」而盡性以通達天命，是較接近〈說卦傳〉中「命」的概念，指天命言。

（二）「以心說性」分三品

荀悅將人性分為「唯上智下愚不移，其次善惡交爭」之三品，乃根據孔子所說「中人以上可以語上」與「唯上智下愚不移」而來。然荀悅繼承孔子的看法外，並發揚對法教改變人性的看法，而再將「是教扶其善，法抑其惡，得施之九品」可施法教之中品之性，又分為九品，合為十一品。又荀悅以「情意心志者，皆性動之別名」，及「性情相應」的「以心說性」論，亦是繼承孔子而發展來的。

孔子以「生而知之者，上也；學而知之者，次也；困而學之，又其次也。困而不學，民斯為下矣！」（《論語・季氏》）來分上知、中人與下愚的不同，乃就心的知慮能力為根據。而對於學，孔子特別著重向學的心意（志），認為「苟志於仁矣，無惡也」，「志」是能否成就完善的人格的決定因素。因此，孔子的心性關係，是從心來論性，強調從智心來分別本性上有上智、中人、下愚的「性相近」；以立志來說明學習的重要性，因智心的差別而造成學習成效的不同，而「習相遠」。〔註 93〕

荀悅也繼承孔子強調「志」成為君子過程中的能動性與實踐力，而主張「以志定善惡」。然孔子以為「仁遠乎哉？我欲仁，斯仁至矣！」（《論語・述而》）將「志」完全落實於實踐當中，提升人的自覺、主動意識的極重要性，所以，才會認為伯夷、叔齊能「求仁而得仁」，是因為能「不降其志，不辱其身」，而柳下惠、少連則不能，是因「降志辱身」的原故。而荀悅主張「志」的能動作用中，在「善惡皆是性」的理論中，更重視「性雖善，待教而成，性雖惡，待法而消」，法教的外在力量。雖有法教之施，最後還是須靠「志」來落實善的行為，然沒有法教之施，就沒有「志」於善的作用。所以，在「以心說性」的觀點上，荀悅能在孔子的基礎上，有較廣泛的思考。

第六節　《老子河上公注》之心性論

一、《老子河上公注》作者

《老子河上公注》是今存最早的《老子》注本，其作者不詳，據《史記・樂毅傳》曰：「樂臣公學黃帝、老子，其本師號曰河上丈人，不知其所出。河

〔註 93〕孔子之「以心說性」的詳細內容，見於本論文第貳章第二節之〈孔子之心性說〉之內容。

上丈人教安期生，安期生教毛翕公，毛翕公教樂瑕公，樂瑕公教樂臣公，樂臣公教蓋公，蓋公教於齊高密、膠西，為曹相國師。」可知河上公是黃老學派的祖師。又根據魏晉皇甫謐（西元 215～282）《高士傳》曰：「河上丈人者，不知何國人也。明老子之術，自匿姓名，居河之濱，著《老子章句》，故世號曰河上丈人。當戰國之末，諸侯交爭，馳說之士咸以權勢相傾，唯丈人隱身修道，老而不虧。傳業於安期生，為道家之宗焉。」〔註 94〕乃為一隱身修道之士。

《老子河上公注》一書之產生有不同的說法，大約有：一、為魏晉時代葛洪一派道教徒所作。〔註 95〕二、東漢中期至末期間。〔註 96〕三、東漢末期宣帝、成帝之前。〔註 97〕主張成書於魏晉時代者，多認為《老子河上公注》之主旨，在於論述治身養性之道，具有神仙的道教著作。而主張成書於東漢時期者，多認為此書乃黃老思想的闡發，並以其中思想推行其政治主張。本文採一般的說法，視為漢代末期的作品，並論其心性思想。

二、心性論之根源——道、元氣

《老子河上公注》是對老子的注解，其思想對《老子》有繼承，亦有轉發。作為心性之根源的道，即繼承老子所謂道的觀點而來。《老子河上公注》曰：

> 道淵深不可知，似為萬物知宗祖。（〈無源第四〉）
>
> 道生萬物（〈養德第五十一〉）
>
> 道為天下萬物之母（〈歸元第五十二〉）

道是宇宙萬物的源頭，又「道之於萬物，非但生而已，乃復長養、成孰、覆育，全其性命。」（〈養德第五十一〉）生養萬物，全其性命。且「道無為而萬物自化成，是以知無為之有益於人也」（〈偏用第四十三），「道生萬物」，「無

〔註 94〕皇甫謐《高士傳》（北京：中華書局，1984）頁 62。

〔註 95〕持此說法者有谷方〈《老子河上公章句》考證——兼論其與《抱朴子》的關係〉（《中國哲學》，第七輯，1982.3）

〔註 96〕持此說法者有王明《道家和道教思想研究．老子河上公章句考》（重慶：中國社會科學出版社，1900.8）、馮友蘭《中國哲學史料學初稿》（上海：上海人民出版社，1962）頁、任繼愈《莊子哲學討論集．莊子的唯物主義世界觀》（北京：中華書局，1962）頁 162。

〔註 97〕持此說法者有金春峰〈也談《老子河上公章句》之時代及其與《抱朴子》之關係〉（《中國哲學》，第九輯）

所取有」,「不恃望其報也」,「不宰割以為器用」(〈能為第十〉),無為、無私而自然。又曰:

> 道唯忽怳無形,其中獨有萬物法象。(〈虛心第二十一〉)
>
> 無有謂道也。道無形質,故能出入無間,通神明濟群生也。(〈偏用第四十三〉)
>
> 虛空者乃可用盛受萬物,故曰虛無能制有形。道者空也」(〈無用第十一〉)
>
> 道似在天帝之前,此言道乃先天地之生也。至今在者,以能安靜湛然,不勞煩。欲使人修身法道。(〈無源第四〉)

道無形、虛空、寂靜,故能無所不在,無所不有,是天下萬物取法的對象。

《老子河上公注》曰:「一者,道始所生。」(〈能為第十〉)在講宇宙萬物的生成過程中,常以「一」代替「道」。又〈贊玄第十四〉曰:「言一無形狀,而能為萬物作形狀也」;「一忽忽恍恍,若存若亡,不可見之也」;「言一無影跡,不可得而看」。《老子河上公注》以「一」對道的宇宙論的存在始源意義形容外,也作為對道之本體抽象性特徵的描述。

《老子河上公注》曰:

> 元氣生萬物而不有。(〈養身第二〉)
>
> 萬物中皆有元氣,得以和柔,若胸中有藏,骨中有髓,草木中有空虛與氣通,故得久生也。(〈道化第四十二〉)

元氣即為原始之氣。在「道」生萬物之外,又提出「元氣」生萬物,故元氣是萬物的生成元素,即道的內容。而《老子河上公注》說元氣時,是強調萬物因有元氣,得以和柔、空虛,又「根,元也。言鼻口之門,乃是通天地之元氣所從往來也。」(〈成象第六〉)指萬物因同稟「元氣」,故可以氣通。所以《老子河上公注》以元氣說道,即強調道的氣通作用。是《老子河上公注》繼承《老子》外,受漢代氣化宇宙論的影響的轉發觀點。

三、心性論

(一)稟精氣厚薄有善惡

《老子河上公注》認為「萬物皆歸道受氣」,萬物皆得氣以生,此氣即元氣。而《老子河上公注》在萬物生成受氣的過程中,提出「精氣」的概念,「萬物皆得道精氣而生」(〈虛心第二十一〉);「言道善稟貸人精氣,且成就之也。」

（〈同異第四十一章〉）道以精氣賦予人的作用而善貸且成。而此精氣為「太和之氣」，曰：

一者，道始所生，太和之精氣也。（〈能為第十〉）

「太和之精氣」即「一」，即道。故精氣乃無欲、虛空、寂靜之氣，為善之價值概念。

而人之性因受精氣之厚薄，而有善惡之別，《老子河上公注》曰：

天中復有天也。稟氣有厚薄，得中和滋液，則生聖賢，得錯亂污辱則生貪淫也。〈體道第一〉

聖賢乃得太和之精氣厚者，故善。而貪淫之人乃得太和之精氣微薄者，故惡。

《老子河上公注》曰：

言有欲之人與無欲之人，同受氣於天也。（〈體道第一〉）

兩者，謂有欲無欲也。同出者，同出人心也。而異名者，所名各異也。名無欲者長存，名有欲者亡身也。（〈體道第一〉）

有欲之人與無欲之人，同於受氣不同之故。而欲起於「心」，因此，心亦受精氣之厚薄不同而有多欲與無欲之別。《老子河上公注》以「無欲者長存」，「有欲者亡身」，且「貪淫好色，則傷精失明」（〈檢欲第十二〉）來看，對欲是採負面的對待，欲為惡。故人稟精氣之厚薄，是人之心性善惡的決定因素。

（二）除情去欲以合道

《老子河上公注》認為情欲是惡的，也會使人精神勞惑，而夭壽，曰：「出生謂情欲出五內，魂靜魄定，故生。入死謂情欲入於胸臆，精勞神惑，故死。」（〈貴生第五十〉）故《老子河上公注》以除情去欲視為回歸道的途徑，曰：

能知天中復有天，稟氣有厚薄，除情去欲，守中和，是謂知道要之門戶也。（〈體道第一〉）

情欲斷絕，德於道合，則無所不施，無所不為也。（〈忘知第四十八〉）

情欲斷絕，則德與道合。然《老子河上公注》認為人何以能除情去欲以合道，最重要的是掌握主動的主宰作用，曰：

天道惡煩濁，人心惡多欲。（〈無為第二十九〉）

天地之間空虛，和氣流行，故萬物自生。人能除情慾，節滋味，清五臟，則神明居之也。（〈虛用第五〉）

人心厭惡多欲，且能除情慾，節制五音、五味，使心與其他感官機能保持清明的狀態，所以，《老子河上公注》提出除情去欲以合道的修養工夫，主要原因是基於人有積極向善之心的作用。

《老子河上公注》曰：

> 聖人用之則以大道制御天下，無所傷割，治身則以大道制御情欲，不害精神也。(〈反朴第二十八〉)

「道」是道德理想境界，也可作為制御情欲的方法，又曰：

> 善以道計事者，則守一不移，所計不多，則不用籌策而可知也。(〈巧用第二十七〉)

以道作為定計事情的方法與標準，則能直指事物的重心，作最有效的處理。

《老子河上公注》以道作為除情去欲的方針上，提出了幾點具體的方法：

1. 養神

《老子河上公注》曰：

> 人能養神則不死，神謂五臟之神。肝藏魂，肺藏魄，心藏神，腎藏精，脾藏志。五藏盡傷，則五神去矣。(〈成象第六〉)

神以魂、魄、神、精、志五種型態，存於肝、肺、心、腎、志五臟之中，是主宰人的活動與生命，因此，《老子河上公注》主張要善於養神。《老子河上公注》曰：「人所以生者，以有精神。託空虛，喜清靜，飲食不節，忽道念色，邪僻滿腹，為伐本厭神也。」(〈愛己第七十二〉)因人之精神本空虛，好清靜，故當節制飲食，避免貪念財色，觀照人之本性，以養神。

2. 恬淡如嬰兒

《老子河上公注》曰：

> 當恬淡如嬰兒，無所造為也。(〈忘知第四十八〉)

要如嬰兒般恬淡，因「夫唯獨不厭精神之人，洗心濯垢，恬泊無欲，則精神居之不厭也。」(〈愛己第七十二〉)人之精神本恬泊無欲，又喜恬淡。常持恬淡之心，則能除情去欲。

3. 和氣柔弱

《老子河上公注》曰：

> 人能和氣柔弱有益於人者，則為知道之常也。(〈玄符第五十五〉)
>
> 心當專一和柔而神氣實內，故形柔。而反使妄有所為，和氣去於中，

故形體日以剛強也。(〈玄符第五十五〉)

內心和氣，形體柔弱，是合於道性，也是愛惜生命的方法。

4. 守微

《老子河上公注》曰：

治身治國安靜者，易守持也。(〈守微第六十四〉)

情欲禍患未有形兆時，易謀止也。(〈守微第六十四〉)

禍亂未動於朝，情欲未動於色，如脆弱易破除。(〈守微第六十四〉)

情欲初起未動於色時，即馬上予以禁制以防其漸。因情欲在未兆時，易謀、易破，使不造成禍患。

5. 用氣寬舒

《老子河上公注》認為「人能以氣為根，以精為蒂，如樹根不深則拔，蒂不堅則落。言當深藏其氣，固守其精，使無漏泄。」(〈守道第五十九〉) 人所受之精氣，有如樹根，是最根本的部分，所以，要保持自身的完善，固守根本是關鍵處，《老子河上公注》主張用氣當寬舒，曰：

用氣當寬舒，不當急疾勤勞也。(〈成象第六〉)

使氣舒緩，不急不勞，「人能保身中之道，使精氣不勞，五神不苦，則可以長久」(〈守道第五十九〉)；「治身者當愛精氣，不為放逸。」(〈守道第五十九〉) 不可放縱，惜用心身之氣，以除去情欲。

6. 教以忠孝

《老子河上公注》曰：

聖人所以常教人忠孝者，欲以救人性命。(〈巧用第二十七〉)

《老子河上公注》是透過儒家的道德規範，來作為除情去欲的方法。這也是《老子河上公注》主張德化的思想，曰：

人雖不善，當以道化之。蓋三皇之前，無有棄民，德化淳也。(〈為道第六十二〉)

又曰：「人君行刑罰，猶拙夫代大匠斲，則方圓不得其理，還自傷。代天殺者，失紀綱，不得其紀綱，還受其殃也。」(〈制惑第七十四〉) 故《老子河上公注》主張道德教化，而反對刑罰。

第七節 《太平經》之心性論

一、《太平經》作者

《太平經》原有一百七十卷，現存之《道藏》本《太平經》僅殘存五十七卷。根據《漢書．李尋傳》中提到西漢成帝時，齊人甘忠可詐造《天官曆》與《包天太平經》十二卷，與《後漢書．襄楷傳》載順帝延熹九年（西元 166）時，「琅琊宮崇詣闕，上其師于吉於曲泉水上所得神書七十卷，皆縹白素、朱、青首，號《太平青領書》。」及漢末靈、獻帝時牟子《理惑論》曾引「神書百七十卷」看來，在靈、獻帝之時，《太平經》已有百七十卷的定本了，故《太平經》當存於東漢中晚期。被視為現存最早的道教經典。其以道家思想為基礎，吸收陰陽五行與神仙方術之說，建立其以道、氣為根源的半善半惡的心性論。

二、心性論之根源——道、元氣

（一）道

《太平經》曰：

> 夫道何等也？萬物之元首，不可得名者。六極之中，無道不能變化。元氣行道，以生萬物，天地大小，無不由道而生者也。（〈卷 18～34．守一明法〉）〔註 98〕
>
> 夫道者，乃大化之根，大化之師長也。故天下莫不象而生者也。（〈卷 117．天咎四人辱道誡〉）

《太平經》繼承道家以道為宇宙萬物的本源，是事物運動變化的規律，萬物無道則不能化生。又曰：

> 道者，乃皇天之所取法也，最善之稱，冠無上，包無表，內無裏，出無間，入無孔，天下凡事之師也。（〈卷 117．天咎四人辱道誡〉）

道具有至善、無窮、通達的特性，是萬事萬物所遵循的依歸。

在《太平經》中有時會以「一」代替「道」的概念，曰：

> 夫一者，乃道之根也，氣之始也，命之所繫屬，眾心之主也。（〈卷 18～34．脩一卻邪法〉）

〔註 98〕本論文之《太平經》之語，引自於《道藏》（北京文物出版社、上海書店、天津古籍出版社三家本，1988.12）

> 一者，數之始也；一者，生之道也；一者，元氣所起也；一者，天之綱紀也。(〈卷 37．五事解承負法〉)

「一」是「道」，為萬事萬物的本始，為天地之綱紀。當以「一」言萬物之根源時，有強調萬物渾沌未分的狀態。

《太平經》曰：

> 道乃能上安無極之天，下能順理無極之地，八方莫不悅樂來降服，擾擾之屬者，莫不被其德化，得其所者也」。(〈卷 46．道無價卻夷狄法〉)
>
> 天道有常運，不以故人也。故順之吉昌，逆之則危亡。(〈卷 50．天文記訣〉)

言道神聖降臨世間，人無不受道性的流澤。人若順道而為，則吉昌，逆道而行，則危亡。道具有人格神、宗教神聖化的涵義，有異於老莊所謂形上、抽象的道體，而有著漢代「天人感應」之至上的特性，有走向宗教化的現象。

（二）元氣

《太平經》曰：

> 元氣行道，以生萬物，天地大小，無不由道而生者也。故元氣無形，以制有形，以舒元氣，不緣道而生。自然者，乃萬物之自然也。不行道，不能包裹天地，各得其所，能使高者不知危。(〈卷 18～34．守一明法〉)

而道在生化萬物的過程，藉由元氣依道之運行而生萬物，因此，「道無所不能化，故元氣守道，乃行其氣，乃生天地，無柱而立，萬物無動類而生，遂及其後世相傳，言有類也。比若地上生草木，豈有類也。是元氣守道而生如此矣。」(〈卷 18～34．安樂王者法〉) 萬物的生成展現在元氣的功能，元氣也是萬物的原始物質。因此，道與元氣皆具有生育與變化的意義，作為萬物的根源。

在《太平經》之前，董仲舒、王充亦以「元氣」作為宇宙萬物的本源。然《太平經》之「元氣」觀點，當源於《易》，因《太平經．卷 69．天讖支干相配法》曰：「《易》者，迺本天地陰陽微氣，以元氣為初」；「故《易》初九子，為潛龍勿用，未可以王持事也，故勿用也。此者，但以元氣之端首耳。」或許當漢代思想家以「元」的思想，作為宇宙生成的最初狀態時，即與《易》所謂

根本的原動力概念相結合。〔註 99〕

《太平經》又曰：

> 元氣自然樂，則合共生天地，悅則陰陽和合，風雨調，風雨調則共生萬二千物。(〈卷 115～116．闕題〉)
>
> 氣者，乃言天氣悅喜下生，地氣順喜上養；氣之法行於天下地上，陰陽相得，交而為和，與中和氣三合，共養凡物，三氣相愛相通，無復有害者。(〈卷 48．三合相通訣〉)

元氣有自然喜樂之情感，並生天地，使陰陽調和；天氣與地氣因喜悅之情，陰陽使相得，產生中和之氣，而生育萬物。元氣與天氣、地氣具有意志及情感，脫離了先秦與王充等人視氣為客觀形上之概念。

《太平經》曰：

> 元氣恍惚自然，共凝成一，名為天也；分而生陰而成地，名為二也；因為上天下地，陰陽相合施生人，名為三也。(〈卷 73～85．闕題〉)

天、地、人都在元氣自然的和合而成，人即在元氣分流陰陽，陰陽相合而生。又曰：「故有陽無陰，不能獨生，治亦絕滅；有陰無陽，亦不能獨生，治亦絕滅。」(〈卷 48．三合相通訣〉) 陰陽相合化生，陰陽也成為生命的基本元素，且缺一不可。又曰：

> 人生備具陰陽，動靜怒喜皆有時，時未牝牡之合也。是陰陽當主為生生之效也。(〈卷 56～64．闕題〉)

人具有陰陽而有生命，也因陰陽有動靜怒喜，心性亦因陰陽而具有。

三、心性論

（一）半善半惡之性

《太平經》曰：

> 天，太陽也；地，太陰也；人居中央，萬物亦然。天者常下施，其氣下流；地者常上求，其氣上合也；兩氣交於中央，人者居其中為

〔註 99〕李沈陽《漢代人性論研究》(華中師範大學，博士論文，2008.08) 頁 107：「《太平經》通過改造道家的『道』及吸收漢代流行的元氣學說，構建出神秘化的宇宙論，進而得出人性變善變惡的結論。」認為「元氣」是接受漢代思想家的元氣概念而來，則忽略了《太平經》與《易經》的關係。

> 正也。兩氣者常交用事，合於中央，乃共生萬物，萬物悉受此二氣以成形，合為情性；無此二氣，不能生成也。(〈卷 120～136．辛部〉)

萬物為陰陽二氣所生，陰陽二氣交互運動而有形，亦有情性。而「夫天地之性，半陽半陰。陽為善，主賞賜。陰為惡，惡者為刑罰，主姦偽。」(〈卷 137～153．壬部〉)天地一切事物，皆陰陽所合成，故半陽半陰，又因陽為善，陰為惡，因此，「天地之性，半善半惡」(〈卷 137～153．壬部〉)。人也不例外，「天之使道生人也，且受一法一身，七縱橫陰陽，半陰半陽，迺能相成。」(〈卷 18～34．錄身正神法〉)，人性因之半善半惡。又曰：

> 天下人乃俱受天地之性，五行為藏，四時為氣，亦合陰陽，以傳其類，俱樂生而惡死，悉皆飲食以養其體，好善而惡惡，無有異也。(〈卷 93．國不可勝數訣〉)

從陰陽的特性出發，人之性亦是半善半惡，而心有樂生惡死、好善惡惡之知。《太平經》對「半善半惡」到底有多少善與惡，沒有再進一步闡述，只能從〈卷 115～116．某訣〉曰：「夫七善三惡，善多惡少，安而止樂乎？人心中雖樂，時念三惡，則不而純樂，此天性也。乃且盡善，無復一憂，乃而大樂也。故樂以樂善，不以樂凶也。」及「樂其中凶惡，比若小人，有七凶三善，三善讁得三從樂，有七兇惡反七愁苦，悒悒安而從樂乎？」與「帝氣十十皆善，王氣者二善一惡，相氣者二惡一善也。故帝氣者像天，天者常樂生，無害心，欲施與，三皇象之，常純善良，無惡無害心。天如三皇，三皇如天也。故上善之人無一惡，但常欲為善。」了解到「半善半惡」可能出現三善七惡、二善一惡或十善無惡等情狀。所以，《太平經》稱「半善半惡」之性，只是籠統的說法，其主要表達人性是善惡相混的情形。

而何以是三善七惡或二善一惡，皆因受陰陽二氣多寡的不同，《太平經》曰：

> 凡天下之名命所屬，皆以類相從，故知其命所屬。故含五性多者象陽而仁，含六情多者象陰而貪，受陽施多者為男，受陰施多者為女，受王相氣多者為尊貴則壽，受休廢囚氣多者數病而早死，又貧極也。故凡人生者，在其所象何行之氣，其命者繫於六甲何曆，以類占之，萬不失一也。(〈卷 96．忍辱象天地至誠與神相應大戒〉)

陽氣善，陰氣惡，受陽氣多者善多，受陰氣多者惡多。《太平經》以「多」指稱，非完全絕對，故非性是完全善，情非完全惡，乃性多善，情多惡。在此《太平經》接受董仲舒「性善情惡」的觀點，認為五性多象陽而仁，六情多象陰而貪。

（二）好善惡惡之心

《太平經》認為「天生凡物者，陽氣因元氣，從太陰合萌生，生當出達，故茂生於東；既生當茂盛，故盛於南；既茂盛當成實，故殺成於西。天地陰陽道都周。夫物不可成實，死而已，根種實當復更生，故令陰陽俱，並入天門，合氣於乾，更以上始，此天地自然之性也。」（〈卷 66．三五優劣訣〉）天地之性是不斷萌生，雖有死，然根種又復生，故天地有樂生之性，則「天下人乃俱受天地之性，五行為藏，四時為氣，亦合陰陽，以傳其類，俱樂生而惡死，悉皆飲食以養其體，好善而惡惡，無有異也。」（〈卷 93．國不可勝數訣〉）人有好善惡惡之心。而性常純善良，則無害心，也常欲為善。

因「天生人，使人有所知，好善而惡惡也。」（〈卷 67．六罪十治訣〉）能好善惡惡是心的作用。《太平經．卷 120～136．辛部》曰：

> 心則五臟之王，神之本根，一身之至也。主執為善，心不樂為妄內邪惡也。凡人能執善，清靜自居，外不妄求，端正內，自與腹中王者相見，謂明能還睹其心也。心則王也，相見必為延命，舉事理矣；不得見王者，皆邪也，不復與王者相通，舉事皆失矣。

心為五臟之主，神靈的根本，是一身之至，如腹中之王，且有向善的堅持。《太平經》又曰：

> 心者，最藏之神尊者也。心者，神聖純陽，火之行也。火者，動而上行，與天同光。故日者，乃火之王，為天之正，無不照明，故人為至誠，心中正疾痛應，心神至聖，乃上白於日，日乃上白於天，故至誠於五內者，動神靈也。是故可不慎乎？（〈卷 96．忍辱象天地至誠與神相應大戒〉）

心是火行之精，神聖而純陽，能與天同光，亦稱為「心神」，曰：

> 故言天遣，心神在人腹中，與天遙相見，音聲相聞，安得不知人民善惡乎？（〈卷 110．大聖上章訣〉）

心神能知天心，又「神生明」（〈附錄．太平經佚文〉），能徹底明瞭事理。

《太平經》曰：「神者受之於天，精者受之於地，氣者受之于中和。相與共為一道。」（〈卷 154～170．令人壽治平法〉）認為人受氣而生，除了具有形體外，亦具有精神層面，「神」即受於天，最神靈者。又曰：

> 四時五行之氣來入人腹中，為人五藏精神，其色與天地四時色相應

也。……此四時五行精神，入為人五藏神，出為四時五行神精。其近人者，名為五德之神。(〈卷 72．齋戒思神救死訣〉)

除心有神之外，五臟皆有神，只是《太平經》把五臟神格化為「五臟神」，這也是《太平經》帶有宗教意味的展現。而心具感知的作用，與向善的意識，能知天心，通天意，所以為五臟之王。

(三) 學以思善為本

人雖有善之性與知善之心，然欲成善還需有賴後天的學習，《太平經．卷．97 妒道不傳處士助化訣》曰：「人安得生為君子哉？皆由學之耳。」又曰：「人愚學而成賢，賢學不止成聖，聖學不止成道，道學不止成仙，仙學不止成真，真學不止成神，皆積學不止所致也。」(〈卷 154～170．利尊上延命法〉) 愚人學習可以成賢，成聖，甚至成道、成仙、真人、神人。〔註 100〕又曰：

吾所以常獨有善意者，吾學本以思善得之，故悉老終，吾獨得在；而吾先人子孫盡已亡，而吾獨得不死 (〈卷 51．校文邪正法〉)

學以思善為根本，也就是開啟心的作用，即知善惡惡之本能。

然善的準則為何？《太平經》曰：

夫為善者，乃事合天心，不逆人意，名為善。善者，乃絕洞無上，與道同稱；天之所愛，地之所養，帝王所當急，仕人君所當與同心并力也。(〈卷 49．急學真法〉)

即以天心為善惡的標準，合天心，就能順人意，則善；逆天心，就違人意，則惡。且「故萬物命繫此二氣，二氣交相於形。故為善，天地知之；為惡，天地亦知之。」(〈卷 120～136．辛部〉) 萬物皆受陰陽二氣而生，人為善或為惡，天可知。

對於學習的方法，《太平經》則主張以「誡律」〔註 101〕以啟發心性的認知，並教導倫理原則。「誡律」之內容，主要強調道為首，德為腹，仁為足，而力行大道法，訂定人生處世的道德原則，以教導人們行為要符合天心，順於道德，在天、地、人之間管理相互的生態倫理關係，在君、臣、民之間處理好相互的

〔註 100〕可見儒家所崇仰的賢聖之人，非《太平經》修養的終極目標，賢聖之人仍未超脫生死，大限一來，仍逃不過死劫。神仙思想是道教的核心思想，《太平經》中許多學習修煉方法，多圍繞在此思想展開。

〔註 101〕「誡律」在宗教上，是對教徒的警誡與條文。誡戒是教誡、勸誡、誡惡之義，也作「戒」。律是條規與律令。

國家倫理關係，在父、母、子、兄弟、男女之間作好相互的處世之道。〔註 102〕

《太平經》並以天的感應作用，運用「承負」方式來進行監督人性與行為的善惡，曰：

> 承者為前，負者為後。承者，乃謂先人本承天心而行，小小失之，不自知，用日積久，相聚為多，今後生人反無辜蒙其過謫，連傳被其災，故前為承，後為負也，負者，流災亦不由一人之治，比連不平，前後更相負，故名之為負。負者，乃先人負于後生者也；病更相承負也，言災害未當能善絕也（〈卷 39．解師策書訣〉）

認為人的善行與惡行，會由後代子孫承受與負擔。《太平經》的「承負」觀念，主要是以善惡報應之說，來實踐人們行善去惡的道德動機。

第八節　《周易參同契》之心性論

一、《周易參同契》作者

作為東漢道教的經典，若說《老子想爾注》、《太平經》是道教「符籙派」經典，則《周易參同契》是「丹鼎派」經典，後人譽為「萬古丹經王」。

《周易參同契》之作者與成書年代，晉葛洪《神仙傳》〔註 103〕、《抱朴子》〔註 104〕、後蜀彭曉〔註 105〕與《舊唐書．經籍志》〔註 106〕皆言為魏伯陽

〔註 102〕〈卷 112．寫書不用徒自苦誡〉:「飲食諸穀，慎無燒山破石，延及草木，折華傷枝，實於市里，金刃加之，莖根俱盡，其母則怒，上白于父，不惜人年。人亦須草自給，但取枯落不滋者，是為順常。」說明生態倫理原則。〈卷 96．六極六竟孝順忠訣〉:「子不孝，則不能盡力養其親；弟子不順，則不能盡力修明其師道；臣不忠，則不能盡力共敬事其君，為此三行而不善，罪名不可除也。天地憎之，鬼神害之，人共惡之，死尚有餘責於地下，名為三行不順善之子也。」強調忠、孝、順之德行。

〔註 103〕葛洪《神仙傳》:「魏伯陽吳人也，本高門之士，而性信道術。……作《參同契》、《五相類》，其說如似解釋《周易》，其實假借爻象以論作丹之意。」

〔註 104〕引自唐劉知古《日月玄樞篇》:「抱朴子曰:『魏伯陽作《參同契》、《五相類》凡二篇，假大易之爻象以論修丹之旨。』」

〔註 105〕後蜀彭曉《周易參同契分章通真義．序》(上海：上海書店，1995):「按《神仙傳》: 真人魏伯陽者，會稽上虞人也。世襲簪裾，唯公不仕。……得《古文龍虎經》，盡獲妙旨，乃約《周易》撰《參同契》三篇。……密示青州徐從事，徐仍隱名而注之。至後漢孝桓帝時，公復傳授與同郡淳于叔通，遂行於世。」

〔註 106〕《舊唐書．經籍志》:「漢魏伯陽撰，按《神仙傳》: 伯陽，會稽上虞人。……

作，其成書年代，大祗在漢桓帝時。後來雖有馬敘倫《讀書小志》卷二第三十四頁：「《周易參同契》，《隋書》、新舊《唐書．經籍志》皆不載。……又《抱樸子．遐覽篇》列敘道家著作，有《魏伯陽內經》，而無有《周易參同契》之名。《顏氏家訓．書證篇》曰：《參同契》以負為造。《參同契》下篇：魏伯陽自敘篇寓其姓名，末云柯葉萎黃，失其華榮。吉人乘負，安穩長生四句。……」認為《周易參同契》是後人偽作。然經潘雨廷和孟乃昌二人考證，確為東漢魏伯陽所撰，不是偽書。〔註 107〕

晉葛洪《神仙傳》與《抱朴子》言《周易參同契》時，未有「周易」之名，皆言《參同契》。南朝梁陶弘景《真誥》注中有「《易參同契》」之稱。此後志書多見「周易」二字。《周易參同契》奧雅難通，有關其內容，五代彭曉《參同契解義序》曰：

> 參，雜也；同，通也；契，合也。謂與《同易》理通而契合也。其書假借君臣，以彰內外；敘其离坎，直春汞鉛；列以乾坤，奠量鼎器；明之父母，保以始終；合以夫妻，拘其交媾，譬如男女，顯以滋生；析以陰陽，導之反復；示之晦朔，通以降騰；配以卦爻，形於變化；隨之斗柄，取以周星；分以晨昏，昭諸漏刻。莫不托易象而論之．故名《同易參同契》云。

以日月、鉛汞、男女都作為談陰陽變化的比喻，以言陰陽之配合變化之理，與闡明作丹的原理與方法。並借《周易》之宏論，將天道、地道、人道之事。

二、心性論之根源——易

《周易參同契》曰：

> 天地設位，而易行乎其中矣。〔註 108〕

天地之形成，「易」行於其中，故《周易參同契》以「易」作為天地造設的基

修真養志，約《周易》作此書，凡九十篇。徐氏箋注。桓帝時以授同郡淳于叔通，因行於世。彭曉為之解。……按唐陸德明解易字云：虞翔（虞翻，字仲翔）注《參同契》言易字從日下月。今此書有日月為易之文，其為古書明矣。」

〔註 107〕參見孟乃昌、孟慶軒編《萬古丹經王——〈周易參同契〉三十四家注釋集萃》（北京：華夏出版社，1993.1）與潘雨廷、孟乃昌著《周易參同契考證》（中國道教協會，1987）

〔註 108〕引自彭曉《周易參同契分章通真義．坎離二用章第二》（上海：上海書店，1995）。本文所引之《周易參同契》語，皆出於此著作。

礎，則「以易道準天道」。又曰：

> 動靜有常，奉其繩墨。四時順宜，與氣相得。剛柔斷矣，不相涉入。五行守界，不妄盈縮。易行周流，屈伸反覆。（〈君子居室章第十七〉）
>
> 天道其浩蕩，太元無形容，虛寂不可睹，匡廓以消亡。謬誤失事緒，言還自敗傷。別序斯四象，以曉後生盲。（〈四象歸根章第三十五〉）

易道（天道）是天地的運化的秩序，也是人事的準則，順之則能天長地久，逆之則會造成災變而衰亡。因此，《周易參同契》亦以「易」作為其心性論的根源。

而「易」的具體內涵可包含兩方面：

（一）陰陽變易

《周易參同契》曰：

> 天地設位，而易行乎其中矣。天地者，乾坤之象；設位者，列陰陽配合之位；易謂坎離，坎離者，乾坤二用。二用無爻位，周流行六虛。往來既不定，上下亦無常。幽潛淪匿，變化於中。包囊萬物，為道紀綱。（〈坎離二用章第二〉）
>
> 乾坤者，易之門戶，眾卦之父母。坎離匡廓，運轂正軸，牝牡四卦，以為橐籥。（〈乾坤易之門戶章第一〉）

以「乾坤坎離」來象徵宇宙生成的場域。並引用《老子》的「天地之間，其猶橐籥乎？」（〈第 5 章〉）的意象，來說明「乾坤坎離」，作為「牝牡四卦」以化生萬物作用。〔註 109〕「乾坤」是全陽全陰之「體」，並法象「天地」。「坎離」是陰中即陽、陽中即陰的「用」。此以天地乾坤、陰陽坎離作為宇宙空間靜態的結構，與時間動態的運動，即《莊子．天下篇》：「易以道陰陽。」及《易．繫辭上》：「一陰一陽之謂道。」在講陰陽交錯，天地萬物皆在陰陽二氣往來變易中生成變化。

（二）日月相推

《周易參同契》曰：

> 易者象也。懸象著明，莫大乎日月，日含五行精，月受六律紀，五

〔註 109〕俞琰《正統道藏．第 34 冊．周易參周契發揮．上篇第一》（臺北：新文豐出版公司，1977）頁 355：「「乾純陽，牡卦也。坤純陰，牝卦也。坎陰中有陽，離陽中有陰，牝牡相交之卦也。丹法住乾坤於上下，列坎離於東西，而乾坤之闔闢，坎離之往來，儼如橐籥之狀，故曰牝牡四卦，以為橐籥。」

> 六三十度，度竟復更始，窮神以知化，陽往則陰來，輻輳而輪轉，出入更卷舒。(〈日月含符章第三〉)
>
> 坎戊月精，離己日光，日月為易，剛柔相當。(〈坎離二用章第二〉)

當《周易參同契》以乾坤法象天地時，亦以「日月為易」，法象日月。而「日往則月來，月往則日來，日月相推而明生焉。寒往則暑來，暑往則寒來，寒暑相推而歲成焉。」(《易・繫辭下》) 晝夜的分際，寒暑的推移，四時的更替，皆是日月運行相推的結果。

《周易參同契》以「陰陽為易」、「日月為易」作為陰陽造化之道，而此易道（天道）「浩蕩，太元無形容，虛寂不可睹，匡廓以消亡」廣大、無常，不可形容、不可見，其無形，卻有實際的作用。其心性論即在易道中展開。

三、心性論

《周易參同契》曰：

> 參同契者，……命三相類，則大易之性情盡矣。大易性情，各如其度。黃老用究，較而可御。爐火之事，真有所據。三道由一，俱出徑路。(〈補塞遺脫章第三十四〉)

俞琰《周易參同契發揮》解釋：「參，三也；同，相也；契，類也。謂此書借大易以言黃老之學，而又與爐火之事相類，三者之陰陽造化殆無異也。」〔註110〕大易是陰陽之理，黃老是指內養工夫，爐火是指外煉工夫。而「一」者乃指「一個目的」，即道教之最終目的，即成仙。〔註111〕《周易參同契》承繼「天人合一」的觀點，以漢代「天人相副」為架構，而主張「天地乃大鼎爐大人身、鼎爐人身乃小天地」，宇宙生化的天地鼎爐，相應人身、鼎爐之小天地，而認為「修丹與天地造化同途」。

修丹可分為內丹與外丹之修煉，〔註112〕即與天地陰陽之理密切融合成一體。《周易參同契》之心性論則屬內丹的範疇。

《周易參同契》沒有言及心、性、情、欲等概念問題，所論及的多為心

〔註110〕俞琰《正統道藏・周易參同契發揮》頁455～456。

〔註111〕《中國道教科學技術史・漢魏兩晉》(北京：科學出版社，2002) 頁353。

〔註112〕《周易參同契》無「內丹」與「外丹」二詞。「內丹」一詞最早見於梁陳時期佛教天台三祖慧思，他曾經言及「藉外丹力修內丹」。而《史記・孝武本紀》載「黃帝采首山銅，鑄鼎荊山下」煉製丹砂，進而提煉出「黃金」，即有外丹出現。

性修養工夫。而《周易參同契》以「成仙」為其最終修養目標，其講求「養性立命」，以「性命雙修」為其原則。《周易參同契》曰：

> 將欲養性，延命卻期。審思後末，當慮其先。人所稟軀，體本一無。元精雲布，因氣託初。陰陽為度，魂魄所居。陽神日魂，陰神月魄。魂之與魄，互為室宅。性主處內，立置鄞鄂。情主處外，築為城郭。城郭完全，人民乃安。爰斯之時，情合乾坤。乾動而直，氣布精流；坤靜而翕，為道舍廬。剛施而退，柔化以滋。九還七返，八歸六居。男白女赤，金火相拘。則水定火，五行之初。上善若水，清而無瑕。道之形象，真一難圖。變而分布，各自獨居。類如雞子，白黑相符，縱橫一寸，以為始初。四肢五臟，筋骨乃俱。彌歷十月，脫出其胞。骨弱可卷，肉滑若飴。(〈養性立命章第二十〉)

主張通過養性以延年，即性命雙修。《周易參同契》認為人之軀體本來就不具有，是通過元精之氣的造化孕育而有。此觀點如《莊子・知北遊》所言：「人之生，氣之聚也；聚則為生，散則為死。」而元精之氣內含陰陽，陰陽交通結合，而魂魄、性情、四肢、五臟、筋骨生焉。而人一生的歷程與宇宙的生成之理相同。在以其「天地乃大鼎爐大人身、鼎爐人身乃小天地」觀點中，人之修為的過程中，是以人體為鼎爐，以元精之氣為藥物，配以四時節律為火候，完成生命動律與宇宙運行和諧之天人一體的修養方式。《周易參同契》在性與命統一雙修的原則下，則「性功」為「命功」的基礎，最後歸於仙人之境。反之，「命功」也為「性功」的基礎，最後歸於虛寂易道之境。

《周易參同契》之養性工夫（性功）可分為四個階段：

（一）養己立基

《周易參同契》曰：

> 內以養己，安靜虛無。原本隱明，內照形軀。閉塞其兑，築固靈株。三光陸沉，溫養子珠。視之不見，近而易求。黃中漸通理，潤澤達肌膚。初正則終修，幹立未可持。一者以掩蔽，世人莫知之。(〈鍊己立基章第六〉)

陸西星注：「人生而靜，天之性也。感於物而動，性之欲也。既有欲也，則耳目口鼻，誘於聲色臭味，而真性迷矣。真性既迷，則元精元？因以耗失，而大命隨之。故養己者以安靜虛無為本焉，由此閉塞其兌，使氣不上洩，則蒂固而根深，三光陸沉，使神不外馳，則性定而明湛。」〔註 113〕以安靜虛無涵養內心，並內視自己身體，收斂耳目口（三光）外馳的欲望，回歸照顧自己的元神（子珠）。此煉己（養己）之工夫，貴在守一，即守著最初的混沌虛無狀態。「養己立基」的第一階段修養心性工夫，關鍵在修煉心意，斷絕外界聲色的干擾，使心靈虛極，以樹立修養心性的信心、誠心、恆心與悟心，為立下一階段的基礎。

（二）煉精化氣

道教認為精、氣、神是生命的三大元素，故稱為「三寶」。又認為人在初生之時，精、氣、神是混融為一，然隨著時間的推移，人受到了種種的干擾，則精、氣、神分離，若如此繼續發展下去，最終走向死亡。故認為要延年益壽、羽化登仙，當從修練「三寶」為途徑。即將分離之精、氣、神重新聚合起來，也就是復歸於嬰兒的理想狀態。而「煉精化氣」即聚合的第一步，將精受煉而成氣，剩下氣、神的階段。一般而言，「煉精化氣」需要百日的時間，因此，又稱為「百日關」，又稱為「小周天」。《周易參同契》曰：

> 知白守黑，神明自來，白者金精，黑者水基。水者道樞，其數名一。陰陽之始，元含黃芽。五金之主，北方河車。（〈兩竅戶用章第七〉）

此段話以河車運轉來形容，精與氣之交通，有如日（陽）月（陰）交替運行。而精氣交通之中，要以自身的意念來察照壬督二脈的運轉，促使精化而成氣。此階段心性修養工夫，是在「養己立基」的充養後，再繼續以寂靜虛無之心，來鑒知精氣的運行。此時心意是處於流動狀態，故「專一心志」是此階段最需注意的問題。

（三）煉氣化神

「煉氣化神」是經過精返回先天之精氣的「煉精化氣」後，要將氣歸於神的階段，也就是完成精、氣、神「三寶」合為一體的階段。《周易參同契》曰：

> 推演五行數，較約而不繁。舉水以激火，奄然滅光明。日月相激薄，常在晦朔間。水盛坎侵陽，火衰離晝昏。陰陽相飲食，交感道自然。（〈水火情性章第十五〉）
>
> 上德無為，不以察求。下德為之，其用不休。上閉則稱有，下閉則稱無。無者以奉上，上有神明居。此兩孔穴法，金氣亦相胥。（〈兩竅戶用章第七〉）

〔註 113〕見仇兆鰲《古本周易參同契集註》（上海：古籍出版社，1990.3）頁 137～138。

「煉精化氣」以靜寂意念來察照壬督二脈的運轉，並已打通壬督二脈關竅了。而「煉氣化神」，元氣的運轉已經不限於壬督二脈，而是十二經絡都能運轉。此階段「非運氣循環而是洗心滌慮，以真氣薰蒸，以目內照，綿密寂然，沖和丹田，由有為到無為，『氣』亦微動到不動而盡化，氣神合一，最後又餘元神而已。」〔註 114〕故心意當處「上德無為」專一無為狀態。

（四）煉神化虛

《周易參同契》曰：

> 耳目口三寶，閉塞勿發通。真人潛深淵，浮游守規中，旋曲以視聽，開闔皆合同，為己之樞轄，動靜不竭窮。離氣納榮衛，坎乃不用聰，兌合不以談，希言順鴻濛，三者既關鍵，緩體處空房。委志歸虛無，無念以為常。證難以推移，心專不縱橫，寢寐神相抱，覺悟候存亡。顏色浸以潤，骨節益堅強。辟卻眾陰邪，然後立正陽。修之不輟休，庶氣雲雨行。淫淫若春澤，液液象解冰，從頭流達足，究竟復上升，往來洞無極，怫怫被谷中。反者道之驗，弱者德之柄。耘鋤宿汙穢，細微得調暢。濁者清之路，昏久則昭明。(〈關鍵三寶章第二十二〉)

「煉神化虛」是經過「煉精化氣」與「煉氣化神」的修養，有所成效後，能任神而至於虛極的過程，即達於出神入化的一種理想境界。而「出神」可與物同化，處常定常寂之狀態，也就是自然而復於性命，歸於為大道之本性。

《周易參同契》心性論，主要以道家之虛靜之心性為基礎，在「性命雙修」的原則下，著重涵養工夫。第一階段「養己立基」，乃確立其虛靜、無為之心性，作為以後功法之堅石。此「養已」有如老子言「致虛極、守靜篤」、「滌除玄覽」、「載營魄抱一」的修養方式。第二階段「煉精化氣」，主要是以靜寂意念來察照壬督二脈的運轉，即以虛靜無為之心行有為之事。故此功法是屬於有為法。第三階段「煉氣化神」與第四階段「煉神化虛」，雖同處無為之狀態，然「煉氣化神」是知「下德為之」行「上德無為」，即以虛靜無為之心行無為之事，此功法是屬於無為法。而「煉神化虛」則完全消滅於相對之間，達於絕對無為之狀態。

〔註 114〕見《道家文化研究．第十一輯》（北京：三聯書局，1997.10）頁 183～184。

小　結

王符繼承孔子將人之心性分為上智、下愚與中民等三品，認為世上存在三類相近之人。其品類的條件除了孔子強調的認知心外，又多了道德之心性。並認為當人之生時，得「和氣」，有無邪淫之欲、仁義之心、廉恥之志，故王符以「和氣生人」出發，從心性合一說善惡，與孟子從良心說性善的方式相同。又王符認為心是道德心並具有認知能力，因此，在涵養工夫上，一方面講求有效認知有益的學問，求得真實之道。一方面注重以感通先聖之心，以體先聖之道。

鄭玄與趙岐相同，排除生理之欲性，主張性善說。並認為欲望是使人本之善性成為惡的主要原因。《老子想爾注》、《老子河上公注》、《太平經》繼承道家之「道」的形上觀點，並作為心性的根源，然賦予道有善的價值道德性，且宗教的意義上，又賦予道具有宗教上神性，是這時其心性論的另一特色。

荀悅說心性之內涵時，包含「形」與「神」。「形」則指人之形貌與具體生命。「神」指精神層面，包含性情相應與善惡問題。此當受王充「性成定命」說三性（正性、隨性、遭性）成三命（正命、隨命、遭命）的影響。二人皆主張「性以輔其命」，性與命是相互依存，然王充將性與命劃分開來，命不包含在心性的內涵中說。而荀悅開宗明義就說：「或問性命。曰：「生之謂性也，形神是也，所認立生終生者之謂命也，吉凶是也。……」（《申鑒．雜言下》）將命界定在性的範圍內。

這時期的思想，多突破「天人感應」的藩籬，因此，此時期的心性論，雖在人性善惡的判斷上有些不同，然大多傾向以心志自覺作用，決定行為善惡的主要因素，如：王符認為「性相近，習相遠」，而主張「智成志行」作為向善的條件。趙岐主張心性皆善，但必須「持其心志」，發揮心的制治與思慮功能，體現心性之善。荀悅認為人性也善有惡，並分三品，但心志的作用才是決定善惡的最重要因素。《老子河上公注》認為人性善惡相混，而需要心常思善作為學習的根本，以成善。

此時期有道教的興起，而《老子想爾注》、《太平經》、《周易參同契》東漢道教的經典的代表，則在道家思想的基礎上，吸收《易經》、「天人感應」的觀點而發展。如《老子想爾注》以道作為心性論的根源，卻將「道」化為具有意志、喜怒好惡，及能賞善罰惡的主宰者，成為至尊且神、不可見知的本體。《太平經》以道與元氣作為心性論的根源，卻在「天人感應」的架構中，有走向宗教化的現象。且它們多以成仙，或為神人為其最終的理想境界。

第七章　漢代心性論之特質

第一節　雜家化之現象

漢代心性論在先秦後發展，吸收了儒家、道家、陰陽家、法家等思想。尤其繼承儒家心性善惡之說，與教化觀點；道家寂靜道之本體的觀念；陰陽家陰陽五行的概念；法家法與勢的看法，呈現雜家化的現象。

漢代心性論呈現內容多變、複雜情形中，產生了以下兩項特點：（一）心性根源的多元性。漢代思想家習慣立個心性根源，成為心性論的出發點，有道、德、氣、元氣、陰陽、五行、天、玄、易等根源，形成多元的現象，《白虎通義》還同時存在陰陽、五行兩個根源，賈誼同時存在道與德兩個根源，《太平經》同時存在道、元氣；受道家影響較深的《淮南子》，言人之的本性，除具有道家所謂的恬靜的「道性」外，同時又具有儒家所謂的仁義之「倫理性」；王充以氣作為心性之根源，而人所稟之氣，又分「元氣」與「五常之氣」之厚薄而有善惡。此現象乃漢代心性論吸收各家思想的結果。

（二）涵養工夫的多重性。在中國心性論發展中，學者多將自我完成的實踐工夫，分為以孟子、〈中庸〉，至宋明理學一路，強調主體能動作用的「道德的主體自覺性」，屬於內在道德自律實踐論；與荀子開認知能力與實踐經驗的「道德的客觀法則性」，屬於外在道德教化實踐論之一路，而認為漢代心性論是繼荀子理智主義心性論的發展。〔註1〕其實，漢代之心性論，因各家所主

〔註1〕見蒙培元《中國心性論》（臺北：台灣學生書局，1986.4）頁13。

張心性善惡的不同，也就決定他們實踐修養方式，例如：《淮南子》以無為、清靜的道，作為心性之根源，則「性合於道」，性是善，故主張以具有主體能動的「心」直接體現道而反性。《老子指歸》認為性自然、醇粹、清明，心能體神明、虛靜，主張以「知足而止」、「留柔居弱」、「清靜養神」的方法，直接從心性作工夫，達到「簡情易性」。趙岐認為心性是善，則以「持其心志」、「擴充心性」為自我實踐之工夫。故漢代心性論非完全屬於他律的教化作用，且漢代思想家多重視心的能動與明智作用，強調「智成志行」、「以志定善惡」、「德心以感通」、「知心以求實」、「心平志易」、「心思擣聖」、「盡心存神」等，發揮心的能動作用，以實現完善之自我。然《淮南子》雖有自我完成的實踐工夫，亦主張循性的教化作用。鄭玄雖主張性善說，然認為應輔以教化，使善能進一步顯現出來。趙岐也主張須以禮節使情在合理的範圍內發展。因此，漢代心性論有著自律與他律的涵養工夫，呈現多元、複雜的現象。

第二節　以氣化宇宙論為中心

「宇宙論」是討論宇宙的起源與發生，及宇宙結構。從《尚書．洪範》曰：「一五行：一曰水，二曰火，三曰木，四曰金，五曰土。水曰潤下，火曰炎上，木曰曲直，金曰從革，土爰稼穡。潤下作鹹，炎上作苦，曲直作酸，從革作辛，稼穡作甘。」五行指水、火、木、金、土等五種物質，並且說明此五種物質分屬性於鹼、苦、酸、辛、甘等五種味覺，開啟以五行來概說事物的存在。繼《左傳》，提出天有陰、陽、風、雨、晦、明之六氣，開創出以陰陽、五行為根據之中國的氣化宇宙論，也成為漢代心性論中之重要觀點。

陰陽與五行，在騶衍之前是各自獨立，自成系統的兩種概念，二者純然是兩套不同詮釋事物的方式。在先秦至漢初典籍之中，論及陰陽較多者，屬〈易傳〉。〔註2〕如〈繫辭傳．上〉曰：「一陰一陽之謂道」、「陰陽不測之謂神」、「陰陽之義配日月」，又〈繫辭傳．下〉曰：「乾，陽物也；坤，陰物也。陰陽

〔註2〕勞思光《新編中國哲學史．二》頁72，言《易傳》是「取戰國至秦漢之雜說編纂而成」。（日）小野澤精一、福永光司、山井湧等編著；李慶譯《氣的思想．〈易傳〉中的陰陽和剛柔》（上海：上海人民出版社，1992.6）頁101，日人今井宇三郎曰：「（1）《小象傳》、《彖傳》最古老，成立於先秦；（2）《繫辭傳》、《文言傳》繼之，成立于秦漢之際；（3）《大象傳》、《說卦傳》，以及《序卦傳》、《雜卦傳》最後，成立於前漢末期。」〈易傳〉最晚完成於前漢末期。

合德，而剛柔有體；以體天地之撰，以通神明之德。」〈彖傳·泰卦〉曰：「內陽而外陰，內健而外順。」〈彖傳·否卦〉曰：「內陰而外陽，內柔而外剛。」以陰陽來概括兩種相對待之事物，並以陰陽之消長說明道之由來與變化，然與漢代學者所言之「陰陽說」仍有一段差距。後經先秦陰陽家、秦之《呂氏春秋》、漢之《淮南子》、董仲舒、揚雄，一路發展下來，陰陽消息做為天道運行的法則，陰陽之概念從代表四時、八位、十二度、二十四節等，也是宇宙萬物構成的要素，並具有剛柔、善惡、晦明等特性，成為論心性之善惡與根源的依據。

而五行的觀念，經先秦陰陽家、秦之《呂氏春秋》、漢董仲舒，一路發展下來，「五行」可用於時令，並以五行相勝之理造就其「五德終始說」，或解釋朝代更替之由，或做為帝王受命與之歷史規律，並發展為分析自然事物與現象，進以此建構人世間之變化法則。〔註3〕

漢代思想家繼承陰陽、五行之說，並以陰陽、五行說人之心性，形成陰陽、五行之氣化為中心的心性論。

漢代思想家多認為人源於天地，不管是「宇宙構成理論」或是「宇宙生成理論」中，〔註4〕宇宙構成之要素——氣，是人心性的構成要素。如：《淮

〔註3〕如：《呂氏春秋·應同篇》：「凡帝王者之將興也，天必先見祥乎下民。黃帝之時，天先見大螾大螻，黃帝曰「土氣勝」，土氣勝，故其色尚黃，其事則土。及禹之時，天先見草木秋冬不殺，禹曰「木氣勝」，木氣勝，故其色尚青，其事則木。及湯之時，天先見金刃生於水，湯曰「金氣勝」，金氣勝，故其色尚白，其事則金。及文王之時，天先見火，赤烏銜丹書集于周社，文王曰「火氣勝」，火氣勝，故其色尚赤，其事則火。代火者必將水，天且先見水氣勝，水氣勝，故其色尚黑，其事則水。水氣至而不知，數備，將徙於土。」與董仲舒《春秋繁露·五行之義》：「天有五行：一曰木，二曰火，三曰土，四曰金，五曰水。木，五行之始也，水，五行之終也，土，五行之中也，此其天次之序也。木生火，火生土，土生金，金生水，水生木，此其父子也。木居左，金居右，火居前，水居後，土居中央，此其父子之序，相受而布。是故木受水而火受木，土受火，金受土，水受金也。諸授之者，皆其父也；受之者，皆其子也；常因其父，以使其子，天之道也。是故木已生而火養之，金已死而水藏之，火樂木而養以陽，水剋金而喪以陰，土之事火竭其忠。故五行者，乃孝子忠臣之行也。五行之爲言也，猶五行歟？是以得辭也。」

〔註4〕見陳靜《自由與秩序的困惑——《淮南子》研究》（雲南：雲南大學出版社，2004.11）之〈導言：說不盡的《淮南子》〉：「儒家的宇宙構成理論是一套空間形態的理論。空間統攝一切性質，使宇宙構成的理論最終成為大一統政治制度的理論表述。道家的宇宙生成理論是一套時間形態的理論，時間開展為一

南子》以「道」作為心性的根源，但還不離氣是構成人與心性的要素，曰：「於是乃別為陰陽，離為八極，剛柔相成，萬物乃形，煩氣為蟲，精氣為人。」(〈精神訓〉)而賈誼說：「是以陰陽、天地、人，盡以六理為內度。」(《新書．六術》)即承認陰陽之氣是性之六理的元素。《白虎通義》曰：「性情者，何謂也？性者陽之施，情者陰之化也，人稟陰陽氣而生，故內懷五性六情。情者靜也，性者生也，此人所稟六氣以生者也。」(〈性情〉)並「五行生情性」(〈天地〉)，陰陽與五行作為人之情（心）性的根源。王充則以人稟元氣或五常之氣的厚薄，來論人性之善惡。王符曰：「心氣精微不可養哉？」(《潛夫論．德化》)「是以為仁義之心，廉恥之志，骨著脈通，與體俱生，而無鱷穢之氣，無邪淫之欲。」(《潛夫論．德化》)從氣言心。

漢代思想家以陰陽、五行說心性，多基於人為氣之所生的立場出發，即唐君毅所說：

> 本陰陽之氣說以言性之觀點，乃先視人為天地之陰陽之氣之和所生，故人性亦有其陰陽之二面。〔註5〕

唐君毅進以天有陽以生，有陰以殺，言扶陽者天之仁，抑陰者天之義，以德教興仁，以刑正成義，然後天人合德，類比〈中庸〉曰：「天命之謂性，率性之謂道，修道之謂教。」「同為一由天命而人性，而後依人性言道言教之說。」〔註6〕然所不同的是，漢代思想家將先秦形上理論落實於具體人身上說道德，而重視後天的教化作用，以成就德性生活而言性。

漢代宇宙論主要是「究天人之際」思想，因此，漢代思想家在建立以宇宙論為中心的心性理論時，即表現了「天人合一」特點，此即展現在天人之間有同構相副關係，如《淮南子》曰：

> 故頭之圓也象天，足之方也象地。天有四時、五行、九解、三百六十六日，人亦有四支、五藏、九竅、三百六十六節。天有風雨寒暑，人亦有取與喜怒。故膽為雲，肺為氣，肝為風，腎為雨，脾為雷，以與天地相參也，而心為之主。(《淮南子．精神訓》)

人身之構造象天地，即「天地宇宙，一人之身也。」(《淮南子．本經訓》)因

個過程，這個過程的起始和終點被表達為時間的『初』和『今』，它們也指示著兩種不同的狀態。」

〔註5〕唐君毅《中國哲學原論．原性篇》(臺北：臺灣學生書局，1984.2) 頁142。

〔註6〕唐君毅《中國哲學原論．原性篇》(臺北：臺灣學生書局，1984.2) 頁142。

此，可以「人主之情，上通於天」(《淮南子·天文訓》)，天人相通。亦如董仲舒曰：

> 求天數之微，莫若於人。從之身有四肢，每肢有三節，三四十二，十二節相持而形體立矣。天有四時，每一時有三月，三四十二，十二月相受而歲數終矣。」(《春秋繁露·官制象天》)
>
> 天亦有喜怒之氣、哀樂之心，與人相副。以類合之，天人一也。(《春秋繁露·陰陽義》)
>
> 人之形體，化天數而成；人之血氣，化天志而仁；人之德行，化天理而義。人之好惡，化天之暖清；人之喜怒，化天之寒暑；人之受命，化天之四時。人生有喜怒哀樂之答，春秋冬夏之類也。春之答也，怒，秋之答也；樂，夏之答也；哀，冬之答也。天之副在乎人。人之情性有由天者矣。(《春秋繁露·為人者天》)

天副之在於人，天人為一。人與天地在氣化的宇宙論下，天人同構相副，故可同氣相應，天人相感。

然而在漢代思想家建立人與天地「其情一體」的心性論，除解決心性根源的問題，也確立人之價值的根源，也為人生的意義定下一個目標，如荀悅說:「惟能用道，則性壽矣，苟非其性也，修之不至也。學必至聖，可以盡性，壽必用道，所以盡命。」(《申鑒·俗嫌》) 其生命意義在盡於天道之己性，盡得性命之情，即通天之性，也就是達天人合德的境界。

第三節　以善惡說心性之本質

善惡始終是心性論中的重要課題，也是心性論中爭議最大的問題之一。在先秦諸子中討論性之善惡，除了孟子之性善論和荀子之性惡外，尚有告子之性無善無惡說；公都子主張性可以為善，可以為不善，〔註 7〕及周人世碩及

〔註 7〕根據《孟子·告子上》曰:「公都子曰:『告子曰:「性無善無不善也。」或曰:「性可以為善，可以為不善，是故文武興則民好善，幽厲興則民好暴。」或曰:「有性善，有性不善，是故以堯為君而有象，以瞽瞍為父而有舜，以紂為兄之子且以為君，而有微子啟、王子比干。」今曰「性善」，然則彼皆非歟？』」告子主張性無善無不善，公都子沒有明確說善或惡，然依其說「文武興則民好善，幽厲興則民好暴」而言，認為人性是處於不確定的情形，可依外在環境變化而改變，故言「可以為善，可以為不善」。

密子賤、漆雕開、公孫尼子之徒所認為有性善有性惡說。〔註 8〕

先秦各家考察性之善惡時，雖已接觸到人性中的生物屬性，或道德意識，然而大多忽略了文化社會環境對人性形成的重要作用，因此，多圍繞在「生之謂性」、性善與性惡的觀點中，建立其心性說。而漢代學者已注意到現實環境的影響力，故在提出性有善惡的同時，而將「情」從「性」分離出，賦予現實客觀的意義，或強調心的主宰作用。並且更深入分析性與情之關係，與其善惡問題。

當性與情分離時，性大抵指人的天生本質，而情指心的反應，如情感、情緒。漢代思想家對性情善惡問題時，有以下幾種說法：（一）直指「性善情惡」的觀點，如董仲舒曰：「天地之所生，謂之性情，性情相與為一瞑，……身之有性情也，若天之有陰陽也。」（《春秋繁露．深察名號》）而「惡之屬盡為陰，善之屬盡為陽。陽為德，陰為刑。」（《春秋繁露．陽尊陰卑》）性為陽為善，情為陰為惡。《白虎通義》曰：「性情者，何謂也？性者，陽之施；情者，陰之化也。人稟陰陽氣而生，故內懷五性六情。」（〈性情〉）而「陽氣者仁，陰氣者貪，故情有利慾，性有仁也。」（〈性情〉）有「性是善，惡由情生」說。

（二）性是善，而沒有直言情為惡，卻把情視為性善之累，如《淮南子》曰：「清靜恬愉，人之性也。」（〈人間訓〉）又曰：「所謂為善者，靜而無為也。」（〈氾論訓〉）主張無為之性是善，然「感而後動，性之害也」，與外物相接，受誘惑後，情感易波動，好憎之情生，則難返本來之清靜之性。又曰：「夫喜怒者。道之邪也。憂悲者。德之失也。好憎者。心之過也。嗜欲者。性之累也。人大怒破陰。大喜墜陽。薄氣發瘖。驚怖為狂。憂悲多恚。病乃成積。好憎繁多。禍乃相隨。」（〈原道訓〉）「嗜欲者使人之氣越，而好憎者使人之心勞，弗疾去則志氣日耗。」（〈精神訓〉）是喜怒、憂悲、好憎之情為道德發展的阻礙，並以嗜欲為性的負擔。因此，主張「審動靜之變，而適受與之度，理好憎之情，和喜怒之節。」（〈氾論訓〉）要對好憎、喜怒之情做適合的調節，並沒有完全否定情純存在。

（三）性有善有惡，而情為惡。如揚雄曰：「晦明，質性也。」（《太玄經．玄瑩》）有「性善惡混」說。又曰：「由於情欲，入自禽門；由於禮義，入自人

〔註 8〕王充《論衡．本性》曰：「周人世碩，以為人性有善有惡，舉人之善性，養而致之則善長；性惡，養而致之則惡長。……故世子作《養書》一篇。密子賤、漆雕開、公孫尼子之徒，亦論情性，與世子相出入，皆言性有善有惡。」

門；由於獨智，入自聖門。」（《法言・修身》）雖沒有如董仲舒直指情為惡，但可以肯定其認為惡由情而生。王充主張「稟氣有厚泊，故性有善惡也。」（《論衡・率性》）故「人性有善有惡，猶人才有高有下也」。而對情則說：「知力耕可以得穀，勉貿可以得貨。然而必盜竊，情欲不能禁者也。以禮進退也，人莫不貴；然而違禮者眾，尊義者希。心情貪欲，志慮亂溺也。」（《論衡・答佞》）情欲會造成志慮亂溺，以致違背禮義，阻礙善性的發揮。

（四）性善惡混，而情相應。如《論衡・本性》述劉向曰：「性，生而然者也，在於身而不發。情，接於物而然者也，出形於外。形外則謂之陽，不發者則謂之陰。」認為性情相應，性不獨善，情不獨惡。而荀悅曰：「性善惡皆渾，是上智懷惠，而下愚挾善也。」（《申鑒・雜言下》）「性有善惡」說。又曰：「凡情意心志者，皆性動之別名也。」（《申鑒・雜言下》）情是性動的結果，且「昆蟲草木，有性焉，不盡善也；天地聖人，皆稱情焉，不主惡也。」（《申鑒・雜言下》）性不全是善，而性感應而動，表現於外為情，不全為惡。二人皆以性有善惡，而性情相應，情亦有善惡。

而賈誼卻在大多數漢代思想以性情說善惡之通例中，別出以更具現實意義之「勢」，代替「情」，來論述心性之善惡。賈誼認為人有道、仁、義、忠、信、密之德性，且「彼人也，登高則望，臨深則窺，人之性，非窺且望也，勢使然也。夫事有逐姦，勢有召禍。」（《新書・審微》）有「性有六美而勢別善惡」說。「勢」之外在作用，是造成人性善惡的主要因素。故漢代思想家偏於探討心性的善惡本質，而成為漢代心性論的一項特色。

第四節　以品類人性之上下

漢代心性論延續先秦孟、荀論心性善惡之發展，並調合孟荀之說法後。又從人性善惡出發，進而將人性分品以別上下，歸納出如：《淮南子》中將合於道之性，於現實世俗生活中，可能存在的三種德性的人；賈誼以五十六品為善之體，來說明接物之道，有所謂的五十六品之說；王充以人性有善有惡的前提下，將人性分為三品；荀悅將人性分為「唯上智下愚不移，其次善惡交爭」之上中下三品，而中品者可以施於法教，有可分為九品，故有十一品；王符有上智、下愚與中民三品；《老子想爾注》以「知心」分上下。分品之說，可上契孔子曰：「中人以上，可以語上也；中人以下，不可以語上也。」（《論語・雍也》）分上知、中、下愚之三類。

漢代心性論多從現實意義上，來分品等，如《淮南子》從「現實世俗生活」而言；賈誼以「接物之道」來說；荀悅則從「可施於法教」之程度。中國是以「學做聖人」為學習目標的道德主義論，來探討心性本質之善惡道德觀，基於學習的實踐目的來說，教化是社會管理的主要對策，然現實上確實存在冥頑不靈的人，因此，性品類說承認了事實教育非萬能。

而漢代心性論就人之善惡，分品等，乃處於客觀所定之標準，如唐君毅曰：

> 一人不能自有三品之分，一人唯在將其自己之性客觀化，而依標準與他人比較而觀時，乃可自定其性之屬何品也。〔註9〕

而此一標準，即合於「法教成善」之標準。因此，漢代學者分品類無不直承孔子上智、中人、下愚三類而來。而孔子之三種人乃基於「聞一以知十」，或「聞一以知二」，或學而不知，而歸納出來的，即其學習成效之差異，也就「法教成善」的實踐結果。

第五節　以陰陽為善惡之形上根據

漢代心性論並習慣以「陰陽」作為善惡本質之形上根據。當漢代思想家以陰陽作為善惡的形上依據時，多立在情屬於性範疇言，且多主張性善情惡說。如：董仲舒以「惡之屬盡為陰，善之屬盡為陽。陽為德，陰為刑。」(〈陽尊陰卑第四十三〉) 以陽為善，陰為惡，而性屬陽，陰屬情，性善情惡。揚雄以情與性，分屬陰（晦）陽（明）二氣，而主張性善情惡。《白虎通義》以陽氣主生而為性，陰氣主靜而為情，又陽氣者仁，陰氣者貪，故性屬陽，是仁，情屬陰，而有利慾。《白虎通義》沒有直言情為惡，然惡由情而生。劉向是以陰、陽來對應性、情，作為未發與已發之關係。劉向不同於漢代其他思想家者，乃以性陰情陽，來說明性是情之未發狀態，而情是性之已發，性情相應。雖也如《白虎通義》亦予「陽尊陰卑」的關係定位，然未涉及道德善惡問題。

漢代對性情關係與善惡問題，有較先秦更深入的探討，龔鵬程說：「先秦儒家只有荀子討論情性問題，而荀子論情，並不從陰陽氣運方面理論，以氣論情欲的《呂氏春秋》又論情不論性。故真正深入討論性情關係的，乃是漢

〔註9〕唐君毅《中國哲學原論．原性篇》（臺北：臺灣學生書局，1984.2）頁149。

儒在人性論史上的重要貢獻。」〔註 10〕漢代學者對心性善惡問題，能有較多元結構的探討。以陰陽作為善惡的形上根據，能較孟、荀作客觀的探討，究其實，依舊無法解決心性善惡的全面問題，但可肯定的，對心性善惡的問題有精確細緻發展。

第六節　情欲存在的合理化

情與欲是中國心性論中的重要課題，有時歸於「性」的範疇，有時被歸於「心」領域。而大多數思想家認為惡是由情欲而來。先秦時期自《尚書・召誥》：

> 凡所論節生之方，不出宮室、苑囿、飲食、衣服、輿馬、聲色諸端，於此數者必有所止，有所節，無逾於身體之需要，捐棄其放侈之享受，然後可以長生久視耳。此皆所以論養生，終篇亂，應題節生，其曰「節性」曰「安性」者，後人傳寫，以性字代生字耳。

認為情感與欲望是加以節制。〔註 11〕孟子主張性善，惡主要產生於情欲，故強調「寡欲」。荀子從情與欲來說人性是的惡，故主張化性起偽，也認為要斷絕情欲的發生。而道家基本上就不說情與欲，認為心性當處無知、無欲、無為之狀態。而《左傳》認為五味、五色、五聲與好惡喜怒哀樂的人之自然本性。以「奉禮」來「節用於內，而樹德於外，民樂其性」，只要「勿使失性」與「勿使過度」，避免過度放縱物質欲望的享受，即可。

先秦諸家中，除《左傳》對情欲採輔導方式外，其他各家多對情欲乃採否定態度，並主張節情欲、寡情欲。

而漢代心性在繼承先秦各家思想下，雖多認為惡起於情欲，然對情欲的態度有所轉變，反而較接近《左傳》的看法，如：《淮南子》認為「禮者，體情制文者也。」(〈齊俗訓〉) 禮本於情而制。又曰：

> 是故聖人審動靜之變，而適受與之度，理好憎之情，和喜怒之節。夫動靜得，則患弗過也；受與適，則罪弗累也；好憎理，則憂弗近也；喜怒節，則怨弗犯也。(《淮南子・氾論訓》

〔註 10〕龔鵬程《漢代思潮》(嘉義：南華大學，1999.8) 頁 22。

〔註 11〕阮元、傅斯年、徐復觀皆認為此「性」是指人之欲望來說。阮元認為性還包含人之情感，其涵義範圍較廣。參見本論文〈第二章漢代以前之心性說・《尚書》之心性說〉中之論述。

對於物質上的要求與喜怒之動，雖要加以節制，然適情，即可。董仲舒曰：

> 夫禮，體情而防亂者也。民之情不能制其欲，使之度禮，目視正色，耳聽正聲，口食正味，身行正道，非奪之情也，所以安其情也。變謂之情，雖持異物，性亦然者，故曰內也，變變之變，謂之外。故雖以情，然不為性說，故曰外物之動性，若神之不守也，積習漸靡物之微者也，其入人不知，習忘乃為常然若性，不可不察也。（《春秋繁露・天道施第八十二》）

認為情是爭亂的根源。然提出治情欲的方法，不是用孟子寡欲的方式，而以「體情」、「安情」的導欲方式。以為人之性情如天之陰陽不可滅絕，用禮來使情欲合理的發展。《白虎通義》認為性是善，是內在的潛質，而惡是因情之作用，但善性的發揮，有賴情的適度作用，故言情「所以扶成五性」。王充曰：「故制禮以適其宜，情有好惡喜怒哀樂，故作樂以通其敬。」認為禮樂是來使情表達合宜，而沒有說是節制情的發展。

漢代心性論在陰陽為情性的形上理論根據下，知道情欲是無法斷絕，而承認其存在的事實，以體情、安情、適情的方式，來安排情欲的發展。轉變先秦對情欲的否定態度，而折衷的承認情欲的合理性。

第七節　智心是尚

漢代心性論設定了人性本質的善惡後，不是只停留在靜態人性的剖析，並且主張道德實踐的意義。而「實踐」，必須有一個主體之自覺與努力，方能付諸實踐，因此道德實踐須有賴於主體能動作用的發揮。強調道德實踐的主體能動作用，是先秦各家的共同主張，如：孔子說：「人能弘道，非道弘人。」（《論語・衛靈公》）與「我欲仁，斯仁至矣！」（〈述而〉）即闡發自我的能動作用。至孟子之「存其心，養其性。」（《孟子・盡心上》）以「盡心」、「存心」進一步點出「心」是那個主體的動能，且心又是本體的存在；荀子強調心是「虛壹而靜」的大清明；道家則提出的「心齋」、「坐忘」來觀照主體心，以開顯了主體的自由心境。

漢代思想家繼承先秦各家以「心」作為主體的承載者，也強調心的能動作用。如《淮南子・精神訓》曰：「故心者，形之主也。」心是身形的主宰者。賈誼曰：「道者，所從接物也。其本者謂之虛，其末者謂之術。虛者，言其精微也，平素而無設施也。術也者，所從制物也，動靜之數也。凡此皆道也。」（《新書・道術》）以心為本，在人身可以超越現實相對性的限制，成為道的載體，並應接萬事萬物。董仲舒主張心統性善情惡，心是氣之主宰，也是枑之主體，有計算、志動以及明善的作用，能理智辨別善惡。揚雄則以為心是神明之思慮主體。王充認為心是智慧的承載主體，能體察天心與天道，又說：「是非不徒耳目，必開心意。」（《論衡・薄葬》）重視心的思辯作用。王符以為心能精成專一，則能獨觀道理。

漢代思想家雖繼承先秦所強調的，心在道德實踐上的主宰與能動作用，然一方面，在漢代社會政治背景〔註 12〕，與以品類分別才性優劣的影響下。另一方面，漢代思想家多主張人性是善惡相混，在先秦時期多主張自覺性道德實踐說，轉化為外在被動的教化作用，因而注意到善性的可能性根據與現實性結果，而強調心的認知作用，而主張「尚智說」。如賈誼謂聖人是具賢者外，亦兼智者的條件。其實，漢代思想家根據孔子說：「中人以上，可以語上也；中人以下，不可以語上也。」分上知、中、下愚之三品，強調學習的優劣，即其尚智思想的呈現。

《淮南子・俶真訓》曰：「是故神者智之淵也，淵清則明矣；智者心之府也，智公則心平矣。」認為智是心之靈府，心的明智作用，是人與天地萬物相感通所在。賈誼曰：「知道者謂之明，行道者謂之賢。且明且賢，此謂聖人。」（《新書・道術》）「明」是心知作用。賈誼認為聖人須兼具智與賢的條件，即重視智心的重要性。

揚雄曰：「天下有三門：由於情欲，入自禽門；由於禮義，入自人門；由於獨智，入自聖門。」（《法言・修身》）以「智」作為入於「聖門」的條件，並明確地提出「尚智」的主張。王充曰：「人，物也，萬物之中有智慧者也」（《論衡・辨崇》）；「曾又不知人生稟五常之性，好道樂學，故辨於物。……裸蟲三百，人為之長，天地之性，人為貴，貴其識知也」（《論衡・別通》），強調人之所以貴，乃因人有辨認事物之智心。王符曰：「人之情性，未能相百，而其明智有相萬也。」（《潛夫論・贊學》）主張明智的功能，使人之情性有所不同，而善惡分，並強調心智對學習的作用。

〔註 12〕燕良軾〈漢魏六朝的幾種智力學說〉（《心理科學》，2001，第 24 卷，第一期）認為漢魏六朝時期的智慧心理思想，是與當時社會政治鬥爭、軍事謀略的需要密切相關。

漢代思想家多以智為「五德」或「五常」或「五性」之一，涵攝在性情之中，是一種主觀的心理情境，如孔子曰：「里仁為美。擇不處仁，焉得知？」「唯仁者能好人，能惡人。」（《論語・里仁》）不是純粹理性的認識作用，不同於西方哲學所追求的普遍性、客觀性的事實判斷，是一種主體性的道德。漢代思想家將智用於人之道德實踐，則強調道德生活的主體意識，表現心的主觀能動性，所以尚「智」之心，不是要使心歸於清明為目的，而是以智心滋長仁心（道德）的表現。也能突破先秦儒家著眼於人倫之道探討心性觀點。

第八節　道家道教心性之轉化

道教於東漢末年興起，〔註 13〕並尊老子為道教天神「太上老君」，與道家關係非常密切。一般多以為《老子想爾注》、《太平經》、《周易參同契》是東漢道教的經典，也分別是早期道教之天師道、太平道與金丹道的代表著作。其思想主要是以道家思想為基礎而發展。其心性論在繼承道家心性論時，依舊秉持著（一）以清靜自然為基本行為方式（二）以道為最高修養準則，另外有所轉化。

一、從「單一」至「多元」的心性根源

先秦老莊皆以「道」作為心性之根源，《老子》曰：「道生之，德畜之，物形之，勢成之。」（〈第 51 章〉）道生萬物，各有其德，也就是德是秉承道，而成為自己內在所有之存在，也就是人之內在本質，即人之性。《莊子・知北遊》：「性命非汝有，是天地之委順也。」「性」是天地（道）順託委致而成，二者皆以超越的本體作為人之心性的根源。而漢代之道教，如《太平經》除了繼承道家作為宇宙萬物的本源「道」為根源外，又以萬物的原始物質「元氣」為根源。而道又可稱為「一」，強調道是天地之綱紀與渾沌未分的狀態。又賦予道人格神、宗教神聖化的涵義，言道神聖降臨世間，人無不受道性的流澤。《老子想爾注》雖以道作為心性的根源，卻以氣來界定道，以道為氣，

〔註 13〕《後漢書・皇甫嵩傳》：「初，鉅鹿張角自稱『大賢良師』，奉事黃老道，畜養弟子，跪拜首過，符水沟說以療病，病者頗愈，百姓信向之。角因遣弟子八人使於四方，以善道教化天下，轉相誑惑。十餘年閒，紅徒數十萬，連結郡國，自青、徐、幽、冀、荊、楊、兖、豫八州之人，莫不畢應。」

亦是「精」(別氣)。並將「道」化為具有意志、喜怒好惡，即能賞善罰惡的主宰者。《周易參同契》以「易」作為其心性論的根源，亦指天道言。

漢代之早期道教在道家的基礎上，又吸收《易經》、「天人感應」的思想，呈現心性根源的多元性，與多重的意義，即表現漢代心性論之雜家化的特色。

二、從「超越善惡」至「善惡」的心性本質

老莊以自然之宇宙萬物之根本「道」為心性之根源，因此，「性」是承受道之無知無識、虛靜無為、自然素樸，超越經驗的絕對性，為超越善惡的道性。而《太平經》曰：「夫天地之性，半陽半陰。陽為善，主賞賜。陰為惡，惡者為刑罰，主姦偽。」(〈卷 137～153．壬部〉)而認為人具有「半善半惡」之性。《老子想爾注》認為人性本善，與外物接觸後，則有善惡之別。

關於「心」，老子強調心能理智超越倫理道德的虛靜心。而莊子論心時雖有「虛無之心」與「世俗之心」的分別，但只有「虛無之心」才是人身真正的主宰，它是與天道相連繫的本體之道心。且老莊所謂虛靜之道心的知覺情識，是講求如止水鑑照萬物，不將不迎，是超越善惡，無知無識、虛靜無為、自然素樸的作用。至《太平經》則曰：「天下人乃俱受天地之性，……好善而惡惡，無有異也。」(〈卷 93．國不可勝數訣〉)心具有好善惡惡作用。《老子想爾注》則曰：「心者，規也，中有吉凶善惡。」(第 3 章注)心存有善惡之質，並能規善惡。漢代之道教論心性之本質，已從先秦道家「超越善惡」說，轉化為相對「善惡」論了。

三、從「絕仁棄義」至「道誡」的修養方法

老莊的心性是超越善惡的本體，其修養方法主張「致虛極、守靜篤」、「見素抱樸，少私寡欲」、「滌除玄覽」、「載營魄抱一」等方法，以內求與自知的方式來體現其心性，或藉著「忘仁義」、「忘禮樂」、「墮肢體」，「黜聰明」、「離形去知」，遺遣外物與形體的執著，與除去官能與巧智牽累，以回復本來之清明樸質、無知無識、虛靜無為、自然素樸之心性。他們都是採取擺脫「絕聖棄智」、「絕仁棄義」相對性的社會關係，透過直覺自我體認的修養方式。

而道教則以「子不孝，則不能盡力養其親；弟子不順，則不能盡力修明其師道；臣不忠，則不能盡力共敬事其君，為此三行而不善，罪名不可除也。天地憎之，鬼神害之，人共惡之，死尚有餘責於地下，名為三行不順善之子

也。」(《太平經》) 或「奉道誡，積善功，積精成神，神成仙壽。」(《老子想爾注》) 強調忠、孝、順為力行之道法。並以「道誡」作為天、地、人之間管理倫理關係的條文，以啟發心性的認知，及教導人們行為要符合天心，順於道德。將道家主張「絕仁棄義」，一直想消弭相對性現象而歸於超越性道（自然）的觀點，轉化為具儒家重仁義的善的倫理價值觀，以尊「道誡」作為具體的修養方法。

四、從「安之若命」至「性命相修」的修養態度

老莊對於心性的修養，主要講求復歸於自然無為、虛靜質樸，與道契合之心性，對於生命長短問題，不是他們所在意的。《老子》曰：「死而不亡者壽。」(〈第 33 章〉) 認為真正的長壽，不是指生命的長久，而是精神（德）所存在的意義。《莊子·人間世》曰：「天下有大戒二：其一，命也；其一，義也。子之愛親，命也，不可解於心；……是以，夫事其親者，不擇地而安之，孝之至也；……自事其心者，哀樂不易施乎前，知其不可奈何而安之若命，德之至也。」認為一切「安之若命」，才是「德之至」。因此，老莊在心性的修養上，對「命」則採順其自然的態度。而在《太平經》曰：「人愚學而成賢，賢學不止成聖，聖學不止成道，道學不止成仙，仙學不止成真，真學不止成神，皆積學不止所致也。」(〈卷 154～170·利尊上延命法〉) 以能超脫生死，得長生之仙人為其理想人物。《老子想爾注》曰：「奉道誡，積善功，積精成神，神成仙壽。」(第 13 章注) 修養的最終目地的是為得仙壽，成為仙士。《周易參同契》曰：「將欲養性，延命卻期。」亦講求「養性立命」，以「成仙」為其最終修養目標。因此，道教的心性修養，重視「性命雙修」，不同於道家「安之若命」的修養態度。

因為道教採取「性命雙修」的修養態度，以「仙人」為理想人物，故其心性論充滿了神仙色彩，是道家不曾存在的觀點。〔註 14〕

〔註 14〕雖然《莊子·天地》：「夫聖人，鶉居而鷇食，鳥行而無彰。天下有道，則與物皆昌；天下無道，則修德就閒。千歲厭世，去而上仙，乘彼白雲，至於帝鄉。三患莫至，身常無殃，則何辱之有？」有提到「千歲厭世，去而上仙，乘彼白雲，至於帝鄉」，只是莊子借華封人之口來斥責儒家聖人堯的，並不表示莊子追求仙人之境。

第九節　以成就政教為目的

唐君毅說：

> 秦漢之時，學者言性之思路與先秦學者不同，在其漸趨向於為成就客觀政教之目的言性，而不同於先秦學者之多為成就人之德行生活、文化生活、精神生活而言性。〔註15〕

說明從先秦至漢代人性論目的的轉變。先秦時期的人性論以成就人的道德生活為目的，多從「復心」達到「復性」的目的，並以自得其性命之情為主。而漢代之心性論是為實施政教找尋一個理論的根據。例如，同樣是主張清靜無之人性，《莊子．刻意》曰：

> 夫恬惔寂漠，虛無無為，此天地之平而道德之質也。故曰：聖人休休焉則平易矣。平易則恬淡矣。平易恬惔，則憂患不能入，邪氣不能襲，故其德全而神不虧。……故心不憂樂，德之至也；一而不變，靜之至也；無所於忤，虛之至也；不與物交，淡之至也。

講求恬惔虛無的人生理想，與修養所成的平易恬惔道德。而《淮南子》曰：「人之性無邪，久湛於俗則易，易而忘本，合於若性。……人性欲平，嗜欲害之，惟聖人能遺物而反己。」（〈齊俗訓〉）言人有無邪與欲平之性，然人又易受外物誘惑而害性，因此，導出聖人有移風易俗之責，曰：

> 故聖人事省而易治，求寡而易澹，不施而仁，不言而信，不求而得，不為而成。塊然保真，抱德推誠，天下從之，如響之應聲，景之像形，其所修者本也。刑罰不足以移風，殺戮不足以禁奸，唯神化為貴。（〈主術訓〉）
>
> 故聖人懷天氣，抱天心，執中含和，不下廟堂而衍四海，變習易俗，民化而遷善，若性諸己，能以神化也。（〈泰族訓〉）

主張以教化達到循性之目的。

賈誼主張人性具有道、仁、義、忠、信、密之六美的特質。此六美人性之質，乃根源於道而來，而當賈誼釋「道」入理，除了說：「物所道始謂之道，所得以生謂之德。德之有也，以道為本，故曰道者德之本也。」（《新書．道德說》）道是宇宙萬物的最初之源外，又曰：「道者，教之本也，有道然後教也。」（《新書．大政下》）道是一切教化的根源，並且說：「夫胡越之人，生而同聲，

〔註15〕唐君毅《中國哲學原論．原性篇》（臺北：臺灣學生書局，1984.2）頁89。

嗜慾不異，及其長而成俗也，累數譯而不能相通，行有雖死而不相為者，則教習然也。」(《新書・保傅》) 認為教育是後天的學習的有效方式，主張「心未濫而先諭教，則化易成也。」(《新書・保傅》)，所以，當賈誼在建構其心性論時，即以「教化」作為其理論的最終目標，並為「教化」在心性論的根源範疇中，在宇宙生成論上，找到一個合理依據。

董仲舒曰：「聖人之性，不可以名性，鬥筲之性，又不可以名性，性者，中民之性。」(〈實性第卅六〉) 當詮釋孔子對人性的看法時，歸類出聖人之性、斗筲之性、中民之性等三類，其名「中民之性」而不言「中人之性」，即站在君王的立場來說，明顯地以君王政教之施為基礎，來建構其心性論。又曰：「性者，天質之樸也，善者，王教之化也。」(〈實性第卅六〉) 認為人性是要靠後天的教化，才能成善，並以王作為教化的責任者，又曰：「是故王者上謹於天意，以順命也；下務明教化民，以成性也。」(《漢書・董仲舒傳・天人三策》) 王是承天意，以施教化，給君王施教化一個合理權威的理由。因此，董仲舒以教民為善作為君王治國之大本，故其心性論乃為王之政教為目標。《白虎通義》發揮了董仲舒所謂王者教化以成性的觀點，曰：

> 以為天地之性，人為貴，人皆天所生也，托父母氣而生耳。王者以養長而教之，故父不得專也。(〈誅伐〉)
>
> 教者，何謂也？教者，效也。上為之，下效之，民有質樸，不教而成。(〈三教〉)
>
> 王者所以盛禮樂何？節文之喜怒。樂以象天，禮以法地。人無不含天地之氣，有五常之性者。故樂所以蕩滌，反其邪惡也。禮所以防淫泆，節其侈靡也。(〈禮樂〉)

《白虎通義》在解釋「教」的義涵時，特別強調上為下效，並標舉「民」與王的對等關係。

王充主張性有善有惡，並舉荀子說的「蓬生麻中，不扶自直；白紗入緇，不染自黑」的例子，說明後天的習染可使善變惡，或惡變善，而講求教化的重要性，曰：「論人之性，定有善有惡，其善者固自善也，其惡者因可教告率勉，而使之為善，為人君父者，審觀臣子，善者則養育勸率，毋使近於惡，近惡則輔保近防，使漸於善，善亦漸惡，惡亦化善，成而為性行。」(《論衡・率性》) 特別提出人君與父的教化者身分，又說：「禮所以制，樂所為作者，情與性也。」(《論衡・本性》) 以禮教民使知謙卑辭讓，行為合宜；以樂教民使適情，以通其敬，即站在人君的立場完成其遷善去惡的心性論。荀悅以氣有陰陽、剛柔、黑白，故成人之形貌有不同的差異，並將人性大分為上、中、下三品，又曰：「善難而惡易。縱民之情，使自由之，則降於下者多矣。」(《申鑒・雜言下》) 故「性雖善，待教而成，性雖惡，待法而消。唯上智下愚不移，其次善惡交爭，於是教扶其善，法抑其惡。」(《申鑒・雜言下》) 以法教使民為善。因此，漢代學者別性之善惡與品類，乃基於客觀之評量。因此，人性善惡與品類的問題，不只是涵義之理的問題，一方面表示著對人性瞭解之深淺度，一方面表示著政教的可能性或必要性。

漢代心性論與政教之關係，如張岱年說：

> 自來論性者，並非專為研究性而研究性，而是為討論修養、教育、政治，不得討論性。……應如何施政，應如何為政，須先看人之本來狀態如何，於是便提起性的問題。〔註 16〕

張岱年就整個中國思想發展的人性論來說，不離教育與施政之用意。然漢代與先秦相較，或許在漢代大一統的政治環境中，漢代思想家普遍認為人性的改善，君王與禮教的扶持佔有更重要的地位，也因此凸顯漢代心性論的特色。

而漢代心性論以成就政教之目的，即唐君毅《中國哲學原論・原性篇》中所言：「秦漢以後之思想，趨向於客觀政教之成就，而人性之問題亦漸轉成一客觀之論題。」〔註 17〕將人視為一客觀的對象，來探其心性。此漢代建立之客觀心性論，成為以後心性論發展之態勢。

小　結

從先秦到漢代心性論的發展，有其時代意義，而展現出時代的特色。然在論漢代心性論之發展，也留下一些令人反思之處：

一、就以心性根源的探討來說，先秦諸子多會直接將天、道與心性聯繫，討論心性與道德的根源，少涉及創生的過程。而漢代思想家多會提出萬物生成論，以輔心性的分析，使漢代心性論具有形而上的哲學基礎。李曉春說：

> 人性論的發展與本體論宇宙論的發展息息相關，完善形態的人性論的出現必然有待於本體論與宇宙論的發展，以及它們以適當方式相

〔註 16〕張岱年《中國哲學史大綱》(北京：中國社會科學出版社，1982.8) 頁 205～251。

〔註 17〕唐君毅《中國哲學原論・原性篇》(臺北：臺灣學生書局，1984.2) 頁 130。

> 互銜接際上，本體論與宇宙論的智慧不僅是哲人們進行人性論思索的基礎，也是他們思考人性論的工具以說，人性論不可能超越本體論和宇宙論而獨自長足發展，人性論的水準一般是與本體論和宇宙論的水準相適應的。〔註18〕

說明宇宙論、本體論與人性論的相互關係。然漢代以宇宙論與本體論分析人性論時，卻出現幾點問題：第一，有些思想家所建構的心性根源，不是宇宙論的最高本體，例如：王充、王符以氣作為萬物生成與心性根源的基礎，但在氣之上還有一個天與道。也出現非單一的根源，如賈誼的道與德，同時是心性的根源。第二，漢代思想家有不以氣作為心性之根源者，但以氣為心性之根源者，還是站大多數，即方立夫說：「兩漢時代人性論的重要特點是以氣論性。」〔註19〕牟宗三也因此視漢代人性論是「氣質之性」的發展。〔註20〕以氣之厚薄、強弱、清濁定心性之善惡，其含絕對之意義，是屬邏輯的推論，但在現實中，人之心性是有多種的表現，不是只有善惡混，善與惡來概括的。且以氣說性善惡的決定論，則講求後天教化的功用就不具存在意義了。因此，以宇宙論作為心性根源，有其矛盾的地方。

二、徐復觀曰：「仲舒所言的陰陽，當然是形而上的性格；以善惡說明陰陽的性格，是天道陽的一面是善，而陰的一面是惡，即是天道有善的一面，又有惡的一面，這便形成天道自身的矛盾，亦即表示對天道的不可信任。」〔註21〕徐復觀所提出的問題，不只是董仲舒而已，如揚雄也以陰陽之氣來言性之善惡；《白虎通義》認為陽氣構成人之「性」，陰氣構成為人之「情」，而惡是因情之作用；《太平經》以「天地之性，半陽半陰。陽為善，主賞賜。陰為惡，惡者為刑罰，主姦偽」。故漢代思想以宇宙論來論性之善惡，無論從理論或現實上來看，還是存在相當局限性。

三、漢代心性論的另一特色，即能較先秦深入分析性情的關係，而提出性善情惡或性情相應或性本情末說法。雖漢代思想家對情多採消極的對待，

〔註18〕李曉春《宋代性二元論研究》（北京：中國社會科學出版社，2006.11）頁26。

〔註19〕方立夫《中國古代哲學問題發展史》（北京：中華書局，1990）頁403。

〔註20〕牟宗三在《中國哲學的特質》（臺北：台灣學生書局，1984.4）頁75：「中國學術史上之論性，至宋儒始將《中庸》與孟子所言之性綜言之為，天地之性或義理之性；而以告子、荀子、董仲舒、王充、劉劭等自自然生命言性者融和之轉化而為氣質之性。」

〔註21〕徐復觀《兩漢思想史．卷二》（臺北，台灣學生書局，1989.9）頁232。

然從積極的角度來看，漢代對性情關係的深入探討，可以轉移先秦對性善與性惡的紛爭。

四、漢代心性論在繼續發展先秦心性論當中，也開展出性分品類說的特性。其分品，多根據孔子說的「上智」與「下愚」，及「中人以上，可以語上也，中人以下，不可以語上也」而發揚。孔子是基於人的智力和認識能力來說，沒有將上、中、下三品人性聯繫起來。智力和認識能力有影響學習的快慢，與人性等次高低沒有直接的關係。而漢代思想家改造孔子的說法，把智力與人性直接聯繫起來，而分上、中、下的區別。雖漢代的這種說法，可以確定教育的對象，或作為實施教化的根據，但卻把一部分人排除在教育之列，有剝奪其受教育之嫌。

五、漢代思想家對人性做出三品、九品或十一品的說法，只是就心性現象的歸類，還是無法解決根本的問題。雖其有所謂稟氣之厚薄，與氣之運動，來作為善惡的根據，然無法解答造成氣動或厚薄的原因。以上最高本體的作用，與性的關係，直到宋明理學，如二程曰：「性無不善，而有不善者才也即是理，理則自堯舜至於塗人，一也察於氣，氣有清濁，察其清者為賢，察其濁者為愚。」〔註22〕及朱熹曰：「道即性，性即道，固只是一物。」〔註23〕王陽明曰：「心之體原自不動。心之本體即是性，性即是理，性元不動，理元不動。」〔註24〕才有較進一步的解釋。

六、漢代思想家在探討人性的改善時，一方面強調心的主動能動作用。另一方面，也積極主張「以教成性」的思想，並特別強調王教者的重要性，認為王教是人成善的必要條件。不似先秦時期，孟子主張性善，是要發揮個人主體自覺能動性，以保持善性；荀子主張性惡，他也認為人應善於發揮虛壹而靜的心，以學習化性為善，皆強調人的自主能力。而漢代思想家強化外在王教的必要性，有減弱人的自主能動的作用。這可能與漢代大一統政權形態相關，在加強政權權威與崇拜的同時，思想家們也受權威政權意識影響。或許在漢代建立政權權威的形態時，思想家有意予以支持與確立的表現。

〔註22〕《二程集·河南程氏遺書·卷第十八》(臺北：漢京文化事業有限公司，1983.9）頁204。

〔註23〕《朱子語類·卷第五·性理二·性情心意等各義》(臺北：華世出版社，1987.1）頁82。

〔註24〕《王陽明全書·傳習錄上》(臺北：正中書局，1979.10）頁20。

第八章　漢代心性論之影響

「心性論」是屬於哲學的課題，又是人的問題，所以人的活動無不與「心性論」有關，故漢代心性論除了影響後代心性理論發展外，也對當代起著一些意義的作用。

第一節　對後代心性論之影響

一、「氣化宇宙論為中心」之影響

漢代思想家建立的氣化論言心性說，影響後來的魏晉思想家，如：劉邵曰：

> 凡有血氣者，莫不含元一以為質，稟陰陽以立性，體五行而著形。苟有形質，猶可即而求之。(《人物志．九徵》)

人之質性乃稟於元一之氣而來。〔註 1〕又認為元一之氣分為陰陽與五行，為人之質性，有仁、義、禮、智、信之別：

> 若量其材質，稽諸五物；五物之徵，亦各著於厥體矣。其在體也：木骨、金筋、火氣、土肌、水血，五物之象也。五物之實，各有所濟。是故骨植而柔者，謂之弘毅；弘毅也者，仁之質也。氣清而朗者，謂之文理；文理也者，禮之本也。體端而實者，謂之貞固；貞

〔註 1〕牟宗三《才性與玄理》(臺北：學生書局，1985）頁 49，釋「元一」為氣，曰：「『含元一以為質』」，即以『元一』為『普通的質素底子』。此『元一』非後來朱子所謂『太極』。……此是以漢儒的『氣化宇宙論』為底子。」

固也者，信之基也。筋勁而精者，謂之勇敢；勇敢也者，義之決也。色平而暢者，謂之通微；通微也者，智之原也。五質恒性，故謂之五常矣。(《人物志．九徵》)

劉卲認為人之形質是由元一、陰陽、五行所產生，即受漢代思想家以氣言性之影響，只是漢人以氣言性，多分別善惡為主，而劉卲曰：「聰明者，陰陽之精」(《人物志．九徵》)，是以氣言人之聰明質性。

如：何晏注《論語．公冶長》：「夫子之言性與天道，不可得而聞也」言：

性者，人之所受以生也。天道，者元亨日新之道，深微，故不可得而聞也。

認為人之質性稟受於天而來，乃基於漢代氣化宇宙論思想下，由氣凝結而成之自然之質。〔註2〕因此自然之質，才進而有等級區別。至王弼言「道不違自然，乃得其性也。」〔註3〕亦不離以氣言性情。〔註4〕

阮籍（210～263）曰：

日月順其光。自然一體，則萬物經其常。入謂之幽，出謂之章。一氣盛衰，變化而不傷。是以重陰雷電，非異出也；天地日月，非殊物也。〔註5〕

人生天地之中，體自然之形。身者，陰陽之精氣也。性者，五行之正性也。情者，遊魂之變欲也。神也，天地之所以馭者也。(〈達莊論〉)

吸取漢代以氣言性情的思想，認為「自然」的本質是氣，萬物皆由氣而生，性是五行之體現。嵇康（223～263）曰：「夫元氣陶鑠，眾生稟焉。賦受有多少，故才性有昏明。」〔註6〕亦以氣為性的本源。

〔註2〕錢國盈《魏晉人性論研究》(師範大學中國文學研究所碩士論文，1992.5）頁37，主張「性」非「理」，是為氣性。

〔註3〕樓宇烈《王弼集校釋．老子．二十五章注》(臺北，華正書局，1992）

〔註4〕蒙培元《中國心性論》(臺北：台灣學生書局，1986.4）頁188：「『自然』不僅是道，而且是氣。王弼的自然本體論，不僅達到了理性的超越，而且肯定感性的存在，所謂『萬物以自然為性』固然是從本體論上說，但也吸收了氣的思想。」林麗貞《王弼》(臺北：東大圖書公司，1988.7）頁15：「衍至魏晉，才性論盛行，眾人更是偏就『氣質』以論性，王弼也不例外。他的看法不出以下三點：1. 性指氣質之性，有濃厚之異；2. 此一氣質之性，原無善惡可言；3. 善惡之分，由後天的發用與習染決定。」

〔註5〕陳伯君校注《阮籍集校注．達莊論》(北平：中華書局，1987.10）

〔註6〕嵇康撰《嵇中散集．明膽論》(臺北：臺灣商務印書館，1972）

至宋、明之心性論，雖已超越先秦至漢唐所論的善惡與品類的問題，其還是在前代心性論的基礎上完成的，尤其漢代以氣說性影響頗大。如周敦頤（1017～1073）曰：

> 誠者，聖人之本。「大哉乾元，萬物資始」，誠之源也。「乾道變化，各正性命」，誠斯立焉。純粹至善者也。故曰：「一陰一陽之謂道，繼之者善也，成之者性也。」元、亨，誠之通；利、貞，誠之復。大哉易也，性命之源乎！（《通書・誠上》）

周敦頤的心性論雖有《中庸》之「天命之謂性，率性之謂道」與《易傳・繫辭》之「一陰一陽之謂道，繼之善也」的兩個理論源頭，然其作為物質本源的太極與陰陽是氣，是產生五行萬物的基礎，也是人性的本質。張載（1020～1077）提出「太虛即氣」，以氣作為宇宙萬物的本源。又說：「氣之性，本虛而神，是神與性所固有」（《正蒙・乾稱》）；「合虛與氣，有性之名。」（《正蒙・太和》）性氣合一。後來羅欽順、王廷相等人也主張氣為宇宙萬物之本源，並明確地以氣論性，提倡性氣合一。劉宗周（1578～1645）言：「有氣斯有數，有數斯有象，有象斯有名，有名斯有物，有物斯有性。」（《語錄》）有氣才有物，有物才有性。他們皆在漢代思想家以氣言性的基礎上，繼續發展而來。

二、「善惡說本質」之影響

漢末魏晉由於政治混亂，因而頗重治世之才，故引發了操行與才能孰重的問題，於是激起對才性觀點的研究。魏晉此才性思想，即繼承漢之人性善惡品類思想的發展，如劉邵（西元 182～245）《人物志》曰：「質性機解，推情原意。」（《人物志・材理》）將性情分離。又曰：

> 蓋人物之本，出乎情性。情性之理，甚微而玄；非聖人之察，其孰能究之哉？……凡人之質量，中和最貴矣。中和之質，必平淡無味；故能調成五材，變化應節。是故，觀人察質，必先察其平淡，而後求其聰明。（〈九徵〉）

認為人有不同的質量，並依據人的質性將人分為中庸、德性、偏材、依似、閒雜五等。〔註 7〕又曰：

〔註 7〕劉邵《人物志．九徵》：「九徵皆至，則純粹之德也。九徵有違，則偏雜之材也。三度不同，其德異稱。……兼德而至，謂之中庸；中庸也者，聖人之目也。具體而微，謂之德行；德行也者，大雅之稱也。一至，謂之偏材；偏材，小雅之質也。一徵，謂之依似；依似，亂德之類也。一至一違，謂之間雜；

> 蓋人流之業，十有二焉：有清節家，有法家，有術家，有國體，有器能，有臧否，有伎倆，有智意，有文章，有儒學，有口辨，有雄傑。……清節之德，師氏之任也。法家之材，司寇之任也。術家之材，三孤之任也。三材純備，三公之任也。三材而微，塚宰之任也。臧否之材，師氏之佐也。智意之材，塚宰之佐也。伎倆之材，司空之任也。儒學之材，安民之任也。文章之材，國史之任也。辯給之材，行人之任也。驍雄之材，將帥之任也。(〈流業〉)

一人之材性不同分有十二流業。又認為天地之理有四，而「情有九偏」不能完全明「理」。〔註8〕且又將人的道德修養分為四等，曰：

> 是以越俗乘高，獨行於三等之上。何謂三等？大無功而自矜，一等；有功而伐之，二等；功大而不伐，三等。愚而好勝，一等；賢而尚人，二等；賢而能讓，三等。緩己急人，一等；急己急人，二等；急己寬人，三等。凡此數者，皆道之奇，物之變也。三變而後得之，故人末能遠也。夫唯知道通變者，然後能處之。(《人物志．釋爭》)

劉邵所謂之「性」，大抵指人之材質之性能，故不論善惡，而言聰、明或寬急、奮之差別〔註9〕，然其分等與流業不能不說是受漢之品類說的影響。

何晏（西元193～249）將人性分為三等：

> 何晏以為聖人無喜怒哀樂，其論甚精，鍾會等述之……以為：「聖人茂於人者神明也，同於人情者五情也；神明茂，故能體沖合以通無；五情同，故不能無哀樂以應物。然則聖人之情，應物而無累於物者也；今以其無累，便謂不復應物，失之多矣。」〔註10〕
>
> 凡人任情，喜怒違理，顏回任道，怒不過分。遷者，移也，怒當其理，不移易也。不貳過者，有不善未嘗復行。〔註11〕

間雜，無恒之人也。無恒、依似，皆風人末流；末流之質，不可勝論，是以略而不概也。」

〔註8〕劉邵《人物志．材理》曰：「夫理有四部，明有四家，情有九偏，流有七似，說有三失，難有六構，通有八能。……四家之明既異，而有九偏之情；以性犯明，各有得失。」

〔註9〕劉邵《人物志．材能》：「性有寬急，故宜有大小。」〈七繆〉曰：「直者性奮，好人行直於人。」

〔註10〕見《三國志．魏書．鍾會傳》裴松之注引何劭〈王弼傳〉。

〔註11〕見何晏注《論語．雍也》：「哀公問：『弟子孰為好學？』孔子對曰：『有顏回者好學，不遷怒，不貳過，不幸短命死矣，今也則亡，未聞好學者也。』」之語。

以無情聖人為第一等。以賢人雖有情，能任道為第二等。以凡人任情違理為第三等。何晏是就情應物來觀人性之善惡，乃繼承漢代思想家將情性分離，如董仲舒之「性善情惡」說，以情來決定人性終極的善惡問題。雖然何晏雖不認為情為惡，以不合道之情才為惡，其將漢代思想家以善惡論性情，轉向道家有情與無情的標準，後來王弼有情與無情之辯。

王弼曰：

> 萬物以自然為性，故可因而不可為也，可通而不可執也。物有常性，而造為之，故必敗也。物有往來，而執之，故必失矣。凡此諸或，言物事逆順反覆，不施為執割也。聖人達自然之性，暢萬物之情，故因而不為，順而不施。除其所以迷，去其所以惑，故心不亂而物性自得之也。〔註12〕

以為萬物以自然為性，而主張「性無善無惡」。聖人與常人一樣的喜怒哀樂之情，但不累於情，即「應物而無累於物」〔註13〕。認為以「性無善無惡」為本，順應自然本性，與外物接觸時不役於物，以性來統率情，人的情感應受道德理智的支配，此性統性情說，王弼稱之為「性其情」〔註14〕，或「以情從理」〔註15〕。

嵇康曰：

> 六經以抑引為主，人性以從欲為歡；抑引則違其願，從欲則得自然。（〈難自然好學論〉）
>
> 夫不慮而欲，性之動也；藏而發感，智之用也。性動者，遇物而當足，則無餘智；從感而求，勧而不已。（〈答難養生論〉）

性是人的自然欲求，包含從欲而歡樂，抑欲而不樂之情。性是情之所發處，情是性的顯現處，且性是在順人之情欲上展現出來。所以，嵇康主張能從情欲則能自然，則性與情沒有所謂的善與惡的問題。

張湛曰：「質，性也。既為物矣，則方原剛柔、靜躁沉浮，各有其性。」〔註16〕又曰：「職，主也。生各有性，性各有所宜者也。」〔註17〕以「各得其

〔註12〕樓宇烈校釋《王弼集校釋．老子．二十五章注》（臺北，華正書局，1992.12）

〔註13〕見《三國志．魏書．鍾會傳》裴松之注引何劭〈王弼傳〉。

〔註14〕王弼《周易注．上經．乾》語。

〔註15〕見《三國志．魏書．鍾會傳》裴松之注引何劭〈王弼傳〉。

〔註16〕見張湛注《列子．天瑞》：「太素者，質之始也。」之語。

〔註17〕見張湛注《列子．天瑞》：「故天職生覆，地職形載，聖職教化，物職所宜。」之語。

宜」之質性的一種品類態度。

唐韓愈（西元68～824）曰：「性之品有三，而其所以為性者五；情之品有三，而其所以為情者七。」(〈原性〉) 分性與、情各分三品。又曰：「孟子之言性曰：『人性善。』荀子之言性曰：『人之性惡。』揚子之言性曰：『人之性善惡混。』」(〈原性〉) 韓愈認為性善或性惡或性善惡混，各有所偏，三者合起來才能完整，並且似乎試圖以三品說來詮釋孔子的上智下愚說，卻產生人之本質何來同時存在善與惡的矛盾，姑且不論其理論的合理性，但可斷言的其三品之說，乃承襲漢代人性分品而來。

三、「尚智說」之影響

至魏劉邵在漢之尚智思想的基礎上發展，曰：

> 智者德之帥也。夫智出於明，明之於人，猶晝之待白日，夜之待燭火；其明益盛者，所見及遠，及遠之明難。‥‥是謂學不及材，材不及理，理不及智，智不及道。‥‥故以明將仁，則無不懷；以明將義，則無不勝；以明將理，則無不通；然則苟無聰明，無以能遂。(《人物志．九徵》)

以為智在涵養境界上僅次於道，並認為仁義禮信，須經智之「明」的引導，才能發揮仁義禮信的正面積極作用。又曰：「聖之為稱，明智之極名也。」(《人物志．九徵》) 比揚雄更強調明智的重要，將以「德」稱聖的儒家傳統觀念，轉變為智聖的境界。另外，劉邵還以智作為其品見人物的原則，突出「英」之人物，曰：

> 是故聰明秀出謂之英，膽力過人謂之雄。‥‥夫聰明者，英之分也，不得雄之膽，則說不行；膽力者，雄之分也，不得英之智，則事不立。是以，英以其聰謀始，以其明見機，待雄之膽行之；雄以其力服眾，以其勇排難，待英之智成之；然後乃能各濟其所長也。《人物志．英雄》)

「英」是指聰明秀出者，具有玄智、見機、謀始之材。

葛洪曰：

> 雖有至明，而有形者不可畢見焉。雖稟極聰，而有聲者不可盡聞焉。雖有大章豎亥之足，而所常履者，未若所不履之多。雖有禹益齊諧之智，而所嘗識者未若所不識之眾也。(《抱樸子．內篇．論仙》)

夫聰之所去，則震雷不能使之聞，明之所棄，則三光不能使之見。（《抱樸子・內篇・論仙》）

葛洪主張「聰明智用」（《抱樸子・內篇・至理》）以「聰者，料興亡於遺音之絕響；明者，覿機理於玄微之未形。」（《抱樸子・外篇・廣譬》）亦能明機、謀始。

南北朝《劉子新論》〔註18〕曰：

五德者，智、信、仁、勇、嚴也。……故智者，變通之源，運奇之府也。……夫將者，以謀為本，以人為源。（〈兵術第四十〉）

將智列為其所謂的「五德」之首，是通權變通、奇謀的根本。又曰：

智所以為妙者，以其應時而知也，若事過而後知，則與無智者齊矣。（〈貴速第四十三〉）

是以智者知小道之妨大務，小察之傷大明，捐棄細識，舒散情性。（〈觀量第四十四〉）

且能體察於未然，開闊心胸，放達情性。《劉子新論》又探討速度是衡量智的重要條件，曰：「力貴突，智貴卒。」（〈貴速第四十三〉）「故有智而不能施，非智也；能施而不能應速者，亦非智也。」（〈貴速第四十三〉），以強調對智的重視。

清人唐甄（西元1630～1704）曰：

德雖至純，不及遠大，皆智不能道之故。無智以導之，雖法堯舜之仁，不可以廣愛；雖行湯武之義，不可以服暴；雖學周公之禮，不可以率世。有智以導之，雖不折枝之仁，其仁不可勝用；雖不殺梟之義，其義不可勝用；雖不先長之禮，其禮不可勝用。（《潛書・性才》）

雖然仁能廣愛，義能服暴，禮能率世，若沒有智作為引導，則無法發揮它們的作用。唐甄又曰：

三德之修，皆從智入；三德之功，皆從智出。善與不善，雖間於微渺，亦不難辨。但知其不善而去之，知其善而守之，謂為竟事。仁能濟天下。以堯舜為準，義能制天下。以湯文為準，禮能範天下。以周公為準，智能周天下。（《潛書・宗孟》）

〔註18〕《劉子新論》主要是介紹劉晝（西元516-567）的思想。以下出於《劉子新論》之章句，乃引自於江建竣校注《新編劉子新論》（臺北：台灣古籍出版有限公司，2001.3）一書。

性渾無物，中具大明，智所由出。(《潛書·性才》)

要修養仁、義、禮之德性，建立濟天下、制天下、範天下之功，須賴智之作用之完成。

第二節　時代現實意義之作用

牟宗三曾說：「凡是對人類的活動所及，以理智及觀念加以反省說明的，便是哲學。」〔註 19〕故哲學是哲學家對現實社會生活與政治生活的反省，並作合理概念分析的結果。反過來也是社會價值或政治制度的推動因素，即英國哲學家羅素說：「哲學家們既是果，也是因。他們是他們時代的社會環境和政治制度的結果，他們可能是塑造後來時代的政治制度信仰的原因。」〔註 20〕因此，哲學與思想家和時代現實是相互作用及影響。漢代心性論是一群具有時代敏感度的社會菁英份子，觀察漢代心性發展的理論結果，他們的思想也適時影響社會，幫助制度的形成。

一、「諭教扶善」與教育

漢代思想家不管主張人之心性是善惡混，或是有善有惡，多主張需要後天的學習才能成為有德之君子，其中「教化」是大家認同的方法，如：《淮南子·泰族訓》曰：「孔子弟子七十，養徒三千人，皆入孝出悌，言為文章，行為儀表，教之所成也。墨子服役者百八十人，皆可使赴火蹈刃，死不還踵，化之所致也。」肯定教化的作用。賈誼曰：「心未濫而先諭教。」(《新書·保傅》) 董仲舒曰：「性者，天質之樸也。善者，王教之化也；無其質，則王教不能化。」(《春秋繁露·實性》)《白虎通義》：「王者以養長而教之。」(〈誅伐〉) 以人雖稟五常之性，然無法自覺展現天生的質性，故待後天的教化與學習，以啟內在的善性而表現於外。王符認為「君子之性，未必盡照」，要「能假之以自彰爾」。荀悅曰：「教化之廢，推中人而墜於小人之域；教化之行，引中人而納於君子之途，是謂章化。」(《申鑒·政體》) 皆主張教化是去惡從善的途徑。

〔註 19〕牟宗三《中國哲學的特質》(臺北：臺灣學生書局，1984.4) 頁 7。

〔註 20〕羅素著；何兆武、李約瑟、馬元德譯《西方哲學史·英國版序言》(北京：商務印書館，1963.9)

教化是指政教風化與教育感化，也就是將人內在非理性部分的情感與慾望，用教育力量來使理性抑制不合道德的情與欲，並能使情與欲合理發揮。漢代思想家在提倡「諭教扶善」觀點，也重視教育的方法。首先，認為孩提之時，就要予以教育。如賈誼主張「胎教」，認為懷孕婦女時要「立而不跛，坐而不差，笑而不諠，獨處不倨，雖怒不罵」（《新書．胎教》），使還孩子初生起就「仁者養之，孝者繈之，四賢傍之」，為孩子創造「左右前後皆正人也。習與正人居之不能無正也」（《新書．保傅》）受良好的影響。劉向認為孩子到七歲時，就應為其「擇明師、選良友，勿使見惡，使之早化。」（《說苑．建本》）王符曰：「聖深知之，皆務正己以為表，明禮義以為教，和德氣於未生之前，正表儀於咳笑之後。民之胎也，合中和以成；其生也，立方正以長。」（《潛夫論．德化》）也認為小孩在母胎之時，就應以中和之氣來影響胎兒的成長。

就教者來說，當以身作則。如《淮南子．詮言訓》說：「矩不正，不可以為方；規不正，不可以為圓。身者，事之規矩也，未聞枉己而能正人者也。」董仲舒曰：「君子知在位者不能以惡服人也。……故人主大節則知闇，大博則業厭。……而身大成，此之謂聖化。」（《春秋繁露．玉杯》）教育者要端正自己，以樹立良好的榜樣，作為受教者效法的對象。

漢代思想家也認為要廣設學校，作為教育的場所，如。陸賈曰：「民知畏法而無禮義，於是中聖乃設辟雍庠序之教，以正上下之儀，明父子之禮，群臣之義，使強不淩弱，眾不暴寡，貧貪鄙之心，興清潔之行。」（《新語．道基》）董仲舒曰：「夫不素養士而求賢，譬猶石琢玉而求文采也。故養士之大者，莫大乎太學，太學者，賢士之所關也，教化之本源也。」（《漢書．董仲舒傳》），《白虎通義》曰：「天子立辟雍何？所以行禮樂、宣德化也。」（〈辟雍〉）主張興辦學校。元朔五年（西元前124），漢武帝採納了董仲舒的建議，置博士弟子員開辦了太學，並立五經博士和博士弟子，成為仁義道德宣化中心。除了中央，地方郡國也普遍設學。到漢平帝時正式建立地方學校系統，郡國一級稱學，縣、道、邑一級稱校，鄉一級稱庠，聚一級稱序。各級政府也大力提倡私人辦學，以滿足眾多求學者的受業要求。由於私學的提倡，也帶動家庭教育的重視。家庭教育多通過長者以身作則的模範教育，並利用親情強大的自然的感染或約束對受教者進行長期的潛移默化的影響，使其養成良好的道德習慣。又因為家庭教育的因素，使得婦女也能獲得教育。〔註 21〕漢代思想家在其心性論中提倡「諭教扶善」的思想，能與現實教育制度相輔而成。

二、「循禮治情」與禮制

漢代思想家多認為情為惡，或惡由情而生，故多主張要體情或制情以防亂，並提出禮以制情的方法。如：《淮南子》曰：「禮者，體情制文者也。」（〈齊俗訓〉）董仲舒曰：「夫禮，體情而防亂者也。民之情不能制其欲，使之度禮，目視正色，耳聽正聲，口食正味，身行正道，非奪之情也，所以安其情也。」（《春秋繁露・天道施》）禮能安定、節制人之情與欲，與感情能合理的發展。揚雄曰：「由於情欲，入自禽門；由於禮義，入自人門；由於獨智，入自聖門。」（《法言・修身》）禮義能克制情欲，不入禽獸之流。劉向曰：「民有血氣心知之性，而無哀樂喜怒之常，應感起物而動，然後心術形焉。……是故先王本之情性，稽之度數，制之禮義。」（《說苑・修文》）《白虎通義》曰：「禮所以防淫泆，節其侈靡也。」（〈禮樂〉）王充說：「情性者，人治之本，禮樂所由生也。……禮所以制，樂所為作者，情與性也。」（《論衡・本性》）又曰：「故原情性之極，禮為之防，樂為之節有卑謙辭讓，故制禮以適其宜，有好惡喜怒哀樂，故作樂以通其敬。禮所以制，樂所為作者，情與性也。」（《論衡・本性》）皆主張以禮節制情性。

在先秦儒家已重視禮，如孔子曰：「人而不仁，如禮何？人而不仁，如樂何？」（《論語・八佾》）又「子貢欲去告朔之餼羊。子曰：『賜也，爾愛其羊，我愛其禮。』」（《論語・八佾》孔子重視禮的內在意義與精神，但當精神與意義不在時，孔子還是願意保留禮的形式。而孟子曰：「無惻隱之心非人也，無羞惡之心非人也，無辭讓之心非人也，無是非之心非人也。惻隱之心，仁之端也；羞惡之心，義之端也；辭讓之心，禮之端也；是非之心，智之端也。人之有是四端也，猶其有四體也。」（《孟子・公孫丑上》）以禮作先驗的道德。荀子曰：「禮起於何？曰：人生而有欲，欲而不得。則不能無求，而無度量分

〔註 21〕如（宋）李昉《太平御覽》（石家莊：河北教育出版社，2004.3）載劉向教授家庭中男女《左氏春秋》，「子孫，下至婦女，無不讀誦。」徐震堮《世說新語校箋》（臺北：文史哲出版社，1985.7）載鄭玄「家奴婢皆讀書。嘗使一婢，不稱旨，將撻之，方自陳說，玄怒，使人曳箸泥中。須臾，復有一婢來，問曰：『胡為乎泥中？』答曰：『薄言往愬，逢彼之怒。』」婢女能以《詩經・柏舟》之詩句作答。

界，則不能不爭則亂，亂則窮。先王惡其亂也，故制禮義以分之，以養人之欲，給人之求，使欲必不窮乎物，物必不屈於欲，兩者相持而長，是禮之所起也。」荀子持性惡說，把禮視為「化性起偽」的方法。而禮到了漢代，思想家多以從「情」的角度來探禮的起源，禮是因為情的需要而產生。

漢代思想家把禮的存在依據訴諸於性情，並逐漸與社會秩序同一化，而強調禮亦有其穩定社會秩序與維護國家政權的功能，如《淮南子・齊俗訓》曰：「率性而行謂之道，得其天性謂之德。性失然後貴仁，道失然後貴義，是故仁義立而道德遷矣，禮樂飾則純樸散矣，是非形則百姓眩矣，珠玉尊則天下爭矣。凡此四者，衰世之造也，末世之用也。夫禮者，所以別尊卑，異貴賤者。義者，所以合君臣、父子、兄弟、夫妻、朋友之際也。」禮明分階級的作用。賈誼說：「禮者，所以固國家，定社稷，使君無失其民者也。主主臣臣，禮之正也；威德在君，禮之分也；尊卑大小，強弱有位，禮之數也。禮，天子愛天下，諸侯愛境內，大夫愛官屬，士庶各愛其家。失愛不仁，過愛不義。故禮者，所以守尊卑之經，強弱之稱者也。」（《新書・禮》）認為禮是階層間的規範準繩，也是一種強弱情勢的裁量依據。韓嬰曰：「傳曰：在天者莫明乎日月，在地者莫明於水火，在人者莫明乎禮義。故日月不高則所照不遠，水火不積則光炎不博，禮義不加乎國家則功名不白。故人之命在天，國之命在禮。君人者降禮尊賢而王，重法愛民而霸，好利多詐而危，權謀傾覆而亡。」〔註22〕視禮為國家強大的根本。徐復觀說：「在武帝中期以前，有良心而又有遠見的知識份子，無不特別重視禮及法度重建問題。對人生社會而言，則為禮。對政治而言，則禮要求成為政治結構運行中大法度。」〔註23〕說明禮對社會秩序的規範作用。東漢班固也認為：「人性有男女之情，妒忌之別，為制婚姻之禮；交接長幼之序，為制鄉飲之禮；有哀死思遠之情，為制喪祭之禮；有尊尊敬上之心，為制朝覲之禮；哀有哭踊之節，樂有歌舞之容，正人足以副其誠，邪人足以防其失。故婚姻之禮廢，則夫婦之道苦，而淫辟之罪多；鄉飲之禮廢，則長幼之序亂，而爭鬥之獄蕃；喪祭之禮廢，則骨肉之恩薄，而背死忘先者眾；朝聘之禮廢，則君臣之位失，而侵陵之漸起。」（《漢書・禮樂志》）以禮作為規範感情的功能，使情感能合理表現，而不致於違背社會秩序。

兩漢思想家對禮的強調，能得到前後兩漢統治者的重視，並有實際之舉

〔註22〕（漢）韓嬰著；許維遹校釋《韓詩外傳集釋・卷一》（北京：中華書局，1980）
〔註23〕徐復觀《兩漢思想史・卷二》（臺北：台灣學生書局 1993.9）頁 140。

措。漢代統治者除了對秦之前的禮制有繼承沿襲外，也為大力灌輸臣民忠孝名節觀念，而有制定養老禮〔註 24〕；創制上陵祭禮〔註 25〕；實行鄉飲酒禮〔註 26〕。而禮制也確能在社會上，達到規範宗族成員言行與確定長幼倫理；〔註 27〕使宗族成員中有經濟上相互扶助；〔註 28〕使人有自覺遵守與踐行教化，從而使鄉里秩序安定和諧。〔註 29〕而漢代統治者為加強宣揚禮制孝道，促進社會穩定與和諧，除了頒佈養老禮之外，也給予老年人經濟和政治上的優待，〔註 30〕並會派遣使者、官員巡行天下，觀覽風俗、宣揚德化，亦以此來考察禮制推行的效果。〔註 31〕漢代禮制雖是在國家政體的塑造下形成的，具有較強的政治功能和社會功能的社會制度，然其與思想家主張禮的觀點，能互相輝映，且能達到實際的現實意義。

〔註 24〕東漢明帝於永平二年冬十月幸辟雍，初行養老禮，並下詔曰：「光武皇帝建三朝之禮，而未及臨饗。眇眇小子，屬當聖業。間暮春吉辰，初行大射；令月元日，復踐辟雍。尊事三老，兄事五更。」(《後漢書．明帝紀》)

〔註 25〕永平元年春正月，明帝「率公卿已下朝於原陵，如元會儀。」(《後漢書．明帝紀》) 創建上陵禮。

〔註 26〕《禮記：鄉飲酒義》：「鄉飲酒之禮，六十者坐，五十者立侍，以聽政役，所以明尊長也。六十者三豆，七十者四豆，八十者五豆，九十者六豆，所以明養老也。民知尊長養老，而後乃能入孝弟；民入孝弟，出尊長養老，而後成教；成教而後國可安也。」《後漢書．湛列傳》：「禮樂政化之首，顛沛猶不可違。是歲奏行鄉飲酒禮。」

〔註 27〕如《漢書．疏廣傳》載疏廣「既歸鄉里，日令家共具設酒食，請族人故舊賓客，與相娛樂。……居歲餘，廣子孫竊謂其昆弟老人廣所愛信者曰：『子孫幾及君時頗立產業基址，今日飲食〔費〕且盡。宜從丈人所，勸說君買田宅』。老人即以閒暇時為廣言此計，廣曰：『吾豈老悖不念子孫哉？顧自有舊田廬，令子孫勤力其中，足以共衣食，與凡人齊。今復增益之以為贏餘，但教子孫怠惰耳。賢而多財，則損其志；愚而多財，則益其過。且夫富者，眾人之怨也；吾既亡以教化子孫，不欲益其過而生怨。』於是族人說服。」

〔註 28〕如《後漢書．劉翊列傳》載「後黃巾賊起，郡縣饑荒，翊救給乏絕，盜其食者數百人。鄉族貧者，死亡則為具殯葬，嫠獨則助營妻娶。」

〔註 29〕如《後漢書．黨錮列傳》載蔡衍「少明經講授，以禮讓化鄉里。鄉里有爭訟者，輒詣衍決之，其所平處，皆曰無怨。」

〔註 30〕如《漢書．武帝紀》載「春二月，赦天下，賜民爵一級。年八十復二算，九十復甲卒。」《後漢書．禮儀中》：「仲秋之月，縣道皆案戶比民。年始七十者，授之以王杖，餔之糜粥。八十九十，禮有加賜。王杖長〔九〕尺，端以鳩鳥為飾。鳩者，不噎之鳥也。欲老人不噎。」

〔註 31〕《漢書．宣帝紀》載本始元年「遣使者持節詔郡國二千石謹牧養民，而風德化。」

三、「適情節欲」與養生

漢代思想家多主張情為惡，或惡是由情產生的，主張「循禮治情」，也主張「適情節欲」以防惡。如《淮南子・人間訓》曰：「清靜恬愉，人之性也。」〈氾論訓〉曰：「所謂為善者，靜而無為也；所謂為不善者，躁而多欲也。……適情辭餘，無所誘惑，循性保真，無變於己，故曰為善易。」多欲是惡之源，故要不受誘惑，情感適度。賈誼曰：「命者，物皆得道德之施以生，則澤潤性氣神明，及形體之位分、數度，各有極量指奏矣。此皆所受其道德，非以嗜欲取捨然也。」（《新書・道德說》）認為不以嗜欲作為取捨評斷的標準。董仲舒曰：「故為君虛心靜處，聰聽其響，明視其影，以行賞罰之象。」（《春秋繁露・保位權第》）以為心當處虛靜的狀態。《白虎通義》曰：「所以系心者何？防其淫佚也。」（〈嫁娶〉）王符曰：「是以為仁義之心，廉恥之志，骨著脈通，與體俱生，而無麤穢之氣，無邪淫之欲。」（《潛夫論・德化》）皆主張防淫佚。

漢代思想家主張的「適情節欲」的心性修養工夫，與道家與道教的「適情絕欲」的養生概念相符。甚至，與道家關係深遠的著作或道教之經典，其心性的修養工夫，即其養生觀，如《淮南子・精神訓》：

> 夫喜怒者，道之邪也；憂樂者，德之失也；好憎者，心之過也；嗜欲者，性之累也。人大怒破陰，大喜墜陽；薄氣發瘖；驚怖為狂；憂悲多恚，病乃成積；好憎繁多，禍乃相隨。夫建鐘鼓，列管弦，席旃茵，傅旄象，耳聽朝歌北鄙靡靡之樂，齊靡曼之色，陳酒行觴，夜以繼日，強弩弋高鳥，走犬逐狡兔：此其為樂也，炎炎赫赫，怵然若有所誘慕。解車休馬，罷酒撤樂，而心忽然若有所喪，悵然若有所亡也。是何則？不以內樂外，而以外樂內；樂作而喜，曲終而悲；悲喜轉而相生，精神亂營，不得須臾平。

主張去情欲以保心性。又認為七情六欲是人生的大害，人應合理控制情欲，使其適度。若情欲過度，則會造成破陰、墜陽、發瘖、發狂等病理現象。又強調不應追逐聲色犬馬、靡靡之樂，要「以內樂外」，保持內心精神的平衡。《老子指歸》曰：

> 人始生也，骨弱筋柔，血氣流行，心意專一，神氣和平，而有榮華，身體潤光，動作和悅，百節堅精，時日生息，旬月聰明。何則？神居之也。及其老也，骨枯筋急，發白肌羸，食飲無味，聽視不聰，

> 氣力日消，動作月衰，思慮迷惑，取捨相違。及其死也，形槁容枯，舌縮體伸。何則？神去之也。

以心意專一，做為精神涵養要點。《老子河上公章句》曰：「守五性，去六情，節志氣，養神明。」去情守性以養神，而養神是養生的根本。

《淮南子》、《老子指歸》、《老子河上公章句》、《太平經》等，從心性的「適情節欲」涵養工夫，成其養生概念，且更進一步發展了養生理論。《淮南子・精神訓》曰：

> 五色亂目，使目不明；五聲嘩耳，使耳不聰；五味亂口，使口爽傷；趣舍滑心，使行飛揚。此四者，天下之所養性也，然皆人累也。故曰：嗜欲者使人之氣越，而好憎者使人之心勞，弗疾去則志氣日耗。夫人之所以不能終其壽命而中道夭于刑戮者何也？以其生生之厚。

名、利、欲只會使人氣越、心勞，無法終其壽命。因此，全身養生之目標必須少私寡欲，抵制外界的種種誘惑。《老子指歸》曰：

> 金玉之與身，而名勢之與神，若冰若炭，勢不懼存。故名者，神之穢也；利者，身之害也。養神之穢，積身之害，損我之所成，而益我之所敗，得之以為利，失之以為害，則彼思慮迷而趣舍悖也。益我貨者損我神，生我名者殺我身。富貴之於我也，猶登山而長望也；名勢之於我，猶奔電之忽過也。

人為了貪圖名利、財寶、金玉，往往不惜捨棄生命，結果落入不可回復的深淵。名利財富等多是「養神之穢，積身之害，害本之物」，生命的大害。因此，為了回到「人之本性」，達到養生的目的，當去除後天嗜欲之亂。《老子河上公章句》曰：「修道於身，愛氣養神，益壽延年，其德如是，乃為真人。」以修道養神來愛護生命。以上皆將養心、養德與養生相結合。

另外，漢代思想家多以「氣」為心性之根源，或為構成萬物形體之要素，如《淮南子・本經訓》曰：「陰陽者，承天地之和，形萬殊之體，含氣化物，以成埒類。」《春秋繁露・深察名號》曰：「身之名取諸天，天兩，有陰陽之施，身亦兩，有貪仁之性。」揚雄曰：「立天之經曰陰曰陽，形地之緯曰縱曰橫，表人之行曰晦曰明。」（《太玄經・玄瑩》）《白虎通義・天地》曰：「始起先有太初，然後有太始，形兆既成，名曰太素。混沌相連，視之不見，聽之不聞，然後判清濁。……太始者，形之始也；太素者，質之始也。陽唱陰和，男行女隨也。」王充曰：「元氣純和，古今不異，則稟以為形體者，何故不同？」

(《論衡・齊世》)荀悅曰:「凡言神者,莫近於氣,有氣斯有形,有神斯有好惡喜怒之情矣。故人有情,由氣之有形也。」(《申鑒・雜言下》)其氣或分陰陽,或稱元氣,或做無形概念,或作為一種生命物質,其在構成一個人的精神與形體來說,是非常重要的要素,因此,從思想家們多節情以治性的觀點中,而有養氣觀念並成為養生的方法。

漢代思想家提到養氣做為養生的工夫,如《淮南子・原道訓》曰:

> 形神氣志,各居其宜,以隨天地之所為。夫形者生之舍也,氣者生之充也,神者生之制也,一失位則三者傷矣,是故聖人使人處其位,守其職而不得相干也。故夫形者非其所安也而處之則廢,氣不當其所充而用之則泄,神非其所宣而行之則昧。此三者,不可不慎守也。

認為氣與形、神在人之生命中,各有其位,而氣是決定形的生動,故氣也要與形、神得到適當的保養。陸賈《新語・懷慮》說:「養氣治性,思通精神,延壽命者,則志不流於外。」董仲舒曰:「養生之大者,乃在愛氣。氣從神而成,神從意而出。心之所以為意,意勞者神擾,神擾者氣少,氣少者難久矣。……物生皆貴氣而迎養之。」(《春秋繁露・循天之道》)二人主張以養氣與愛氣來養生延壽。《太平經・令人壽治平法》曰:「三氣共一,為神根也。一為精,一為神,一為氣。此三者,共一位也,本天地人之氣。神者受之於天,精者受之於地,氣者受之于中和,相與共為一道。故神者乘氣而行,精者居其中也。三者相助為治。故人欲壽者,乃當愛氣尊神重精也。」《老子河上公章句》曰:「自愛其身以保精氣。」又說:「愛氣養神,益壽延年。」二者認為氣是人的根本,而養氣是養身的重要方法。愛精保氣,生命方可長久。

在漢代流行的養生書籍中,如《黃帝內經》〔註32〕與長沙馬王堆漢墓出土的帛畫《導引圖》〔註33〕、江陵張家山漢墓中出土的竹簡《引書》〔註34〕,記載或繪製有關養生的具體的方法與活動形式,約可分為四種養生方法:第一,如「龍蟠登」(類似上肢運動)、「鸇」(類似全身運動)、「堂狼」(類似體

〔註32〕《黃帝內經》相傳是黃帝與岐伯、雷宮、伯高、俞跗、少師、鬼臾區、少俞等多位大臣討論醫學的記述。《漢書藝文志方技略》載有《黃帝內經》十八卷。現存《黃帝內經》由《素問》《靈樞》兩部分組成。

〔註33〕《導引圖》是1974年湖南長沙馬王堆三號漢墓出土的帛畫,是現在發現最早有關導引與健身運動的圖形資料。原帛畫長約100釐米,畫高40釐米。圖中彩色描繪了不同年歲的男女體操動作40多個,圖旁還附有簡單的文字說明。

〔註34〕《引書》是於1984年湖北江陵(今荊州市)張家山漢墓出的一批漢代竹簡中有關古代專門記述導引與養生的著作。

側運動)、「叩譯」(類似伸展擴胸運動)等，以引身肢體的導引方式。第二，如「引腹甬(痛)，縣(懸)累版(板)，令人高去地尺，足踐其上，手空(控)其累，後足，前需應，力引之，三而已」(《引書》簡72)，以活絡舒筋的按摩方式。第三，主張「適嗜欲於世俗之間，無恚嗔之心」(《黃帝內經．素問．上古天真論》)、「外不勞形於事，內無思慮之患，以恬愉為務，以自得為功」(《黃帝內經．素問．上古天真論》)以節制七情六欲，不過度勞累，無怒無怨，恬靜自愉，舒暢樂觀，為以靜為主的心理調攝方式。第四，如「調和於陰陽，調於四時」(《黃帝內經．素問．上古天真論》)、「呼吸精氣，獨立守神」(《黃帝內經．素問．上古天真論》)、「緩節柔筋而心和調者，可使導引、行氣」(《黃帝內經．靈樞．官能篇》)，以引呼吸鍛鍊為主的行氣方式。其中「以靜為主的心理調攝」與「引呼吸鍛鍊為主的行氣」方式，〔註35〕乃與漢代思想家從「節情制欲」、「養氣治性」出發的治性而養生主張相一致。

四、「尚智尊賢」與察舉

漢代思想家多主張人性是善惡相混，而心是主宰著實踐道德的能動作用，而認為心智決定優劣的因素，故有尚智的看法。賈誼曰：「知道者謂之明，行道者謂之賢。且明且賢，此謂聖人。」(《新書．道術》)揚雄曰：「由於獨智，入自聖門。」(《法言．修身》)王充曰：「人為貴，貴其識知也。」(《論衡．別通》)在傳統以聖「賢」為理想人格的形象上，將「智」升級到決定性的條件。而智的好壞，即代表能力的強弱。

漢代思想家多以統治者，作為遷善去惡的教化者。因此漢代思想家於政治上，則提出能輔助統治者行教化的條件，如賈誼曰：

> 曰：「請問術之接物何如？」對曰：「人主仁而境內和矣，故其士民莫弗親也；人主義而境內理矣，故其士民莫弗順也；人主有禮而境內肅矣，故其士民莫弗敬也；人主有信而境內貞矣，故其士民莫弗信也；人主公而境內服矣，故其士民莫弗戴也；人主法而境內軌矣，故其士民莫弗輔也。舉賢則民化善，使能則官職治，英俊在位則主尊，羽翼勝任則民顯，操德而固則威立，教順而必則令行。周聽則不蔽，稽驗則不惶，明好惡則民心化，密事端則人主神。術者，接

〔註35〕以上分四類，乃參考孫松珍〈漢代養生體育活動〉(《南都學壇》，2008，第2期)

> 物之隊。凡權重者必謹於事，令行者必謹於言，則過敗鮮矣。此術之接物之道也。其為原無屈，其應變無極，故聖人尊之。夫道之詳，不可勝述也。」

提出仁、義、禮、信、法、舉賢、使能、英俊在位、羽翼勝任、操德而固、教順而必、周聽、稽驗、明好惡、密事端等原則與致用方法。其中多項可以作為王者選材的參考。且其中不離賢（德）與能（智）的條件。

王符認為「凡有國之君，未嘗不欲治也，而治不世見者，所任不賢故也。」（《潛夫論・潛歎》）且說：「臣者治之材也。工欲善其事，必先利其器。是故將致太平者……必先安其人；安其人者，必先審擇其人。」（《潛夫論・本政》）所以「尊賢任能，信忠納諫，所以為安也。」（《潛夫論・思賢》）國君如果能任賢、使能，則國家就會強盛，反之，國家就會衰亡。王符並提出選拔人才的標準，說「夫聖人純，賢者駁。周公不求備，四友不相兼，況末世乎！」（《潛夫論・實貢》）認為任何人都不是十全十美，國君選拔人才時能夠做到「德義既舉」（《潛夫論・論榮》）、「量材授任」（《潛夫論・實貢》），根據各人的特長施展才智。而落實於具體，則王符曰：

> 世有大難者四，而人莫之能行也，一曰恕，二曰平，三曰恭，四曰守。夫恕者仁之本也，平者義之本也，恭者禮之本也，守者信之本也。四者並立，四行乃具，四行具存，是謂真賢。四本不立，四行不成，四行無一，是謂小人。

要以恕、平、恭、守為標準。能具此四條件才是真正的賢才，反之，就是小人。王符又說：「主有索賢之心，而無得賢之術；臣有進賢之名，而無進賢之實。」（《潛夫論・潛歎》）因此，國君主觀上要有索賢之心外，在客觀上必須要有得賢之術。並要制定考績制度，曰：

> 凡南面之大務，莫急於知賢；知賢之近途，莫急於考功。功誠考則治亂暴而明，善惡信則直（真）賢不得見障蔽，而佞巧不得竄其奸矣。（《潛夫論・考績》）

在任賢的過程中，應循名責實，進行考核，以求其真才實學來決定其進退升黜。因為，適當的考績，一方面可以切實激勵賢臣為國效力，一方面還可以有效地懲治怠慢曠職、胡作非為的貪官污吏。

而荀悅提出王者所需要做的六要點，曰：

> 惟先哲王之政，一曰承天，二曰正身，三曰任賢，四曰恤民，五曰明制，六曰立業。承天惟允，正身惟常，任賢惟固，恤民惟勤，明制惟典，立業惟敦，是謂政體也。(《申鑒．政體》)

受命於天；君王當以身作；體恤百姓；制定禮義制度，及選用賢明之臣，因為王者之政，無法以一個人就能操持天下，需要有賢明才能的輔助之臣以維持國家安定，造福人民。荀悅又提出給君王任賢使能的建議，曰

> 一曰不知，二曰不進，三曰不任，四曰不終，五曰以小怨棄大德，六曰以小過黜大功，七曰以小失掩大美，八曰以訐奸傷忠正，九曰以邪說亂正度，十曰以讒嫉廢賢能，是謂十難。十難不除，則賢臣不用，用臣不賢，則國非其國也。(《申鑒．政體》)

舉出十個方面用人制度上的重大問題。荀悅認為賢能之臣是人中的善者和智者，一方面可以為國君謀策斷略，另一方面，他們的人格魅力可以很好地引導群眾向善，以影響是對人心性的感化陶冶，是在政治上不可或缺的人才。

漢代對人才的實際選用，於高祖十一年（西元前 196）二月曾向「賢士大夫」發出招賢令，直到文帝二年（西元前 178）下詔「舉賢良方正能直言極諫者」；十五年又詔「諸侯王、公卿、郡守舉賢良能直言極諫者」(《漢書．文帝紀》)，至武帝進一步把察舉發展為一種比較完備的選官制度。察舉就是考察後予以薦舉之義，是由古之鄉舉里選演變而來的薦舉制度。

察舉制的主要內容有：（一）察舉對象，凡儒家以外的各家均不得舉，此開創了以儒術取士的標準。（二）取士項目，包括德行、學問、法令、謀略四個方面的內容。（三）分詔舉和歲舉兩類。詔舉是不定期的選舉，由皇帝下詔公卿、郡守等薦舉「賢良方正」、「能言極諫」、「勇猛知兵法」之才，經皇帝策問通過後，授以官職。所薦舉之人，稱為「賢良」。董仲舒、公孫弘即因詔舉而任官。歲舉為常科，每年推舉，是漢武帝依董仲舒之議創立，科目有孝廉和秀才（東漢時因避光武帝劉秀諱，改成「茂才」)。孝廉是一項範圍廣泛的察舉科目。應劭《漢官儀》曰：「四科取士。一曰德行高妙，志節清白；二曰學通行修，經中博士；三曰明達法令，足以決疑，能案章覆問，文中御史；四曰剛毅多略，遭事不惑，明足以決，才任三輔令：皆有孝悌廉公之行。」〔註 36〕言「孝廉」是具善事父母及清潔有廉隅之德者。〔註 37〕「茂

〔註 36〕《後漢書．志第二十四．百官一》引應劭《漢官儀》語。

〔註 37〕《漢書．武帝紀》之顏師古注：「孝謂善事父母者，廉謂清潔有廉隅者。」

才」是只有美才之人。「賢良」是德才標準兼備的統治人才的通稱。漢代察舉多以才智與德性兼備為主要人選。

而察舉是由地方州郡所推舉，因此，士人想要被察舉，必須將德行、才學公諸於眾，使聞於州郡。再經由名士主持的鄉閭評議其德行，後由三公、九卿、列侯、刺史、郡守、國相等根據鄉閭的評議向上推薦，再經過朝廷的策問與考核，才授以官職。此過程中造成了清議之風的盛行。其在漢代的新發展，與思想家提出尚智尊賢主張，有著理論與實踐、思想與行動的相聯關係，是漢代心性論在政治上的具體現實之作用。察舉制度在漢代的發展，與思想家提出尚智尊賢主張，有著理論與實踐、思想與行動的相聯關係，是漢代心性論在政治上的具體現實之作用。

五、「言情說性」與《詩》學

情與性的問題，是心性論的重要議題，自先秦孟子與荀子論性之善惡，與情指客觀事物狀態，〔註 38〕或指心理特徵、情感、情緒來說，〔註 39〕發展至漢代二者的內涵複雜化了，無論在深度與廣度上都更進一步的變化，如賈誼提出道、仁、義、忠、信、密之性，對照六理、六行、六美、六法。《白虎通義》提出仁、義、禮、智、信之五常之性，其實又會通五行、五方、五臟之內容。王充性又可分正性、隨性、遭性之說。或論性善情惡（董仲舒）、性仁情貪（董仲舒、《白虎通義》）性情相應（劉向、趙岐）、性陽情陰（董仲舒、《白虎通義》）、性陰情陽（劉向）等。漢代心性論「言情說性」的發展下，被引入了漢代《詩》學中，形成情性論《詩》的現象，如：《漢書．翼奉傳》載翼奉上封事，曰：

> 知下之術，在於六情十二律而已。北方之情，好也；好行貪狼，申子主之。東方之情，怒也；怒行陰賊，亥卯主之。貪狼必待陰賊而

〔註 38〕如王先謙集解《荀子集解．不苟》（臺北：藝文印書館，2000.5）頁 170，荀子曰：「身之所長，上雖不知，不以悖君；身之所短，上雖不知，不以取賞；長短不飾，以情自竭，若是則可謂直士矣。」郝懿行注：「情，實也。」指事物客觀狀況。

〔註 39〕指心理特徵者如：《論語．子路》：「上好信，則民莫敢不用情。」朱熹注：「情，誠實也。」（朱熹《四書集註》，臺北：世界書局，1973.5，頁 88）《荀子．禮運》曰：「得之則安，失之則危，情之至也。」楊倞注：「情，謂忠厚。」（王先謙集解《荀子集解》，臺北：藝文印書館，2000.5，頁 621）作情感、情緒講者，如：《荀子．正名》：「性之好惡喜怒哀樂謂之情。」

> 後動，陰賊必待貪狼而後用，二陰並行，是以王者忌子卯也。……《詩》曰：「吉日庚午。」上方之情，樂也；樂行奸邪，辰未主之。下方之情，哀也；哀行公正，戌丑主之。辰未屬陰，戌丑屬陽，萬物各以其類應。
>
> 察其所繇，省其進退，參之六合五行，則可以見人性，知人情。難用外察，從中甚明。故《詩》之為學，情性而已。五性不相害，六情更興廢。

這是翼奉《詩》之六情與五性說。《漢書．匡衡傳》載匡衡上疏，曰：

> 故《詩》始國風，禮本冠婚。始乎國風，原情性而明人倫也。

蔡邕《操琴》曰：

> 〈騶虞〉者，邵國之女所作也。……及周道衰微，禮儀廢弛，強凌弱，眾暴寡，萬民騷動，百姓愁苦，男怨於外，女傷於內。內外無主，內迫於情性，外逼於禮儀，嘆傷所說，而不逢時，於是援琴而歌。〔註 40〕

《韓詩外傳》曰：

> 原天命，治心術，理好惡，適情性，而治道畢矣。原天命則不惑禍福，不惑禍福則動靜脩。治心術則不妄喜怒，不妄喜怒則賞罰不阿。理好惡則不貪無用，不貪無用則不害物性。適情性則不過欲，不過欲則養性知足。四者不求於外，不假於人，反諸已而存矣。夫人者、說人者也，形而為仁義，動而為法則。《詩》曰：『伐柯伐柯，其則不遠。』

《毛詩序》曰：

> 國史明乎得失之迹，傷人倫之廢，哀刑政之苛，吟詠情性，以風其上，達於事變而懷其舊俗者也。故變風發乎情，止乎禮義。發乎情，民之性也；止乎禮義，先王之澤也。

鄭玄《詩．小雅．都人士》箋：

> 彼君子女者，謂都人之家女也。其情性密緻，操行正直，如髮之本末無隆殺也。

鄭玄《詩．大雅．烝民》箋：

> 天之生眾民，其性有物象，謂五行，仁、義、禮、智、信也。其情有所法，謂喜怒哀樂好惡也。

〔註 40〕蔡邕《操琴》文見王先謙《詩三家集疏》（北京：中華書局，1987）頁 119。

除了三家詩〔註 41〕、毛亨，與會通古、今經文之大家鄭玄，都有以情性說《詩》的例子，可知，在漢代以情性論《詩》，是漢代《詩》學的普遍現象。

漢代心性論重視情性說，影響了漢代以「原情性」、「適情性」、「吟詠情性」說《詩》的新發展，其中影響到幾項重要《詩》學觀念的突破：

第一，取代「《詩》言志」，而重視「詩人」的心理感情。在先秦多以「《詩》言志」為《詩》學觀，如：

> 教之詩，而為之導廣顯德，以耀明其志。（《國語．楚語》載申叔時語）
>
> 《詩》以言志。（《左傳．襄公二十七年》趙孟對叔向語）
>
> 《詩》以道志。（《莊子．天下》）
>
> 《詩》言是其志也。（《荀子．儒效》）
>
> 聽〈雅〉、〈頌〉之聲，而志意德廣焉。（《荀子．禮論》）

「志」包含了一定的思想感情，與「情性」有相通之處。然在先秦各家言志時，是有其「符合禮儀的理性內容始終壓倒情感內容」〔註 42〕的具體運用，如清勞孝輿《春秋詩話．卷一》曰：「風詩之變多春秋間人所作。……然作者不名，述者不作，何歟？蓋當時只有詩，無詩人。古人所作，今人可援為己詩，彼人之詩，此人可賡為續作，期於言志而已。」〔註 43〕「志」雖帶有情感，則多著重在思想、志向的層面。在「詩言志」的《詩》學觀上，則著重社會整體秩序的維護。而「情性」除了包含思想、志向外，亦言氣質，及喜怒哀樂之情感與情緒，表達個人的內心世界。漢代《詩》學受心性論之「言情說性」的影響，講求「原情性」說，則起「詩人」的自覺，也注意到創作主體「詩人」的感情心理，如，治齊《詩》者：

> 嬰推詩人之意，而作《內外傳》數萬言，其語頗與齊、魯間殊，然歸一也。（《漢書．儒林傳》）
>
> 至穆王之孫懿王時，王室遂衰，戎狄交侵，暴虐中國。中國被其苦，詩人始作，疾而歌之，曰：「靡室靡家，獫允之故」；「豈不日戒，獫允孔棘。」至懿王曾孫宣王，興師命將以征伐之，詩人美大其功，曰：「薄伐獫狁，至於太原」；「出車彭彭」，「城彼朔方。」是時四夷賓服，稱為中興。（《漢書．匈奴傳上》）

〔註 41〕翼奉與匡衡同治齊《詩》。蔡邕治魯《詩》。《韓詩外傳》屬韓《詩》一派。

〔註 42〕引自於譚德興《漢代《詩》學研究》（貴州：人民出版社，2003.7）頁 147。

〔註 43〕清勞孝輿《春秋詩話．卷一》（廣東：高等教育出版社，1996.9）

《詩》曰：「哀哉為猶，匪先民是程，匪大猶是經，維邇言是聽。」此詩人刺不通於王道而善為權利者。(《鹽鐵論．復古》)

治魯《詩》者：

公劉雖在戎狄之閒，復修后稷之業，務耕種，行地宜，自漆、沮渭，取材用，行者有資，居者有畜積，民賴其慶。百姓懷之，多徙而保歸焉。周道之興自此始，故詩人歌樂思其德。(《史記．周本紀》)

契生而賢，堯立為司徒，姓之曰子氏。子者茲；茲，益大也。詩人美而頌之曰：「殷社芒芒，天命玄鳥，降而生商」。……堯知其賢才，立以為大農，姓之曰姬氏。姬者，本也。詩人美而頌之曰：「厥初生民」，深修益成，而道后稷之始也。(《史記．三代世表》)

周道缺，詩人本之衽席，〈關雎〉作。仁義陵遲，〈鹿鳴〉刺焉。(《史記．十二諸侯年表》)

於是戎狄或居于陸渾，東至於衛，侵盜暴虐中國。中國疾之，故詩人歌之曰：「戎狄是應」，「薄伐獫狁，至於大原」，「出輿彭彭，城彼朔方」。(《史記．匈奴列傳》)

詩人曰：「岐有夷之行，子孫其保之！」宣王曰：「善！」……詩云：「未見君子，憂心惙惙，亦既見止，亦既覯止，我心則說。」詩之好善道之甚也如此。(《說苑．君道》)

《象》者，太平而作樂，示已太平也。合曰《大武》者，天下始樂周之征伐行武，故詩人歌之：「王赫斯怒，爰整其旅。」(《白虎通義．社稷》)

會在河伊之間，其君驕貪嗇儉，滅爵損祿，群臣卑讓，上下不臨。詩人憂之，故作〈羔裘〉，閔其痛悼也；〈匪風〉，冀君先教也。(《潛夫論．志氏姓》)

治韓《詩》者：

於是詩人見召伯之所休息樹下，美而歌之。《詩》曰：「蔽芾甘棠，勿剪勿伐，召伯所茇。」此之謂也。(《韓詩外傳．卷一)

《薛君章句．卷一》〔註44〕論〈召南．甘棠〉曰：

於是詩人見邵伯之所休息樹下，美而歌之。

〔註44〕(清)錢玫撰《韓詩內傳并薛君章句考》(臺北：國立中央圖書館，1975)

又論〈召南・羔羊〉曰：

> 詩人賢仕為大夫者，言其德能稱有潔白之性，屈柔之行，進退有度數也。

又如〈王風・黍離〉毛亨傳：

> 詩人自黍離離見稷之穗，故歷道其所更見。

〈小雅・正月〉毛亨傳：

> 有褒國之女，幽王惑焉，而以為后。詩人知其必滅周也。

〈小雅・小明〉鄭玄箋：

> 詩人牧伯之大夫，使述其四方之事。

〈小雅・十月之交〉鄭玄箋：

> 詩人賢者，見時如是，自勉以從王事，雖勞不敢自謂勞，畏刑罰也。

又如《漢書・董仲舒傳》：

> 及至周室之衰，其卿大夫緩於誼而急於利，亡推讓之風而有爭田之訟。故詩人疾而刺之，曰：「節彼南山，惟石巖巖，赫赫師尹，民具爾瞻。」

皆強調「詩人」作詩，源於詩人作詩之情，或刺，或憂、或勞，或傷，或美，或悔，或怨，或惡，或哀，或樂，或憤，對詩人的內心世界進行剖析。此如朱自清說：「西漢時，《韓詩》裡有『飢者歌食，勞者歌事』的話，更明顯地著重詩人，並明顯地指出詩緣情的作用。」〔註45〕究其實，不只《韓詩外傳》著重詩人，有詩緣情說，是漢代《詩》學上的普遍認識。

第二，著重「興」的表現手法。「興」是「六義」之一。「六義」之說最早見於《毛詩序》曰：

> 故詩有六義焉：一曰風，二曰賦，三曰比，四曰興，五曰雅，六曰頌，上以風化下，下以風刺上，主文而譎諫，言之者無罪，聞之者足以戒，故曰風。至於王道衰，禮義廢，政教失，國異政，家殊俗，而變風變雅作矣。國史明乎得失之跡，傷人倫之廢，哀刑政之苛，吟詠情性，以風其上，達於事變而懷其舊俗也。故變風發乎情，止乎禮義。發乎情，民之性也；止乎禮義，先王之澤也。是以一國之事，系一人之本，謂之風；言天下之事，形四方之風，謂之雅。雅者，正也，言王政之所由廢興也。政有大小，故有小雅焉。頌者，

〔註45〕朱自清《朱自清說詩》（上海：古籍出版社，1998.12）頁29。

美盛德之形容，以其成功告於神明者也。是謂四始，詩之至也。

風、雅、頌主要是指音樂的形式特徵。賦乃直鋪陳。比乃比類。興乃喻勸。〔註46〕「六義」可說是《詩》的表現手法，而比與興是漢儒關注的重點，且又以興為主要對象。〔註47〕如〈毛傳〉言興者，有116篇，其中113篇發興於首章。王逸〈離騷經序〉曰：「《離騷》之文，依《詩》取興，引類譬喻，故善鳥香草，以配忠貞。」〔註48〕而「興」感物動心，興情而作詩，即如《淮南子・原道訓》：「人生而靜，天之性也；感而後動，性之害也；物至而神應，知之動也；知與物接，而好憎生焉。」與劉向曰：「性，生而然者也，在於身而不發。情，接於物而然者也，出形於外。」的感物的心理認知過程相符。因此，漢代心性論說情性，是與「興」相契合，也影響了「興」在《詩》學上的重要地位。

六、「品類說性」與文學

漢代思想家多從心性善惡的觀點，將人之心性分品類，如《淮南子・脩務訓》中認為在現實世俗生活中，可能存在著一類能保有本真之性與兩類本性已異化等三種德性的人。又說：「世俗廢衰，而非學者多。……且夫身正性善，發憤而成仁，帽憑而為義，性命可說，不待學問而合於道者，堯、舜、文王也；沉湎耽荒，不可教以道，不可喻以德，嚴父弗能正，賢師不能化者，丹朱、商均也。……夫上不及堯、舜，……此教訓之所諭也。」在世俗中又有「非學者」、「不待學問而合於道者」、「不可教以道，不可喻以德」三種學習情狀的人。賈誼曰：「請問品善之體何如？親愛利子謂之慈，反慈為嚚；子愛利親謂之孝，反孝為孽；愛利出中謂之忠，反忠為倍；心省恤人謂之惠，反惠為困；兄敬愛弟謂之友，反友為虐；弟敬愛兄謂之悌，反悌為敖；……志操精果謂之誠，反誠為殆；克行遂節謂之必，反必為怚。凡此品也，善之體也，所謂道也。」（《新書・道術》）有慈、嚚、孝、孽、忠、倍、惠、困、友、虐、悌、敖……誠、殆、必、怚等五十六品。王充曰：「實者，人性有善有惡，猶

〔註46〕以上「六義」之說，是參考鄭玄著；賈公彥疏《周禮注疏・大師》。

〔註47〕譚德興《漢代《詩》學研究》（貴州：人民出版社，2003.7）頁245：「比興乃漢儒關注的重點。三家詩由於訓詁材料缺乏，我們不好妄下結論。但從今《毛詩鄭箋》來看，比興時成為漢儒具體說《詩》時的主要分析內容。而比興中又以興為主要對象。」

〔註48〕引自於（宋）洪興祖《楚辭補注》（北京：中華書局，1983.3）頁10。

人才有高有下也；高不可下，下不可高。謂性無善惡，是謂人才無高下也。」（《論衡・率性》）以人性在有善有惡的前提下，將人性分為上、中、下三品。荀悅曰：「或曰：『善惡皆性也，則法教何施？』曰：『性雖善，待教而成，性雖惡，待法而消。唯上智下愚不移，其次善惡交爭，於是教扶其善，法抑其惡，得施之九品，從教者半，畏刑者四分之三，其不移大數，九分之一也。一分之中，又有微移者矣。然則法教之於化民也，幾盡之矣。及法教之失也，其為亂亦如之。』」（《申鑒・雜言下》）將人性分為「唯上智下愚不移，其次善惡交爭」之上中下三品，而中品又可可分為九品，共十一品。王符曰：「上智與下愚之民少，而中庸之民多。中民之生世也，猶鑠金之在爐也，從篤變化，惟冶所為，方圓薄厚，隨熔制爾。」（《潛夫論・德化》）分有上智、下愚與中民三品。

漢代思想家以品類別心性之善惡，影響了文學界論文章之優劣。鍾嶸（西元 468～518）《詩品序》曰：「昔九品論人，《七略》裁士，校以賓實，誠多未值。」〔註 49〕鍾嶸言劉歆（約西元前 50～西元前 23）《七略》分輯略、六藝、諸子、詩賦、兵書、術數、方技等七個部分，是受到當時思想家品類說人的影響。《七略》之分類，除《輯略》外，其它六略之次序，在當時以「儒家者流」「於道最為高」，視諸子乃「《六經》之支與流裔」〔註 50〕，顯然有高下、優劣之分。而《漢書・藝文志・諸子略》以九流十家之優劣，與當時之影響大小，則有儒、道、陰陽、法、名、墨、縱横、雜、農、小說之先後次序。其〈古今人表〉九品論人，〈詩賦略〉亦用此法品賦。〈詩賦略〉列詩一種外，列賦四種，即屈原賦二十五篇以下共二十家為一種；陸賈賦三篇以下共二十一家為一種；孫卿賦十篇以下共二十五家為一種；〈客主賦〉十八篇以下共十二家為雜賦一種。除雜賦外，前三種賦有上、中、下三品之安排。〔註 51〕其中分品之優劣，班固或參考別人的看法，〔註 52〕或因帝王的賞識，〔註 53〕或文人相

〔註 49〕鍾嶸著；楊祖聿注《詩品校注》（臺北：文史哲出版社，1981.1）

〔註 50〕見《漢書・藝文志・諸子略》一文。

〔註 51〕《漢書・藝文志・詩賦略》之賦分三品說，參考李士彪〈三品論賦——《漢書・藝文志・詩賦略》前三種分類遺意新說〉（《魯東大學學報・哲學社會科學版》，2006.9，第 23 卷第 3 期）一文。

〔註 52〕揚雄《法言・吾子》：「如孔氏之門用賦也，則賈誼升堂，相如入室矣。」將賈誼、司馬相如之賦，列為上品。

〔註 53〕《漢書・王褒傳》：「太子（元帝）喜褒所為〈甘泉〉及〈洞簫頌〉令後宮貴人左右皆誦讀之。」將王褒列於上品。

輕，〔註 54〕有一些主觀的因素，然其分品類優劣之用意，非常明顯。

《漢書・王褒傳》曰：

> 上令褒與張子僑等並待詔，數從褒等放獵，所幸宮館，輒為歌頌，第其高下，以差賜帛。議者多以為淫靡不急，上曰：「『不有博弈者乎，為之猶賢乎已！』辭賦大者與古詩同義，小者辯麗可喜。辟如女工有綺縠，音樂有鄭衛，今世俗猶皆以此虞說耳目，辭賦比之，尚有仁義風諭，鳥獸草木多聞之觀，賢於倡優博弈遠矣。」

此一段記載，即顯示對所歌頌之賦，有「第其高下」之優劣的分別。由此可見。

小結

思想理論的發展，是有承前而開發的，因此，漢代心性論繼承先秦之思想而發展，也會影響魏晉及後代心性思想的演展。漢代心性論在其時代意義上，有繼承與轉發，形成其特色，也影響後代心性論，如「氣化宇宙論為中心」影響了劉邵、阮籍及宋、明之「以氣論性」的觀點。而「善惡說本質」影響魏晉之才性論與品類分性情說。「尚智說」影響了劉邵重視聰明秀出之「英」的人物；葛洪主張「聰明智用」；南北朝時《劉子新論》將智列為「五德」之首；清唐甄認為德行的修養須賴智之作用來完成。

又漢代心性論與時代發展的關係密切，其以諭教扶善、循禮治情、適情節欲、尚智尊賢、言情說性、品類說性等觀點，在不同的領域，如教育、禮制、察舉、養生、《詩》學、文學，及經濟〔註 55〕上，有著不同成程度的現實作用。

漢代經學之詩教以「發乎情，止乎禮義」為宗旨，強調以理性約束情感之氾濫，使其合乎道德倫理準則，也影響了漢代文學的表現手法，如漢樂府為了展現「發乎情，止乎禮義」的精神，其情感的流露顯得隱蔽。漢樂府為了

〔註 54〕李士彪〈三品論賦——《漢書・藝文志・詩賦略》前三種分類遺意新說〉言：「揚雄為漢賦大家，為何列入中品。仔細分析一下，原因自明。揚雄與劉歆同時，但志趣迥異，所以為劉歆所輕所忌，抑為中品。」班固將劉歆歸於上品，就將劉歆所輕之揚雄列為中品。

〔註 55〕《後漢書・循吏傳・秦彭》：「興起稻田數千頃，每于農月，親度頃畝，分別肥瘠，差為三品，各立文簿，藏之鄉縣。於是奸吏跼蹐，無所容詐。」以「三品」來分別土地的肥瘠狀況，即運用「心性論」的品類觀點。

淡化抒情，因此，凸現敘事的表現，而較多使用群體抒情方式，少用個體抒情。且多利用缺席或隱蔽的敘述者手法來敘事，而少用公開敘述者方式，如《戰城南》中作者沒有更多的情感流露，只是引發讀者對軍人的職責，與戰爭的性質作較多的理性思考。又如《孔雀東南飛》中敘述者對詩中人物、故事一直處於客觀態度，沒有批評、偏袒，也沒有對與錯，只是在敘述的過程中，透視著人物的內心和作者的情感意象。而如《郊祀歌十九章》主要用於郊祀天地之文人樂府更遠離情性了。而漢賦更缺少作家的真情，多顯富麗空洞。漢代思想家的「諭教扶善」、「循禮治情」、「適情節欲」的主張，帶動「發乎情，止乎禮義」的詩教作用，影響了漢代敘事文學興盛。

又察舉制從西漢到東漢初年曾為國家選拔了大批有用之才，起著重要的作用。雖後來隨著政治日益腐敗，漸趨有察舉不實的現象。而察舉「賢良」、「孝廉」、「茂才」在考量才智與賢德的條件下，能打破了以靠「餘蔭」而做官的「任子」，與純屬貴族、官僚、地主權利的「貲選」等世襲制和軍功地主專擅的局面。使生活在社會下層的有識之士，能進入政治核心為國效力。在漢代能有此察舉制度的產生，或許在傳統尊賢的任臣的標準外，多考慮了智能的條件，才能突破階級的界線。

漢代心性論主張教化的功能，是一種國家治術。它可以是統治者使民向善或服從統治的手段，即統治者藉由政治、道德、制度、風俗、教育等影響人們的道德心理的形成，達到從善如流的目的。畢竟「心性論」不是思想家的孤立思考，是社會性格的產物，所以，應該是社會生活與政治生活的一組成份，有其現實意義的層面。〔註 56〕

〔註 56〕羅素著；何兆武、李約瑟、馬元德譯《西方哲學史．美國版序言》（北京：商務印書館，1963.9）曰：「哲學乃是社會生活與政治生活的一個組成部分，它並不是卓越的個人所做出的孤立的思考，而是曾經有各種體系盛行過的各種社會性格的產物與成因。」

第九章　結　論

宋張載說：

> 告諸生以學必如聖人而後已，以為知人而不知天，求為賢人而不求為聖人，此秦、漢以來學者之大蔽也。(《宋元學案‧橫渠學案‧上》)

張載批駁漢人為學修養，只止於賢人地步，不求達聖人境界。究其實，漢人求為賢人而不求為聖人的情形，可在心性論中探得其原委。漢代心性論多以陰陽二氣作為心性的根源，陰陽二氣有清濁、厚薄之分，而心性有善惡之別，故漢代思想家多持善惡混說。因此，在人存有惡的本性之前提下，欲達聖人完善之境界，是有令人疑義之處。若漢代思想家堅執求為聖人，則可能會陷入似荀子性惡說的小矛盾。荀子曰：「聖人之所以同於眾，其不異於眾者，性也。」(《荀子‧性惡》) 我與聖人同性惡，只是聖人積思慮，習禮義，能化性起偽，然荀子又曰：「凡禮義者，是生於聖人之偽，非故生於人之性也。」(《荀子‧性惡》) 禮義是由聖人制定出來的，而人要學禮義，始可變化氣質成為聖人，則聖人未出，禮義何有？聖人何以為聖人？因此，漢代思想家非將修養模範標準降低，只是在其心性理論的架構中，完成其合理的安頓。

又宋周敦頤說：

> 孔、孟而後，漢儒止有傳經之學，性道微言之絕久矣。(《宋元學案‧濂溪學案‧上》)

周敦頤道出了漢代學術概況。漢代學術以儒學獨尊，而儒學又以經學為擅場，皆已成就政教為目的。漢代心性論也為完成客觀政教為目的，少言心性之微言大義，較缺乏形上思維的哲理意味，故周子曰：「性道微言之絕久矣。」

雖漢代心性論在漢代的時空中開展出具有時代意義的心性思想，但它在接續先秦心性說的進展下，也延續開發先秦論心性的內涵，在整個中國心性論的發展過程中，從先秦到魏晉、唐宋、明清，添補了一段不可少的記實，繼往開來締造中國心性論的發展特點：

一、善惡本質說。人性是善是惡的問題，至今雖尚無定論。然從孔子說「性相近，習相遠。」(《論語・陽貨》) 簡單的一句，沒有明確指出人性是善或是惡，經孟子、荀子分善惡開始，歷漢代、魏晉說性善情惡、有善有惡、善惡混，及宋明天理人欲之辨，皆以善或惡來說心性的本質。善、惡之別，是從道德與價值的觀念延展出的意義。而人性「善惡本質說」，是中國傳統以「學做聖人（賢人）」為學習目標的道德主義論的產物。

二、向善實踐說。中國心性論的另一特點是「向善實踐說」，此特點強調了道德實踐的意義與人的主體能動作用。「實踐」必須有一主體之自覺與努力，方可謂之實踐。中國的心性論是一種完成自我、實現自我的道德實踐，故稱為「向善實踐說」。中國心性論設定了心性本質的善惡後，不是只停留在靜態心性的剖析，純粹理智思辯的理論，是經過理智反省而體現於行為，是種道德實踐的思想。以性善作為人的本體存在，先有孟子之「存其心，養其性。」(《孟子・盡心上》)，以存養工夫實踐心性本善的道德本體論。荀子主張「化性起偽」以變化氣質。經《大學》、《中庸》，直到之宋明理學一路發展下來，講求「明明德，在親民，在止於至善。」(《大學》) 與「能盡其性，則能盡人之性；能盡人之性，則能盡物之性；能盡物之性，則可以贊天地之化育；可以贊天地之化育，則可以與天地參矣。」(《中庸》) 通過「明」與「盡」的實踐過程，實現自己的道德本體。又《莊子》書中言齊物、養生、人間世、德充符、大宗師、逍遙遊，乃至達生、繕性、至樂，以及應帝王，無一不以探討處世的實踐之道。在漢代思想家持善惡混說，主張善成於教。並認為「禮所以制，樂所為作者，情與性也。」(《論衡・本性》) 及「學者所以修性也。」(《法言・學行》)「學以治性」(《白虎通義・辟雍》)「心未濫而先諭教，則化易成也。」(《新書・保傅》)「教化之行，引中人而納於君子之途，是謂章化。」(《申鑒・政體》)「必勤於學問，以修其性。」(《說苑・建本》) 董仲舒以「心有計慮」(《春秋繁露・人副天數》)；或揚雄尚智；王充認為「是非不徒耳目，必開心意」(《論衡・集解》)；荀悅言「心誠則神明應之」(《申鑒・雜言下》)；王符說「德義之所成者智也」(《潛夫論・贊學》) 皆重視心的思辯、認知作用，皆以實踐道德為終極目標。

三、天人合諧說。心性論是通過人與天或自然的關係，確定人的本質、本性與價值的問題，所以，心性論也是究天人之際的思想。中國傳統心性論對天是以「天人合諧」為前提，如：孟子之「盡其心者，知其性也。知其性，則知天矣」（《孟子・盡心上》）；《中庸》、宋明理學之「致中和，天地位焉，萬物育焉」、「與天地參」，皆與天呈現和諧狀態，並追求「天人合一」為圓成的境界。而荀子主張「天人之分」，然還是承認天是人的最後根源。老莊提出「道」作為宇宙本體，對自然作形而上的解釋。「道」也是萬物的本源，是社會政治和人生的指導原則。老子講「法自然」；莊子主張復歸自然，都是實現人與自然的和諧價值關係。而在漢代如陸賈「天人合策」、董仲舒「天人相類」以「天人感應」的神權為基礎，或是吸收道家與陰陽五行家，重視客觀法則和宇宙運行圖式，他們還是以天或形上之道，作為人效法的對象，最終目的也是要達到「天人合諧」的地步。

四、知性至命說。中國的心性論常將性與命聯繫在一起。如孟子曰：「盡其心者，知其性也。知其性，則知天矣。存其心，養其性，所以事天也。」（《孟子・盡心上》）《郭店楚簡・性自命出》言「性自命出，命自天降。」《易傳》之「窮理盡性以至於命。」〈中庸〉之「天命之謂性，率性之謂道，修道之謂教。」漢代王充有「正性」定「正命」、「隨性」定「隨命」、「遭性」定「遭命」之「性成命定」說；荀悅也有「窮理盡性以至於命。」（《申鑒・雜言下》）等說法。儒家心性之學，可稱為性命之學。性是謂人所稟受，命是謂天所命生人者。人成天命而有性。性在已在內，而命則在天在外，有內在性與外在性、自主性與限定性的關係。性與命是統一的整體。且思想家們多主張知性以至於命，修養本性，體悟天地間萬事萬物之道理，掌握時勢進退吉凶，完善自我。

因此，「漢代心性論」在締造中國整體心性論的歷史發展上，居有不可或缺地位。如蒙培元《中國心性論・緒論》列舉出中國心性論有人本思想、理性主義、主體思想、整體思想等四大特點，〔註 1〕「漢代心性論」也沒有缺席。

〔註 1〕蒙培元《中國心性論》（臺北：台灣學生書局，1986.4）頁 2～19。

參考書目

一、文獻類（以下按朝代排序）

1. 《十三經注疏》，臺北：藝文印書館，1985.10。
2. （周）左丘明撰；韋昭注《國語》，臺北：漢京文化事業股份有限公司，1983.12。
3. （周）莊周撰；郭慶藩輯《莊子集釋》，臺北：漢京文化事業有限公司，1983.9。
4. （周）荀子撰；王先謙集解《荀子集解》，臺北：藝文印書館，2000.5。
5. （周）墨翟撰；孫詒讓著《墨子閒詁》，臺北：華正書局，1995.9。
6. （周）列禦寇撰；（後魏）張湛注《列子》，臺北：中華書局，1982.11。
7. （周）呂不韋編；（漢）高誘註《呂氏春秋》，臺北：藝文印書館，1974.1。
8. （漢）劉安撰；（漢）高誘注；劉文典集解《淮南鴻烈集解》，臺北，文史哲出版社，1992.10。
9. （漢）司馬遷撰；瀧川龜太郎著《史記會注考證》，臺北：洪氏出版社，1985.9。
10. （漢）許慎撰；徐鉉等校定《說文解字》，臺北：黎明文化事業，1980.10。
11. （漢）陸賈《新語》，文淵閣四庫全書，臺北：臺灣商務印書館，1983。
12. （漢）賈誼撰；盧文弨校《新書》，臺北：中華書局，1971。
13. （漢）董仲舒撰；凌曙注《春秋繁露》，臺北：臺灣商務印書館，1976.1。

14. （漢）董仲舒《董子文集》，北京：中華書局，1985。

15. （漢）揚雄撰；朱榮智校注《法言》，臺北：臺灣古籍出版社，2000.10。

16. （漢）揚雄著；（漢）陸績述；（晉）范望注《太玄經》，臺北：廣文書局，1988.5。

17. （漢）王充撰；劉盼遂集解《論衡集解》，臺北：世界書局，1966.3。

18. （漢）班固《漢書》；（唐）顏師古注《漢書》，臺北，宏業書局，1949.7。

19. （漢）劉向《新序》，臺北：黎明文化事業公司，1996.12。

20. （漢）劉向撰；左松超著《說苑》，臺北：國立編譯館，2001。

21. （漢）王符等撰《潛夫論．申鑒．中論》，臺北：世界書局，1975.11。

22. （漢）仲長統《昌言》，臺北：遠流圖書，1983.7。

23. （漢）荀悅《漢紀》，臺北：臺灣商務印書館，1971。

24. （漢）班固《白虎通義》，臺北：黎明文化事業公司，1996.12。

25. （漢）韓嬰《韓詩外傳》，臺北：新興書局，1974。

26. （漢）柏寬《鹽鐵論》，臺北：臺灣商務印書館，1967。

27. （漢）孔鮒《孔叢子》，臺北：中國子學名著集成編印基金會，1978。

28. （漢）賈誼《新書》，臺北：黎明文化事業公司，1996.12。

29. （魏）劉卲著；劉君祖撰述《人物志》，臺北：金楓出版社，1986.12。

30. （魏）嵇康《嵇中散集》，影印臺灣中央圖書館珍藏善本書稿本，臺北：臺灣商務印書館，1972。

31. （晉）陳壽撰；（宋）裴松之注《三國志》，臺北：鼎文書局，1976.6。

32. （晉）葛洪《神仙傳》，正統道藏，臺北：新文豐出版公司，1977。

33. （晉）常璩《華陽國志》，四部叢刊初編史部，臺北：臺灣商務印書館，1975.6。

34. （南朝宋）范曄《後漢書》，臺北，宏業書局，1984.3。

35. （南朝梁）劉勰撰；王利器校箋《文心雕龍校箋》，臺北：明文書局，1982.1。

36. （南朝梁）鍾嶸著；楊祖聿注《詩品校注》，臺北：文史哲出版社，1981.1。

37. （唐）魏徵《隋書》，臺北：鼎文書局，1987.5。
38. （唐）房玄齡、褚遂良等奉敕撰《晉書》，北京：中華書局，1974.11。
39. （唐）韓愈《韓昌黎全集》，臺北：中華書局，1966.3。
40. （唐）皮日休《皮子文藪》，上海：上海古籍出版社，1981。
41. （唐）劉知幾撰；（清）浦起龍釋《史通通釋》，台北：里仁書局，1993.6。
42. （唐）陸德明《經典釋文》，四部叢刊初編經部，臺北：臺灣商務印書館，1975.6。
43. （後蜀）彭曉《周易參同契分章通真義》，上海：上海書店，1995。
44. （宋）周敦頤《周子全書》，臺北：臺灣商務印書館，1968.3。
45. （宋）張載撰；朱熹注《張子全書》，臺北：台灣商務印書館，1979.1。
46. （宋）程顥、程頤《二程集》，臺北：漢京文化事業有限公司，1983.9。
47. （宋）李燾編《續資治通鑑長編》，北京：中華書局，1990.9。
48. （宋）朱熹《孝經刊誤》，影印文淵閣四庫全書本，臺北，臺灣商務印書館，1983。
49. （宋）朱熹《朱子語類》，臺北：華世出版社，1987.1。
50. （宋）朱熹《四書集註》，臺北：世界書局，1973.5。
51. （宋）葉子奇《太玄本旨》，四庫全書本，臺北：臺灣商務印書館，1983。
52. （宋）歐陽修、宋祁等撰《新唐書》，北京：中華書局，1990.9。
53. （宋）司馬光《太玄集注》，北京：中華書局，1998.9。
54. （宋）司馬光撰；胡三省注《資治通鑒》，臺北：洪氏出版社，1980.10。
55. （宋）李昉《太平御覽》，石家莊：河北教育出版社，2004.3。
56. （宋）王應麟《周易鄭康成注》，嚴靈峰編《無求備齋易經集成》第 175 本，臺北：成文出版社，1976。
57. （宋）蔡沈《書經集傳》，文淵閣四庫全書本，臺北：臺灣商務印書館，1983.10。
58. （宋）洪興祖《楚辭補注》，北京：中華書局，1983.3。
59. （元）俞琰《周易參周契發揮》，正統道藏，臺北：新文豐出版公司，1977。
60. （明）王陽明《王陽明全書》，臺北：正中書局，1979.10。

61. （明）劉宗周《劉宗周全集》，臺北：中央研究院中國文哲研究所籌備處，1996.6。
62. （清）章學誠《文史通義校注》，臺北：漢京文化公司，1986.9。
63. （清）永瑢等撰《四庫全書總目提要》，臺北：臺灣商務印書館，1965。
64. （清）王夫之《讀通鑒論》，北京：中華書局，1975.7。
65. （清）王鳴盛《蛾術篇》，臺北：信誼書局，1976.7。
66. （清）王鳴盛《十七史商榷》，臺北：大化出版社，1984.5。
67. （清）陳立疏《白虎通疏證》，北京：中華書局，1994.8。
68. （清）范家相《三家詩拾遺》，文淵閣四庫全書影印本，臺北：臺灣商務印書館，1983。
69. （清）嚴可均輯《全上古三代秦漢三國六朝文》，北京：中華書局，1958。
70. （清）劉熙載；王氣中箋注《藝概》，貴州：人民出版社，1986.6。
71. （清）陳澧《漢儒通義》，臺北：華文書局，出版年不詳。
72. （清）焦循《孟子正義》，臺北：世界書局，1992.4。
73. （清）阮元《揅經室集·性命古訓》，北京：中華書局，1985。
74. （清）王先謙《詩三家集疏》，北京：中華書局，1987。
75. （清）勞孝與《春秋詩話》，廣東：廣東高等教育出版社，1996.9。
76. （清）錢玫《韓詩內傳并薛君章句考》，臺北：國立中央圖書館，1975。

二、著作類（以下按筆劃排列）

1. 于大成《淮南論文三種》，臺北：文史哲出版社，1975.7。
2. 于首奎《兩漢哲學新探》，成都：四川人民出版社，1988。
3. 方東美《中國人生哲學》，臺北：黎明書局，1982.12。
4. 方東樹《漢學商兑》，臺北：臺灣商務印書館，1978.6。
5. 方立夫《中國古代哲學問題發展史》，北京：中華書局，1990。
6. 王恩來《人性的尋找：孔子思想研究》，北京：中華書局，2005。
7. 王淮《老子探義》，臺北：台灣商務印書館，1985.3。
8. 王明《太平經合校》，北京：中華書局，1997.10。

9. 王明《道家和道教思想研究》，北京：中國社會科學出版社，1987.6。
10. 王青《揚雄評傳》，南京：南京大學出版社，2000.12。
11. 王永祥《董仲舒評傳》，南京：南京大學出版社，1995.9。
12. 王邦雄等編《中國哲學史》，臺北：國立空中大學，1995.8。
13. 王邦雄《韓非子的哲學》，臺北：東大圖書有限公司，1977.8。
14. 王步貴《王符思想研究》，甘肅：甘肅人民出版社，1987.4。
15. 王步貴等《儒學精蘊新釋》，濟南：齊魯書社，2002.3。
16. 王利器《新語校注》，北京：中華書局，1986.5。
17. 王利器《鄭康成年譜》，濟南：齊魯書社，1983.3。
18. 王有德《老子指歸譯注》，北京：商務印書館，2004.12。
19. 王興國《賈誼評傳》，南京：南京大學出版社，1992。
20. 皮錫瑞《經學通論》，臺北：台灣商務印書館，1989.10。
21. 任繼愈主編《中國哲學發展史史．秦漢》，北京：人民出版社，1985.2。
22. 任繼愈《中國哲學史．第二冊》，北京：人民出版社，1963.7。
23. 任繼愈《莊子哲學討論集》，北京：中華書局，1962.8。
24. 田鳳台《呂氏春秋探微》，臺北：臺灣學生書局，1986.3。
25. 牟宗三《中國哲學的特質》，臺北：臺灣學生書局，1984.4。
26. 牟宗三《歷史哲學》，臺北：學生書局，1988.8。
27. 牟宗三《才性與玄理》，臺北：學生書局，1985.4。
28. 牟鍾鑒《《呂氏春秋》與《淮南子》思想研究》，山東：齊魯書社，1987.9。
29. 朱伯崑《先秦倫理學概論》，北京：北京大學，1984.2。
30. 朱自清《朱自清說詩》，上海：古籍出版社，1998.12。
31. 安樂哲《中國哲學問題》，臺北：臺灣商務印書館，1973。
32. 杜維明《儒家自我意識的反思》，臺北：聯經出版社，1990.10。
33. 江建竣校注《新編劉子新論》，臺北：台灣古籍出版有限公司，2001.3。
34. 何秀煌《人性．記號與文明：語言、邏輯與記號世界》，臺北：東大出版社，1992.10。

35. 沈清松編《中國人的價值觀—人文學的觀點》，臺北：桂冠出版社，1993.6。
36. 吳龍輝《原始儒家考述》，臺北：文津出版社，1995.5。
37. 吳怡《中國哲學發展史》，臺北：三民書局，1996.11。
38. 李威熊《董仲舒與西漢學術》，臺北：文史哲出版社，1978.6。
39. 李景明《中國儒學史．秦漢卷》，廣州：廣東教育出版社，1998.6。
40. 李剛《漢代道教哲學》，成都：巴蜀書社，1995.5。
41. 李道顯《王充文學批評及其影響》，臺北：文史哲出版社，1984.6。
42. 李漢三《先秦兩漢之陰陽五行學說》，臺北：維新書局，1981.4。
43. 李曉春《宋代性二元論研究》，北京：中國社會科學出版社，2006.11。
44. 李增《《淮南子》哲學思想研究》，臺北：洪葉文化事業，1997.10。
45. 余書麟《中國儒家心理思想史》，臺北：心理出版社，1994.8。
46. 林麗貞《王弼》，臺北：東大圖書公司，1988.7。
47. 林麗雪《王充》，臺北：東大出版社，1991.9。
48. 周紹賢《兩漢哲學》，臺北：文景出版社，1978.4。
49. 周桂鈿《董學探微》，北京：北京師範大學出版發行，1989。
50. 周桂鈿《中國歷代思想史．秦漢卷》，臺北：文津出版社，1993.12。
51. 周桂鈿《秦漢思想史》，石家莊：河北人民出版社，2000.1。
52. 金春峰《漢代思想史》，北京：中國社會科學出版社，1997.12。
53. 孟乃昌、孟慶軒編《萬古丹經王——〈周易參同契〉三十四家注釋集萃》，北京：華夏出版社，1993.1。
54. 孟乃昌、潘雨廷著《周易參同契考證》，北京：中國道教協會編，1987。
55. 胡適《淮南王書》，臺北：台灣商務印書館，1962.9。
56. 胡適《中國哲學史大綱》，北京：東方出版社，2004.3。
57. 姜國柱、朱葵菊著《中國歷史上的人性論》，北京：中國社會科學出版社，1989.7。
58. 侯外盧、趙紀彬、杜國庠、邱漢生等著《中國思想通史．第二卷》，北京：人民出版社，1995.10。
59. 威爾．杜蘭著；許大成等譯《西洋哲學史話》，臺北：協志工業叢書，

1964.6。
60. 徐復觀《中國人性論史・先秦篇》，臺北：臺灣商務印書館，1969.1。
61. 徐復觀《兩漢思想史・卷二》，臺北：台灣學生書局，1989.9。
62. 徐復觀《兩漢思想史・卷三》，臺北：台灣學生書局，1993.9。
63. 徐漢昌《管子思想研究》，臺北：台灣學生書局，1990.6。
64. 徐平章《王符潛夫論思想探微》，臺北：文津出版社，1982.5。
65. 徐震堮《世說新語校箋》，臺北：文史哲出版社，1985.7。
66. 唐君毅《中國哲學原論・原性篇》，臺北：臺灣學生書局，1984.2。
67. 唐君毅《中國哲學原論・原道篇》，臺北：臺灣學生書局，1076.8。
68. 夏傳才《兩漢經學史》，臺北：萬卷樓圖書有限公司出版，1995.5。
69. 韋政通《儒家與現代中國》，臺北：東大出版社，1991.2。
70. 韋政通《董仲舒》，臺北：東大出版社，1986.7。
71. 韋政通《中國思想史》，臺北：大林出版社，1981.11。
72. 高柏園《韓非哲學研究》，臺北：文津出版社印行，1994.9。
73. 高柏園《中國哲學史》，臺北：國立空中大學，2001.2。
74. 祝瑞開《兩漢思想史》，上海：上海古籍出版社，1989.6。
75. 卿希泰主編《中國道教史》，四川：人民出版社，1996.12。
76. 莊述祖《白虎通義攷》，上海：上海古籍出版社，1993.3。
77. 張松禮《人性論》，臺北：幼獅文化事業公司，1976.10。
78. 張岱年《中國倫理思想研究》，臺北：貫雅文化事業有限公司，1991.7。
79. 張岱年《中國哲學史大綱》，北京：中國社會科學出版社，1982.8。
80. 張岱年《中國哲學史史料學》，北京：三聯書店，1982.6。
81. 張分田《王充》，天津：新蕾出版社，1993。
82. 張立文《中國哲學範疇發展史・天道篇》，臺北：五南出版社，1996.7。
83. 張豈之《中國儒學思想史》，臺北：水牛圖書出版事業有限公司，1992.4。
84. 張國華《中國秦漢思想史》，北京：人民出版社，1994.1。
85. 張岩《審核古文《尚書》案》，北京：中華書局，2007.1。

86. 黄暉《論衡校釋》，臺北：商務印書館，1965.8。
87. 黄朴民《董仲舒與新儒學》，臺北：文津出版社，1992.7。
88. 黄國安《王充思想之形成及其論》，臺北：臺灣商務印書館，1975.7。
89. 黄錦鋐《秦漢思想研究》，臺北：學海書局，1979。
90. 黄雲生《王充教育思想論》，高雄：復文書局，1985。
91. 黄盛雄《王符思想研究》，台北：文史哲出版社，1982.4。
92. 黄留珠《秦漢仕進制度》，西安：西北大學出版社 1998.5。
93. 華友根《董仲舒思想研究》，上海：上海社會科學院出版社出版，1992.3。
94. 梁啟超《中國歷史研究法》，臺北：里仁書局，1994.12。
95. 梁啟超《中國近三百年學術史》，臺北：里仁書局，2000.5。
96. 陳奇猷《韓非子集釋》，臺北：河洛圖書出版社，1974.9。
97. 陳伯君校注《阮籍集校注》，北平：中華書局，1987.10。
98. 陳叔良《王充思想體系》，臺北：臺灣商務印書館，1982.10。
99. 陳麗桂《中國歷代思想家．王充》，臺北：臺灣商務印書館，1987.8。
100. 陳麗桂《秦漢時期的黄老思想》，臺北：文津出版社，1997.2。
101. 陳福濱《揚雄》，臺北：東大出版社，1993.3。
102. 陳福濱《兩漢儒家思想及其內在轉化》，臺北：輔仁大學出版社，1994。
103. 陳正雄《王充學術思想述評》，臺北：文津出版社，1987。
104. 陳啟雲《中國古代思想文化的歷史論析》，北京：北京大學出版社，2001.2。
105. 陳啟雲著；高專誠譯《荀悅與中古儒學》，瀋陽：遼寧大學出版社，2000.6。
106. 陳淑芳《孟荀人性論的融合及其德育應用》，臺北：行政院國家科學委員會科學技術資料中心，1997。
107. 陳靜《自由與秩序的困惑——《淮南子》研究》，昆明：雲南大學出版社，2004.11。
108. 章權才《兩漢經學史》，臺北：萬卷樓圖書有限公司，1995.5。
109. 馮友蘭《中國哲學史》，上海：商務印書館，1933。
110. 陸宗達《訓詁簡論》，北京：北京出版社，2002.1。

111. 傅佩榮《儒道天論發微》，臺北：臺灣學生書局，1985.10。
112. 傅斯年《性命古訓辨證》，臺北：新文豐出版公司，1985.7。
113. 傅兆寬《梅鷟辨偽略說及尚書考異證補》，臺北：文史哲出版社，1988.7。
114. 勞榦《秦漢史》，臺北：中國文化學院出版部，1970.4。
115. 勞思光《新編中國哲學史》，臺北：三民書局，1986.12。
116. 森三樹三郎《上古・漢代至性命觀展開：人性論・運命觀・歷史》，東京都：創文社，1971。
117. 渡邊秀方著；劉侃方譯《中國哲學史概念》，臺北：台灣商務印書館，1976。
118. 程兆熊《儒家思想：性情之教》，臺北：明文書局，1986.4。
119. 程宇宏《荀悅治道思想研究》，廣州：中山大學出版社，2005.9。
120. 曾仰如《中國哲學問題探微》，臺北：輔仁大學出版社印行，1991.2。
121. 曾春海《兩漢魏晉哲學史》，臺北：五南圖書出版股份有限公司，2002.12。
122. 曾棗莊、劉琳編《全宋文》，成都：巴蜀書社，1988.6。
123. 蒙培元《中國心性論》，臺北：台灣學生書局，1986.4。
124. 鄔昆如《西洋哲學史話》，臺北：三民書局，1985.9。
125. 鄔昆如主編《哲學概論》，北京：中國人民大學出版社，2005.2。
126. 楊家駱主編《老子新考述略》，臺北：世界書局，1973.12。
127. 楊樹達《漢書補注補證》，上海：商務印書館，1924。
128. 楊國榮《善的歷程》，上海：人民出版社，2000.5。
129. 楊國榮《倫理與存在——道德哲學研究》，上海：人民出版社，2002.1。
130. 楊生民《漢代社會性質研究》，北京：北京師範學院出版，1993.6。
131. 楊儒賓主編《中國古代思想中的氣論及身體觀》，臺北：巨流圖書公司，1993.3。
132. 趙雅博《秦漢思想批判史》，臺北：文景書局，2001.10。
133. 趙善詒《新序疏證》，上海：華東師範大學出版社，1985.2。
134. 趙紀彬《中國哲學思想》，上海：上海書店，1990.12。
135. 葛榮晉《中國哲學範疇導論》，臺北：萬卷樓圖書有限公司，1993.4。

136. 劉師培《國學發微》，臺北：廣文書局，1960.10。

137. 劉師培《劉師培中古文學論集》，北京：中國社會科學出版社，1997.6。

138. 劉盼遂《論衡集解》，臺北：世界書局，1990.11。

139. 劉紀華《王符與潛夫論》，臺北：新世紀出版社，1977.8。

140. 劉謹銘《王充哲學的再發現》，臺北：文津出版社，2006.11。

141. 劉文英《王符評傳》，南京：南京大學出版社，1993.9。

142. 劉文起《王符《潛夫論》所反映之東漢情勢》，台北：文史哲出版社，1995.12。

143. 劉澤華《中國政治思想史》，杭州：浙江人民出版社，1996.11。

144. 劉笑敢《莊子哲學及其演變》，北京：中華社會科學出版社，1988.2。

145. 樓宇烈《王弼集校釋》，臺北：華正書局，1992.12。

146. 蔡仁厚《儒家心性之學論要》，臺北：文津出版社，1980.7。

147. 蔡尚思《中國古代學術思想史論》，廣東：人民出版社，1990.8。

148. 蔡廷吉《賈誼研究》，臺北：文史哲出版社，1984.6。

149. 廖其發《先秦漢代人性論與教育思想研究》，四川：重慶出版社，1997。

150. 臺大哲學系主編《中國人性論》，臺北：東大出版社，1980.3。

151. 鄧公玄《人性論》，臺北：中國文化大學出版部，1981.10。

152. 盧雪崑《儒家的心性學與道德形上學》，臺北：文津出版社，1991.8。

153. 盧國龍《道教哲學》，北京：華夏出版社，2007。

154. 錢穆《中國思想史》，臺北：學生書局，1988.10。

155. 錢遜《先秦儒學》，臺北：洪葉出版社，1994.2。

156. 賴慶鴻《董仲舒政治思想之研究》，臺北：文史哲出版社，1981.4。

157. 歐崇敬《中國哲學史．兩漢魏晉南北朝卷》，臺北：洪葉出版社，2002.3。

158. 鍾肇鵬、周桂鈿《桓譚、王充評傳》，南京：南京大學出版社，1993。

159. 謝祥皓、劉宗賢《中國儒學》，臺北：水牛出版社，1995.10。

160. 薩孟武《儒家政論衍義：先秦儒家政治思想的體系及其演變》，臺北：東大出版社，1982.6。

161. 薛明生《先秦兩漢道家思維與實踐》，臺北：文津出版社，2007.2。

162. 蕭公權《中國政治思想史》，臺北：中國文化大學出版部，1985.7。

163. 蘇輿撰；鍾哲點校《春秋繁露義證》，北京：中華書局，1992.12。

164. 韓養民《秦漢文化史》，臺北：駱駝出版社，1987.8。

165. 羅光《中國哲學思想史．先秦篇》，臺北：臺灣學生書局，1982.11。

166. 羅光《中國哲學思想史．兩漢、南北朝篇》，臺北：臺灣學生書局，1985.8。

167. 羅素著；何兆武、李約瑟、馬元德譯《西方哲學史》，北京：商務印書館，1963.9。

168. 饒宗頤著《老子想爾注校證》，上海：古籍出版社，1991.11。

169. 譚德興《漢代《詩》學研究》，貴州：人民出版社，2003.7。

170. 顧頡剛等編《古史辨》，上海：古籍出版社，1982。

171. 龔鵬程《漢代思潮》，嘉義：南華大學，1999.8。

172. 《道藏》，北京文物出版社、上海書店、天津古籍出版社三家本，1988.12。

173. 《中國道教科學技術史．漢魏兩晉》，北京：科學出版社，2002。

174. 仇兆鰲《古本周易參同契集註》，上海：古籍出版社，1990.3。

175. 《道家文化研究．第十一輯》，北京：三聯書局，1997.10。

三、期刊類（依出版時間為序）

1. 黃釗〈嚴遵《老子指歸》道德觀探析〉，《周口師範學院學報》，第 25 卷第 1 期，2008.1。

2. 孫松珍〈漢代養生體育活動〉，《南都學壇》，第 2 期，2008。

3. 韓娜〈《淮南子》倫理思想探析〉，《淮南師範學院學報》，2007.6。

4. 周寧〈董仲舒對黃老道家學說的吸收〉，《商丘師範學院學報》，2007.4。

5. 丁原明〈簡論《淮南子》的人學思想〉，《中共濟南市委黨校學報》，2007.4。

6. 王真諦〈牟宗三對王充性命論理解之評析〉，《鵝湖》，2007.4。

7. 林文欽〈《周易參同契》的丹道思想〉，第 1 屆道教仙道文化國際學術研討會，2006.11。

8. 馬育良〈董仲舒性情論思想研究〉，《孔孟學報》，2006.9。
9. 李士彪〈三品論賦——《漢書．藝文志．詩賦略》前三種分類遺意新說〉，《魯東大學學報．哲學社會科學版》，第 23 卷第 3 期，2006.9。
10. 李沈陽〈揚雄人性論辨析〉，《蘭州學刊》，2006.8。
11. 劉振維〈董仲舒「性待教而為善」的人性論〉，《朝陽人文社會學刊》，2006.6。
12. 丁四新〈世碩與王充的人性論思想研究——兼論《孟子．告子上》公都子所述告子及兩「或曰」的人性論問題〉，《文史哲》，2006.5。
13. 顧玉林〈董仲舒「性三品」的人性論及神學化的思想傾向〉，《唐山學院學報》，2006.4。
14. 戴黍〈《淮南子》人性與治道思想論析〉，《華南師范大學學報．社會科學版》，2005.6。
15. 高新民〈鄭玄易學思想探論〉，《隴東學院學報．社會科學版》，第 15 卷第 1 期，2004.2。
16. 王繼訓〈從思想史層面看賈誼對先秦儒學的繼承與發展〉，《煙台師範學院學報》，2004.2。
17. 吳全蘭〈試論劉向的人生哲學〉，《信陽師範學院學報》，2004.2。
18. 陳麗華〈王充性命觀初探〉，《空大人文學報》，2003.12。
19. 錢國盈〈荀悅人性論〉，《嘉南學報》，2003.12。
20. 張靜環〈揚雄、王充自然說之人性論〉，《嘉南學報》，2003.12。
21. 柳熙星〈董仲舒與孔孟荀人性論的演變〉，《鵝湖月刊》，2003.10。
22. 李建興〈試論王充的人性有善有惡說〉，《蘭陽學報》，2003.6。
23. 唐紹廉、李慈梅〈「性合於道」:《淮南子》人性論探析〉，《茂名學院學報》，2003.5。
24. 曾振宇〈董仲舒人性論再認識〉，《史學月刊》，2002.3。
25. 程宇宏〈荀悅思想研究綜述〉，《南都學運》，2002.11。
26. 張靜環〈「隨名入理」說董仲舒的人性論〉，《嘉南學報》，2002.11。

27. 劉繼訓〈劉向陰陽五行學說初探〉,《孔子研究》第一期，2002。
28. 吳麗娜〈王充與性命論〉,《建國學報》, 2002.7。
29. 鄧駿捷〈劉向《別錄》的成書與體例新論〉,《學術交流》, 第 5 期, 2002。
30. 陳碧娥〈董仲舒人性論辨析〉,《西南民族學院學報．哲學社會科學版》, 2001.11。
31. 燕良軾〈漢魏六朝的幾種智力學說〉,《心理科學》, 第 24 卷第一期, 2001。
32. 楊天宇〈鄭玄生平事蹟考略〉,《河南大學學報．社會科學版》, 第 41 卷第 5 期，2001.9。
33. 郜積意〈趙歧《孟子注》章句學的運用與突破〉,《孔子研究》, 第 1 期，2001。
34. 陳鼓應〈從《呂氏春秋》到《淮南子》論道家在秦漢哲學史上的地位〉,《國立臺灣大學文史哲學報》, 第 52 期，2000.6。
35. 曾振宇〈王充氣論的思想史意義〉,《文史哲》, 2000.5。
36. 陳啟文〈試論王符《潛夫論》宇宙論上的一個問題〉,《孔孟月刊》, 2000.5。
37. 陳麗桂〈《老子河上公章句》所顯現的黃老養生之理〉,《中國學術年刊》, 2000.3。
38. 夏增民〈試論荀悅政治思想簡論〉,《華中理工大學學報．社會科學版》, 第 4 期，2000。
39. 周舜南〈東漢後期的社會批判思潮〉,《船山學報》, 第 2 期，1999。
40. 鄭先興〈荀悅對史學理論的貢獻〉,《南都學運．哲學社會科學版》, 第 4 期，1999。
41. 陳麗桂〈《淮南子》與《春秋繁露》中的感應思想〉,《先秦兩漢學術思想研討會論文集．第一輯》, 輔仁大學中國文學系主編，臺北：紅葉文化，1999.7。
42. 元正根〈淺析《老子指歸》的思維方式〉,《中國哲學》, 第 3 期，1999。
43. 張慧禾〈中國女性類傳的發物之作——劉向《列女傳》的傳記意義〉,《浙江師大學報》, 第五期，1998。
44. 徐漢昌〈先秦諸子學說淵源析論〉,《孔孟學報》, 第 73 期，1997.3。
45. 戴紅賢《劉向書與中國前小說的形態特徵》,《四川師範大學學報》, 第一期，1997。

46. 鄭文〈揚雄的性「善惡混」論實際是荀況的性惡論〉,《西北師大學報(社會科學版》,1997.4。
47. 袁禮華〈漢舉賢良與賢良對策述論〉,《南昌大學學報》,第 2 期,1996。
48. 張濤〈荀悅的經學思想與漢代經今古文學之爭的終結〉,《河南大學學報》,第 1 期,1995。
49. 姜書閣〈揚雄、桓譚、王充間的思想承傳關係〉,《湘潭大學社會科學學報》,1994。
50. 劉文起〈荀子「天生人成」與王符「天道曰施,地道曰化,人道曰為」之比較〉,《第二屆先秦學術研討會論文集》,高雄:國立高雄師範大學國文所系主編,1994。
51. 劉文起〈王符尚賢說析論〉,《陳伯元先生六秩壽慶論文集》,臺北:文史哲出版社,1994.3。
52. 丁原明〈《淮南子》與《文子》思想之異同〉,《文史哲》,第 6 期,1994.6。
53. 徐漢昌〈《管子》論禮初探〉,《中山人文學報》,1993.4。
54. 鍾肇鵬〈《白虎通義》的哲學和神學思想〉,《中國史研究》,第四期,1990。
55. 林中義〈論王充《論衡》與荀悅《申鑒》的性、命觀〉,《史學會刊》,第三十一期,1987.6。
56. 陳麗桂〈淮南子論修養〉,《國立中央圖書館館刊》,第 20 卷第 1 期,1987.6。
57. 林麗雪〈有關白虎通的著錄及校勘諸問題〉,《孔孟月刊》,1986.12。
58. 胡發貴〈試論董仲舒的人性論〉,《中山大學研究生學刊》,1984 年特刊號。
59. 鄭萬耕〈《太玄》與自然科學〉,《中國哲學》,1984.4。
60. 林麗雪〈白虎通「三綱」說與儒法之辨〉,《書目季刊》,第十七卷第三期,1983.12。
61. 谷方〈《老子河上公章句》考證——兼論其與《抱朴子》的關係〉,《中國哲學》,第七輯,1982.3。

62. 于首奎〈白虎通神學宇宙觀批判〉,《江漢論壇》,第二期,1981。
63. 韓復智〈東漢大思想家王符之研究(三)〉,《國立臺灣大學歷史學系學報》,第七期,1980.12。
64. 韓復智〈東漢大思想家王符之研究(二)〉,《國立臺灣大學歷史學系學報》,第六期,1979.6。
65. 韓復智〈東漢大思想家王符之研究(一)〉,《國立臺灣大學歷史學系學報》,第五期,1978.6。
66. 張美煜〈荀悅《申鑒》思想探究〉,《國立臺灣師範大學國文研究所集刊》,第十九期,1975.6。
67. 王勤樹〈從白虎觀會議和白虎通看儒學的反動本質〉,《天津師院學報》,第二期,1974。
68. 戴君仁〈論賈誼的學術並及其前後的學者〉,《大陸雜誌》,1968.2。
69. 鄭師許〈漢末年儒家學者荀悅的思想〉,《青年進步》,141 期,1931。
70. 張蔭麟〈偽古文〈尚書〉案之反控與再鞫〉,《燕京學報》,第五期,1929。

四、學術論文(依出版時間為序)

1. 李沈陽《漢代人性論研究》,華中師範大學,博士論文,2008.8。
2. 呂潔《嚴君平《老子指歸》道論思想研究》,陝西師範大學,碩士論文,2007.5。
3. 馮曉馨《王充天論思想之研究——與荀子天論思想之比較》,中國文化大學哲學研究所博士論文,2006。
4. 李沈陽《漢代人性論發展脈絡研究》,華中師範大學,碩士論文,2005.7。
5. 周德良《《白虎通》研究——《白虎通》暨《漢禮》考》,國立中央大學中國文學研究所博士論文,2004.6。
6. 李明昇《王充《論衡》之教育思想》,國立高雄師範大學教育學系碩士論文,2003。
7. 楊柳《《韓詩外傳》思想研究》,湖南師範大學,碩士論文,2003.9。
8. 朱珮瑜《王充「論衡」思維方法探析》,東吳大學哲學系碩士論文,2003。
9. 吳智雄《西漢前期經學思想研究》,國立中正大學中國文學系博士論文,

2002。

10. 李健良《董仲舒天人哲學之研究》，南華大學哲學系碩士論文，2002。
11. 王璟《黃老思想治國一體之理論研究——以《淮南子》為中心》，國立臺灣師範大學國文碩士論文，2000。
12. 吳清輝《董仲舒的春秋大一統思想研究》，國立臺灣師範大學國文碩士論文，1998。
13. 簡松興《西漢天人思想研究》，私立輔仁大學中國文學系博士論文，1998.6。
14. 曾慶生《荀悅《漢紀》之研究》，國立中興大學歷史研究所碩士論文，1998.6。
15. 陳超群《王充《論衡》之人性論研究——人性問題的重構與再評》，華梵大學東方人文思想研究所碩士論文，1995。
16. 錢國盈《魏晉人性論研究》，師範大學中國文學研究所碩士論文，1992.5。
17. 王金凌《先秦兩漢文學理論研究》，東吳大學中國文學研究所博士論文，1985。
18. 陶建國《老莊思想對兩漢魏晉學術思想之影響》，中國文化大學中國文學研究所博士論文，1984。
19. 黎惟東《王充思想研究》，文化大學哲學研究所博士論文，1983。
20. 蔡尚志《賈誼研究》，政治大學中國文學研究所碩士論文，1975。